臺灣歷史與文化 研究輯刊

十九編

第 23 冊

臺灣民間歌謠〈病子歌〉的版本分析及其閩客文化比較

謝玉賢 著

花木蘭文化事業有限公司

國家圖書館出版品預行編目資料

臺灣民間歌謠〈病子歌〉的版本分析及其閩客文化比較／謝玉賢
著 -- 初版 -- 新北市：花木蘭文化事業有限公司，2021〔民
110〕
目 6+206 面；19×26 公分
（臺灣歷史與文化研究輯刊十九編；第 23 冊）
ISBN 978-986-518-471-1（精裝）
1. 民謠 2. 樂評 3. 文化研究 4. 臺灣
733.08   110000685

ISBN-978-986-518-471-1

9 789865 184711

臺灣歷史與文化研究輯刊
十九編　第二三冊　　　　　　　ISBN：978-986-518-471-1

臺灣民間歌謠〈病子歌〉的版本分析及其
閩客文化比較

作　　者　謝玉賢
總 編 輯　杜潔祥
副總編輯　楊嘉樂
編　　輯　許郁翎、張雅淋　美術編輯　陳逸婷
出　　版　花木蘭文化事業有限公司
發 行 人　高小娟
聯絡地址　235　新北市中和區中安街七二號十三樓
　　　　　電話：02-2923-1455／傳真：02-2923-1452
網　　址　http://www.huamulan.tw 信箱 service@huamulans.com
印　　刷　普羅文化出版廣告事業
初　　版　2021 年 3 月
全書字數　157481 字
定　　價　十九編 23 冊（精裝）台幣 60,000 元

臺灣民間歌謠〈病子歌〉的版本分析及其閩客文化比較

謝玉賢　著

作者簡介

　　謝玉賢，1958 年出生於新竹縣純樸的關西小鎮，國立臺灣師範大學臺灣語文學系碩士在職專班畢業，現職為臺北市立大安國小附幼教師。

　　小學就讀關西國小，在黃金來老師身上看見為教育而赤誠奉獻的身影，奠定了日後從事教育工作的心願，108 年獲頒臺北市學前教育類資深優良教師。

　　身為客家人，對客家語言及文化的傳承，責無旁貸，故進修取得行政院客委會「客語能力認證中高級考試海陸腔、四縣腔」暨「客語薪傳師」認證合格證書，除了推展客語教學，也擔任台北市「多語文競賽客語集訓團隊」指導老師，貢獻自己的一份心力。

　　曾獲得台北市多語文競賽客家語演說小學教師組第一名及全國語文競賽臺灣客家語演說教師組第二名。

　　生平以幼兒教育為職志，深信：教育不只是一個觀念、一種形式，更是天天的工作，和日積月累的工夫；給孩子快樂、健康、豐富的童年，就是給他最美好的未來。

　　一生信念：忠實的扮演為人師表的角色，期待我的寶貝幼兒，在來日開花、結果！

提　　要

　　民間歌謠，是民間的集體創作，表達人民的思想與情感，富有充沛的生命力，是民間文化的重要載體。歌謠和語言都是人類文化的產物，歌謠是人類為了抒發內心情感，強化喜怒哀樂等情緒，藉由語言的自然節奏，所表現出來的一種美化語言。這種人類的天性會隨著族群、年齡、身分、地理環境的不同而有不同的表現方式。

　　〈病子歌〉，是一首古早的歌謠，描述女子病子的辛苦與嬌態，與丈夫細心呵護的鶼鰈之情，原本是兩族群共有的曲目，也是現今仍然在傳唱的一首小調。〈病子歌〉分別源自福佬庄的「車鼓戲」和北部客家庄的「採茶戲」，表演的形式極為相似，都屬於農村歌舞小戲的性質。〈病子歌〉的演唱屬於「月令聯章」體，藉由男問女答、男唱女和的方式，按月鋪陳懷孕婦女於「病子」期間的特殊口味與偏好，從正月唱到十月或十二月，月月精彩溫馨，歌詞生動逗趣，一唱一和之間，順勢帶出十至十二種頗具地方及族群風味的吃食特產，也反映了兩族群的飲食文化特色。

　　本研究擬藉由〈病子歌〉的演唱腳本——「歌仔（傳仔）」的語言文字上的特性，及書面化的狀況，以及對〈病子歌〉的版本及內容比較，探討它們的歷史淵源，並從生育禮俗與禁忌、飲食特性與文化的觀點解讀，希望讓普羅大眾對這首歌的淵源流變以及文化意涵有更多的認識。更希望透過研究，呈現逐漸消失的民間文化面相，間接改變現在人們對臺灣本土語言低俗的刻板印象，重新認識臺灣福佬及客家族群的文化。

謝　誌

　　年過半百，在職場、家庭與學業的多重壓力下，能夠順利完成論文，首先得誠摯的感謝指導教授陳龍廷博士。老師的學識淵博，治學嚴謹，但對後輩總能細心又耐心的指導，在論文的架構、方向提供寶貴的意見，指正我的缺失，每當論文遇到瓶頸困難時，老師都會適時的給予建議與協助，讓我獲益匪淺！更感謝師母費心的安排，指點迷津，關懷打氣，始能完成這篇論文。

　　其次要感謝兩位口試委員呂興昌教授及黃裕元教授。兩位教授給我深刻而細緻的指導，指出論文上的缺失，提供寶貴的意見，幫助我清理論文寫作的思路，充實論文的內容。

　　感謝輔導團范滿妹校長、蔡淑惠主任、左春香組長，以及客家筆會理事長黃子堯老師，您們都給我鼓勵與建議，讓我不致半途而廢。

　　感謝臺文所的同學世雄、美純、淑媛、瑞琴、品仙、素卿、鳳珠的激勵，大家互相加油打氣；也感謝穎超的提攜，在撰寫論文的過程中，總是適時拉我一把，增強我的信心，讓我們能同時通過口考，論文的路上感謝穎超的扶持。

　　要感謝的人很多，同事、朋友、親人，感謝你們的協助與陪伴，最後感謝外子及一雙兒女默默的支持，讓我無後顧之憂。

目

次

圖目錄

第一章 緒 論

第一節 研究動機與目的

　　描述女子懷孕階段過程的辛苦與嬌態的歌謠，稱為「病子歌」、「懷胎歌」或「花胎歌」，甚至稱為「僧侶歌」等。病子歌一詞的福佬話 pēnn-kiánn-kua，客家話 piang-ziiˋ-goˊ，原本是跨族群共有的曲目，至今仍然在傳唱。其源頭可能來自福佬庄的「車鼓戲（tshia-kóo-hì）」，北部客家庄的「採茶戲（cai-cǎ-hi）」，表演形式頗相似，都屬於農村歌舞小戲的性質〔註1〕。根據呂訴上的《臺灣電影戲劇史》〔註2〕所載，早期福佬庄的「車鼓戲」常演的戲齣有六齣，分別是〈蕃婆弄〉、〈五更鼓〉、〈桃花過渡〉、〈點燈紅〉、〈病子歌〉和〈十八摸〉〔註3〕，其中〈病子歌〉、〈桃花過渡〉、〈五更鼓〉、〈十八摸〉等，同樣是客家「採茶戲」常演的戲齣。

　　〈病子歌〉描述懷孕婦女每個月口味的改變，大多以男女對唱方式呈現。「病子」就是所謂的害喜，並非一種疾病。但害喜會帶來身體生理不適，胃口也會產生很大的變化，有的人特別喜歡吃「鹹酸甜」。《臺灣風俗誌》對「病囝」的解釋：

〔註1〕胡紅波，〈病子歌的淵源流變與文化意涵〉，《2012當代客家文學》，臺灣客家筆會，2012，頁144。

〔註2〕呂訴上《臺灣電影戲劇史》，臺北：銀華，1961。

〔註3〕同上，頁226～230。

　　婦人初懷胎稱「病子」，就是「惡咀〔註4〕」。口液頻流偏愛吃酸味，又時時頭痛、惡寒、欲吐，身體怠懶無力。〔註5〕

　　早期農業社會「傳宗接代」的觀念非常強烈，因此妻子一旦懷孕，就代表家族的後嗣相傳有望，但懷孕會帶來身心的不適，諸如嘔吐、食慾不振、疲倦、水腫、噁心、行動不方便等生理異狀，也就是妊娠的「惡咀」現象；以及容易暴躁、激動、生氣、憂慮等心理情緒的改變，這些都需要丈夫格外的體貼與照顧。婦女懷孕的這段時間，口味會有很大的變化，特別想嘗酸甜的食物，即俗稱的「鹹酸甜」（福 kiâm-sng-tinn；客 hamˇsonˊtiamˇ）（蜜餞）。因此，早期臺灣的婚嫁禮俗中，當女兒出嫁時，母親會預備冰糖、冬瓜糖、桔餅等，放在嫁妝的衣櫃抽屜內，讓女兒害喜時偷偷拿出來食用。〔註6〕而其另一層含義則是：「吃甜甜，才會生後生（tsiàh-tinn-tinn，tsiah-ē-senn-hāu-senn）（後生就是男孩之意）。」〈病子歌〉採用「十二月調」的形式，十或十二段歌詞按照月份的遞嬗，逐一敘述孕婦想吃的水果或食物。歌詞中將夫妻恩愛之情寫得逗趣又溫馨，是極受市井小民喜愛的作品。

　　福佬車鼓戲（tshia-kóo-hì）的第五齣就是〈病子歌〉，採一旦一丑對唱的方式，歌詞按月令作物、農事或節氣、民俗來鋪陳，有些版本唱到十月，應是以懷胎十月為依據；有些版本唱到十二月，應是依循十二月調的形式。歌詞中逐月變化孕婦的食物口味，藉由夫妻之間諧趣的對唱，傳達出農業社會夫妻的感情生活，而歌詞中不乏充滿地方風味的特產〔註7〕。

　　北部客家聚落的採茶戲（caì-cǎ-hi）也有〈病子歌〉，也是採男女對唱的形式，大多唱到十二月，同樣借「病子」來訴說夫妻恩愛，只是孕婦所吃的食物比較簡單，沒有福佬〈病子歌〉中的食物多樣且昂貴，正表現出客家婦女勤儉持家的形象，歌謠同樣是七言四句式的月令聯章體。

　　民間歌謠大量運用、留存了母語的多元素材，正是涵養母語文學創作的源頭活水，若能有更多有心人士參與，或編寫或演唱，必能廣為盛行，形塑出臺灣島嶼文化的新風貌。本研究擬藉由福佬及客家〈病子歌〉演唱腳本的

〔註4〕惡咀：即臺語「歹喙斗（pháinn-tshuì-táu）」，挑嘴。形容人對食物很挑剔。

〔註5〕片岡巖《臺灣風俗誌》・〈臺灣人的生產〉，臺北：眾文 1921，頁 1。

〔註6〕莊永明，〈鶼鰈情濃「病子歌」〉，莊永明書坊，http://jaungyoungming-club.blogspot.tw/2010/12/blog-post_24.html，2012.10.14。

〔註7〕胡紅波，〈臺灣的月令格聯章歌曲〉，《臺灣民間文學學術研討會論文集》，清華大學，1998，頁 98。

語言文字上的特性，及書面化的資料，比較福佬及客家社會文化內涵的差異。首先將蒐集各種病子歌的版本，整理並分析其特色。其次，透過歌謠內容的分析，整理其對應的文化差異，尤其是生命禮俗、孕產婦規範、飲食文化、婦女地位觀點的解讀。

第二節　文獻回顧與探討

與本研究關聯性較大之重要文獻，依病子歌與歌謠研究、飲食文化、懷孕習俗與醫療等三方面，整理介紹如下：

一、病子歌與歌謠研究

懷孕生產相關的歌謠，稱為〈病子歌〉、〈病囝歌〉、〈最新病子歌〉、〈思食病子歌〉、〈改良思食病子歌〉、〈最新思食病子歌〉、〈十月懷胎歌〉、〈十月花胎歌〉、〈花胎病子歌〉等。早期的「病子歌謠」與其他歌謠三、五首集合成冊，為一小冊子，大致上皆有固定的版本，唱詞多為傳統韻文最典型的七字四句，故亦稱作「七字仔」。但演唱時「歌仔先」會根據當時現場的氣氛及需要隨時調整，加入自己的特色。當時的臺灣社會，缺乏報章雜誌等資訊傳播管道，「歌仔先」便扮演了這種傳遞地方風俗文化的功能。唱詞在演唱者加入各自的特色之後帶有一定的活潑性，其中部分藝人與出版商合作，將之記述編印，成為隨手可攜，薄薄數頁的小本冊子，稱為「歌仔簿」或「歌仔冊」，於市集街坊擺攤念歌時推銷。「歌仔冊」流行一段時間後銷聲匿跡，所以晚期的〈病子歌〉，大多附在民謠、民俗歌謠、民間歌詩集、地方歌謠集成或生命禮俗的著作。

有關歌仔冊的文獻，黃得時在〈臺灣歌謠之形態〉（1952）中，將歌謠依照一句當中的字數分為七字仔與雜念仔兩大類，並在其下再分各種不同調名，有「山歌調」、「五更鼓調」、「十二月調」、「數目調」、「名目調」、「嵌字調」、「臺日語調」、「相褒調」、「問答調」等。

王順隆在其所著〈閩台「歌仔冊」書目・曲目〉及〈「歌仔冊書目」補遺〉（1996）中，則分別收錄了一千四百零一冊及一百八十六冊歌仔冊的資料，幫助歌仔冊的研究者提供了相當重要的資料來源。研究者可據本文知道有那些歌仔冊，並據以校對一本書有那些不同的版本。

〈病子歌〉版本的結構形式多樣化，除了每句的字數多寡不同；句子為

齊言或雜言之外，其最明顯的特徵在於逐月敘述孕產過程，並以不同月份的懷胎現象為基本之內容單元，敘述孕婦懷孕期間的「病子」苦狀。胡紅波在〈台灣的月令聯章歌曲〉（1998）中提到，在幾種定格聯章中，以按月鋪排的「月令格聯章」淵源最早，流行最廣遠；在臺灣也以它的作品最多，所以該文以〈病子歌〉為例，深入探討定格聯章作品在臺灣的發展情形。

「病子」是相當難挨的過程，且為期甚長，它是由懷孕所導致的一連串身心機能的反應，其症狀有頭昏目眩、嘔吐、食慾不振、便祕、情緒低落、懶怠無力，對食物挑剔，偏愛吃「鹹酸甜」等姙娠現象。〈病子歌〉將孕婦偏食現象如數家珍，也將丈夫體貼疼惜妻子的一面表露無遺。

有關〈病子歌〉的研究論文為數不少，胡紅波在〈病子歌的淵源流變與文化意涵〉（2012）提到，〈病子歌〉既然來自農村，反映的就是農村的生活氣息及農民的思想與情感。其差異，分別反映了客家人和福佬人在生活環境和經濟條件上的客觀差異，少部分反映族群個別的內在性格的主觀差異，歸結起來則是文化差異的問題。胡紅波從文化觀點解讀這兩首歌，對〈病子歌〉的淵源流變及文化意涵有深入探討。

林子傑《臺灣閩南客家小戲的互動滲透──以桃花過渡、十八摸、病子歌為主的考察》，透過臺灣車鼓戲〈病子歌〉及臺灣客家三腳採茶戲〈病子歌〉詞曲前後期的分析，來比較哪些變異。最後再從曲名、歌詞與曲調等三方面，來探究車鼓戲及客家三腳採茶戲之間所存在的互動滲透關係。

林昭惠《玉珍漢書部〈最新病子歌〉的研究》核心在於語言與文化的分析，並探究其中的生命禮俗、思想信仰及飲食所透露出來的文化訊息。該文對〈病子歌〉的各種版本做了分析比較，並對玉珍漢書部《最新病子歌》的內容進行注解及音讀標注。因社會變遷、醫療知識與設備的進步，許多農業社會的生命禮俗、飲食文化已經簡化或改變，而《最新病子歌》中大量保留了臺灣福佬人的生命禮俗、信仰及飲食文化，值得我們深入去探究。

黃菊芳《〈渡子歌〉研究》認為，〈渡子歌〉是流傳於臺灣北部客家聚落中的一首客家山歌長歌，內容描寫母親撫育小孩的艱辛，而其最大目的是在勸人行孝。該文第三章的淵源探討，分別從臺灣北部客家山歌的演變，及民間孝道文學的傳承兩方面討論生成脈絡；第五章探討其文學內涵與文化詮釋。在文化詮釋方面，分從「流傳的時代背景」、「反映的社會意義」、「女性在傳統客家家庭的地位」三部分來探討。

　　楊寶蓮《臺灣客語勸世文之研究－以〈娘親渡子〉為例》，提到〈十月懷胎〉在臺灣的流傳，如〈老懷胎〉、〈懷胎〉、〈病子歌〉、〈五更鼓〉、〈梳妝臺〉等曲腔，主要是保留在戲曲音樂及客家八音中，而福佬系統除〈病子歌〉外，其餘曲腔均已失傳。其中描寫到孕婦懷孕過程的心情、生理寫照，文中保留許多古老、特殊詞彙等，是研究客家俗文學的好資料。

二、飲食文化研究

　　臺灣因特有的地理位置與歷史，促成了飲食內涵的多樣性。早期福佬客家移民遷居臺灣，接著經歷了日治時代，而後國民政府遷臺，融合了更多大陸省份的飲食特色；更由於臺灣位處於亞熱帶，四面環海的地理環境，兼具高山、平原、丘陵、盆地等豐富地貌，故臺灣擁有得天獨厚的豐沛物產與食材，而發展出臺灣菜，發展延伸至今成為常見的辦桌筵席菜；鹹香下飯的客家料理亦普遍受到青睞，舉凡客家小炒、梅干扣肉、客家爌肉、薑絲大腸、肥湯炆筍乾等料理皆受到大家的歡迎，而客家人善於製作的粄，也是客家飲食的代表之一。不同族群依其依山或傍海，飲食內涵大相逕庭，藉由族群不同的飲食可讓我們了解其宗教、祭祀與生活等文化。

　　「一方水土養一方人」，不同的地理位置，會孕育出不同的生態環境，存在著不同的物產與風俗，形成各種飲食文化的差異。廖純瑜《臺灣客家飲食文學的研究》就說，飲食文化與地理及生活環境息息相關。客家人的飲食偏「山珍」，福佬人重「海味」，就是族群生存在不同地理環境下，所塑造出來的不同飲食文化。其第二章從台灣客家飲食文學中，探討飲食文化的轉變，分移民時期、日治時期、光復初期以及當代客家飲食文化；第四章的台灣客家味，由文學作品裡，探討鹹菜、蘿蔔乾、粄等客家食物的特質，以及客家人吃野、吃粗、吃雜的山居飲食模式，鹹、香、肥的口味特色，道出客家飲食文化的內涵與信仰、民俗有關，由此也發展出四炆四炒的道地客家菜。

　　胡紅波在〈病子歌的淵源流變與文化意涵〉提到，飲食是地方或族群文化的重要指標，而〈病子歌〉因為由生育轉換為飲食主題，因此懷孕婦女所吃的果品菜單，又比一般食譜具有更特殊的文化意涵。其中像「檨仔青」，至今仍是南部地區的風味特產；北部人很難領略那種濃濃的幸福感。同樣道理，「豬腸炒薑絲」已經成為客家的招牌菜，那嗆鼻的酸味常令客家遊子興起思鄉之情。從這套食品菜單稍加比較，不難看出其中所反映的福佬及客家族群

文化，特別是在生活環境和經濟條件上的不同。

　　黃庭芬《台灣閩客諺語的比較研究—從飲食諺語談閩客族群的文化思維及其在國小鄉土語言教學的應用》。黃庭芬從飲食諺語談起，分析比較臺灣福佬客家族群所展現的文化面貌，再從飲食諺語的概念隱喻部分，討論兩族群的思維歷程及其所展現的處世哲學，分析討論族群對於生存、勤惰、貧富、人際關係及人生觀的五個向度。

　　游素錦《臺灣閩南語諺語中飲食文化與健康觀之研究》論文共分六章，透過飲食諺語的收集，並參考現有相關飲食與健康研究之文獻資料，以探討臺灣福佬族群之傳統飲食文化產生的健康影響。從研究結果發現：諺語中的飲食文化與健康較有關聯者，可分為飲食價值觀、飲食習慣、飲食種類、地方小吃與名產、年節與婚喪喜慶習俗、冬令進補與文化禁忌等六大類，並且大多不符合現代飲食的健康原則。

　　李姿慧《民以食為天——閩南語烹調詞彙研究》提到，每一個族群中都有不少關於飲食及烹調的詞彙和諺語，這些均深刻反映出該族群在飲食文化的特徵。論文中以烹調詞彙為素材，透過這些素材的收集整理並將其分類，進行各類組的音義以及構詞上的分析，以使得各詞彙間的共性及特性能更為明顯。

　　焦桐《飯碗中的雷聲——客家飲食文學與文化國際學術研討會論文集》。該書從飲食入手，企圖從中發掘客家人文歷史，書中收錄 16 篇學者論文，探討臺灣、大陸、馬來西亞、南洋等國的客家飲食，從中不難發現客家菜大抵屬於重內容、輕形式那一路，味濃而下飯，基本內涵屬農村菜，表現出一種庶民文化，反應客家憨厚質樸的真情。

三、孕產習俗與醫療的研究

　　對於傳統女性來說，過門後不僅要侍奉公婆、操持家務，最重要的是為夫家生下傳宗接代的子嗣，因此有句話說「好歹瓜著會甜，好歹查某著會生」；然而對婦女而言，懷孕生產是徘徊於生死之間的關卡，「生贏雞酒香，生輸四片板」。因而在民俗上，孕婦的言行舉止均受到相當大的約束，希望透過種種的禁忌與巫術行為來保護孕婦及胎兒。這些民俗現象的產生，和孕產不潔、沖犯觀念、同類互感、胎神、外象內感的觀念息息相關。「孕產」的概念包含相關的習俗文化以及安胎、養胎、生命禮俗、坐月子的禁忌與方法，形成獨具一格的孕產文化。

　　鈴木清一郎著‧馮作民譯《增訂臺灣舊慣習俗信仰》，用歷史觀點來解讀這些文化遺產，不任它們自生自滅。書中的資料，都是研究臺灣早期農業社會習俗信仰的最佳佐證。

　　林明義《台灣冠婚葬祭家禮全書》，把本島民族性的信仰、冠婚葬祭的儀式、寺廟祭典都毫無遺漏的記載下來，可以說是難得一見的作品。尤其是第二篇中的出生禮俗，詳盡說明求子、懷孕、生產、做月內、三朝、滿月的各種習俗、禮儀與禁忌。

　　陳瑞隆《台灣生育、冠禮、壽慶禮俗》，該書詳細介紹傳宗接代、祈子的習俗、病子、栽花換斗、趨吉避凶、禁忌產生的原因；懷孕後的禁忌、胎教、胎神、生產、胎盤的處理、生產雜俗、做月內、月內禁忌等台灣生育之禮俗。

　　涂順從《南瀛生命禮俗誌》，書中採錄臺南傳統禮俗，如生育、婚嫁、喪葬等，逐篇分項敘述其流程、儀式、禁忌及民間俗諺，特別是與筆者研究有關的生育部分，在本書中，作者將生育分成傳宗接代，有身、病囝、懷孕禁忌、求神保佑、生產、做月內、出生禮等篇目，分別探討各階段的傳統習俗與禮儀，呈現臺南縣豐富的傳統禮俗風貌。

　　王灝《台灣人的生命之禮：成長的喜悅》，臺灣人的生命禮俗，原本是很豐富而繁采的，生命的誕生，從混沌未知開始，就包含多少人的期待和希望，從求子、傳後嗣，敬重胎神，禮拜註生娘娘等，幾乎每一個生命的關卡，都藉著各種的禮俗來處理，生命的形成彷彿就是上天的眷顧。等到孩子呱呱墜地後，喜氣洋洋的替孩子做三朝、報酒、十二朝、剃頭、做滿月、號名，也熱熱鬧鬧替產婦作月子。期待嬰兒一眠大一寸，平平安安長大，成長的歷程，是父母及親人灌注了多少心血來完成。

　　卓克華《台灣舊慣生活與飲食文化》，透過生花妙筆，妙趣橫生的介紹臺灣一年之中歲時節慶的風俗，節日由來；臺灣人由出生到長大的各種成長儀式，趣聞軼事；以及各地物產、四季水果、臺菜特色。

　　劉錦雲《客家民俗文化漫談》，這是一本包羅客家人各方面的文集。劉錦雲女士以女性細膩的觀察和筆觸相融合，其中第 11～13 篇描寫的分別是婚俗、生育繁衍以及坐月子習俗，內容別具一格。

　　學位論文中，宋錦秀〈傳統妊娠文化中的婦女〉，以臺灣傳統社會對婦女妊娠前後的「探花欉」、「栽花」、「換肚」、「安胎」、「送流蝦」等儀式、禁忌或規範做討論。傳統觀念，產後婦女「不潔」和已婚婦女，同樣破壞、威脅既有

的結構和秩序。因此，在父系結構和神靈體系的角色象徵中，「鬼」和「孕婦」是相類比的。此即是禁忌、規範產生的源由，企圖以超自然力尋求均衡與和諧。

高于雯〈傳統女性懷孕後的幾個面向──以最新病子歌為例〉，對於傳統女性來說，為了傳遞夫家的血緣命脈，當新生命在腹中開始孕育成長時，成為女性一生中最受呵護的時期。孕婦因為生理狀況有所改變，飲食習慣也起了大幅度的變化，本文從中醫學的角度來解釋歌謠裡的孕婦飲食書寫，並歸納分析文本中的傳統生育禮俗，並進一步探討生育禮俗對於飲食的影響。

黃久華《產婦執行坐月子習俗遵循度與產後健康狀態之相關性研究》，以傳統坐月子的禁忌與遵循與否，來探討日後的健康狀況，例如坐月子禁忌中說到不吃冷性食物，不吃冷飲、冰品，不吃堅硬食物，坐月子期間不出門，避免掉眼淚，避免提重物，避免蹲著，儘量躺著等。

林恬如《坐月子飲食文化──飲食禁忌與飲食規範綜論研究》，近年來由於坐月子飲食的商業化，飲食禁忌與規範被廣泛渲染，成為產婦營養不均衡與產後肥胖的原因。本研究在探索坐月子飲食各項禁忌與規範的原因，並以營養學與食品衛生安全角度進行討論，同時瞭解產婦在產褥期的生理變化與營養需求，於傳統思維與現代觀點間取得平衡點，使產婦達到良好營養狀態。

鐘珮煖《傳統孕產民俗及文學作品之研究》，由孕產民俗的內容進行分析與探討，再延伸至涵蓋孕產意涵與文化的孕產文學。「孕產」包含相關禁忌以及安胎、養胎、胎教的概念與方法，除了醫學上的認知之外，孕產的概念亦是一種文化的建構。

王榮峰《台灣閩南俗語中的生命禮俗》，從一連串出生、養教、成長、結婚、死亡等過程，結合生命禮俗與相關俗語做深究，以探究臺灣人對生命的價值觀，促使臺灣人關懷、理解和珍惜本土文化。

郭玟君《近五十年來台灣閩南婦女產後月內飲食調養之研究》，透過文獻蒐集與深度訪談的形式，分別探討坐月子的傳統習俗、坐月子期間的飲食規範、過去與現代的飲食變革，以及現代化的月子觀。

黃明秀《台灣生育禮俗與信仰之研究》，以「生育謠諺」為輔，並提出生育觀在近代之現況，每一個與「生育」相關的議題，因而在臺灣，衍生出一套自成一格的生育禮俗與信仰。從生育禮俗之儀式分析，詳述臺灣民間祈子禮俗以及禁忌，包含歲時節慶、婚嫁中之行為儀式，以及生產前之禁忌，生產後之養育禮俗，包括滿月慶、三朝、收涎等，以此加以整理，並分析現今禮俗

之轉變；除此更延伸至生育信仰，論述臺灣目前生育神崇拜如註生娘娘、臨水夫人等與生育相關之神明信仰，以及生殖崇拜之多元現象，探討普遍存在於台灣民間如石頭公、大樹公崇拜外，更提出客家的生育神石母娘娘，在民間的崇拜狀況。

醫學的技術與醫療儀器日新月異，在現代醫學上，對於孕、產婦的照護，均結合科學的理論與健康養生的概念。郭月英《健康優生懷孕食譜》，內容分孕前準備篇和孕後補身篇，在孕前準備篇有調養體質、營造健康受孕環境、提高懷孕機率、幫助影響胎兒性別等；在孕後補身篇則包括懷孕十月的調理、防治懷孕常見症狀兩方面專業的知識。

詹益宏《從懷孕到分娩：最完整的一本準媽媽必備書》，準媽媽懷胎九月的心路歷程常是憂喜參半。胎兒的成長情形如何？怎樣做好胎教？怎樣補充營養？能否有性生活？身體不適可以吃藥嗎？可以養寵物嗎？「產前篇」詳述懷孕的基本常識，並教導準媽媽如何妥善處理偶發問題。什麼情形可自然產或需剖腹產？什麼是子宮外孕、難產、早產？「生產篇」、「警訊篇」詳述從陣痛到胎盤娩出的種種情形與懷孕到生產可能發生的併發症。

鄭如玲《坐月子特效食譜》，月子坐不好，小心後遺症會伴隨終生。婦女產後身體變化極大，例如皮膚鬆弛、腰酸背痛、子宮、膀胱下垂，想要回復健康，「食補」是坐月子的最大關鍵。本書從產後第一天起，四週 167 道料理循序漸進，由內而外來調理改善產婦先天不足的問題。營養師提供營養專業分析，精準掌握料理熱量、蛋白質和礦物質成分，幫助產婦有效吸收營養，恢復健康體態。「加速身體復原選擇溫和新鮮食材」、「均衡攝取營養」、「隨產婦狀況做調整」、「正確烹飪方式」等食補四大原則，可調節身體機能，補足氣血與體力，讓產婦也能輕鬆又舒適地坐月子。

徐慧茵，《坐月子體質調教聖經》，透過中醫養生的觀點，綜合西醫的臨床診斷，從懷孕期到產後坐月子，透過中醫食補的方式，並設計出 75 道多變月子菜單，結合藥膳滋養以及現代西方營養守則，針對產後媽咪補氣養神，以中醫和緩、漸進的方式來調整體質。

李敏，《最完整的孕期飲食宜忌》，由「飲食宜忌」的角度切入，教導新手媽媽如何在懷孕初期（第 1～3 月）、懷孕中期（第 4～6 月）、懷孕後期（第 7～10 月）運用食材搭配出適宜的營養食譜。並注意飲食原則，緩解孕期不適症狀後仍能均衡飲食，給寶寶成長所需的充足營養。

第三節 研究方法

本論文研究的主要方法為文獻分析法，包括：一、文獻資料的蒐集整理與分析；二、〈病子歌〉語言及特殊詞彙的解讀；三、歌謠文化脈絡的分析；最後針對福佬、客家的生命禮俗及飲食文化做詮釋。

一、文獻整理與分析

蒐集目前找得到的〈病子歌〉相關資料，包括從日治時代片岡巖的《臺灣風俗誌》，國立臺灣大學圖書館楊雲萍文庫典藏，國立臺灣圖書館收藏的歌仔冊，台灣民間說唱文學歌仔冊資料庫，有關病子歌、生命禮俗、飲食文化的研究論文與專書等，一直到戰後不少新生代投入灌錄的唱片，這些不同的相關資料、檔案，可以依照其年代、特色、出處，整理成表 1-1 到表 1-4。

表 1-1　病子歌的福佬語文本

年代	題名及出處	說　明
1921	〈病囝歌〉 片岡巖《臺灣風俗誌》頁279。	一、1~12 月的懷孕過程變化描述。 二、出現臺灣「蕭壠文旦」、漳州「海頂雙糕軟」。
1932	《蕊翠新歌》中的〈最新病子歌〉，臺北市光明社發行，國立臺灣大學圖書館，楊雲萍文庫典藏〔註8〕。	一、內容和其他版本差異較大，孕婦想吃的食物比較特殊，比如「新炙腳車藤」、「生蚵煞烟簑」、「甘蔗隨匝剀」、「菜鴨煮毛孤」都是比較難以想像的食物，也可看出這首歌謠的特殊性。
1930前後	〈改良思食病子歌〉，上海市開文書局發行，國立臺灣大學圖書館，楊雲萍文庫典藏〔註9〕。	一、出現「炙其」特殊詞彙。 二、出現「浦南文旦」「漳州鹽酸甜」舶來品。 三、食材如鴨母焜烏參、老酒沉圭公、羊肉煮炙其、青衣，是孕婦的高級補品。

〔註8〕http://dtrap.lib.ntu.edu.tw/DTRAP/item?docid=g2340559&query=%E8%95%8A%E7%BF%A0%E6%96%B0%E6%AD%8C+corpus%3A%E6%AD%8C%E4%BB%94%E5%86%8A&corpus=%E6%AD%8C%E4%BB%94%E5%86%8A&num=10&highprec=1，2013.5.21。

〔註9〕http://dtrap.lib.ntu.edu.tw/DTRAP/search?query=hierarchy%3A%22%E8%A4%92%E6%AD%8C%22+corpus%3A%E6%AD%8C%E4%BB%94%E5%86%8A+concept%28%E4%B8%BB%E9%A1%8C%29%3A%22%E7%BF%92%E4%BF%97%E8%B6%A3%E5%91%B3%22+corpus%3A%E6%AD%8C%E4%BB%94%E5%86%8A&highprec=1，2013.5.21。

1942	〈病子歌〉 東方孝義《臺灣風習》。	一、與片岡巖版本雷同。 二、「海頂〔註10〕雙糕軟」改成「海澄雙糕潤」。
1961	〈病囝歌〉 呂訴上《臺灣電影戲劇史》，頁230。	一、與片岡巖版本雷同。 二、「要食」改為「愛食」，「哥」改為「君」。 三、「王萊炒豬肝」改為「鳳梨炒豬肺」。
1975	生育病子～1 吳瀛濤，《臺灣諺語》，頁397。	一、提到「滿月圓」、「甜土豆」、「豬肚」較特殊的食物。
1975	生育病子～2 吳瀛濤《臺灣諺語》。	一、想吃的食物較普通，如水餃、仙楂、藕粉、馬薯〔註11〕、一鼎糜。 二、食物出現在每葩的第二句、第三句或第四句，規則不一。
1975	生育病子～3 吳瀛濤《臺灣諺語》。	一、每葩第一句描寫胎兒的發育情況。 二、全文敘述懷孕的辛苦，沒有想吃的食物。
1988	串調——〈病子歌〉， 陳奇祿《臺灣戲劇中心研究規劃報告》，頁643。	一、由陳旺欉、葉讚生演唱。 二、串調是邊唱邊表演，採一唱一答的方式，原本是歌仔戲「呂蒙正打七響」中的一段，後來被應用在宜蘭「本地歌仔」裡演唱。
1989	〈病子歌〉 鄭恆隆，《臺灣民間歌謠》，頁36～38。	一、屬男女對唱，早期甚為流行的一首歌曲。 二、想吃食物如生蚵、紅荔枝、羊肉炒黑棗、山東水梨、五香雙羔潤等，比較貴重。
1989	〈正月病子在心內〉 舒蘭，《中國地方歌謠集成》第14冊，臺灣民歌，頁27。	一、內容與吳瀛濤〈生育病子歌～2〉相同。
1989	〈病囝歌〉 舒蘭，《中國地方歌謠集成》第16冊，臺灣情歌，頁196。	一、內容與東方孝義〈病子歌〉、片岡巖〈病囝歌〉大致相同。
1998	〈病子歌〉 簡上仁《臺灣福佬系民謠——老祖先的臺灣歌》，頁78。	一、屬男女對唱，最後一句為男女合唱。 二、出現「碌磚」這個特殊詞彙。

〔註10〕海頂：即海澄，舊名月港，嘉靖44年奏設海澄縣治，是明穆宗隆慶初年開放海禁的地點。

〔註11〕馬薯，就是荸薺。

1998	1.〈病子歌〉（一） 2.〈病子歌〉（二） 3.〈十月花胎歌〉 陳瑞隆《臺灣生育冠禮壽慶禮俗》頁 8、9、14。	一、與吳瀛濤的版本雷同。 二、與新竹竹林書局的版本大致相同。
1953	〈病子歌〉 婁子匡《情歌三百》，頁 8～11。	一、每葩後面再附改編的一葩，共二十四葩。 二、三月想吃「莿瓜煮土蜋」，是所有版本中僅見。
2001	1.〈病囝歌〉（一） 2.〈病囝歌〉（二） 涂順從《南瀛生命禮俗誌》，頁 36 及頁 38。	一、與吳瀛濤〈生育病子歌～1〉大致相同。 二、與吳瀛濤〈生育病子歌～2〉大致相同。
2001	〈懷胎病囝歌〉（三） 涂順從，《南瀛生命禮俗誌》，頁 39。	一、屬長篇歌謠。 二、與文林、竹林書局的〈花胎病子歌〉版本互有類似。
2001	藏調仔──〈病子歌〉 林鋒雄等《找尋老歌仔調》，頁 103。	一、藏調仔又名串調仔、蒼調仔。 二、唱詞取自「呂蒙正打七響」一折，呂蒙正出門乞討，來到暢樂姊家，暢樂姊故意提出唱歌仔才要送他兩斗米和二兩銀，為了養家活口，情非得已呂蒙正只好夯鋤頭掘心肝，與暢樂姊唱了一曲〈病子歌〉。

表 1-2　病子歌的客家語文本

年代	題名及出處	說　明
1963	〈病子歌〉 苗栗美樂國際唱片。	一、收於〈四季花〉。 二、苗栗邱秀基、竹北劉玉子對唱。
1969	〈病子歌〉 《湯玉蘭歌唱集》，苗栗美樂唱片公司。〔註 12〕	一、是演唱曲，歌詞中出現很多的虛腔與疊句。 二、出現代用字如「庚」粽、來「袋」錢。 三、十二月的「愛哥紅紙來袋錢」較特殊。
1974	〈病子歌〉 楊兆禎《客家名謠九腔十八調的研究》，頁 54。	一、胡鰍，鰗鰍的代用字。 二、每葩第一和第四句韻腳大致相同。 三、最後兩月均喜歡新衣服，是農業社會過年的習俗。 四、男女對唱，句式整齊。

〔註 12〕客委會全球資訊網http://www.hakka.gov.tw/content.asp?CuItem=7482&mp=1925，
　　　　2013.5.23。

1983	〈病子歌〉 賴碧霞《臺灣客家山歌———一個民間藝人的自述》，臺北：百科文化，頁30～31。	一、前十個月內容與楊兆禎雷同。 二、出現代用字如「基」粽。 三、十二月出現「愛你絲線來串錢」。 四、出現「泥鰍」一詞，非客語字彙。
1989	〈病子歌〉 舒蘭，《中國地方歌謠集成》第16冊臺灣情歌頁190，台北：渤海堂。	一、與賴碧霞演唱的客語〈病子歌〉相同。 二、男女對唱，七言體製，共48句，336個字，句式整齊且押韻。
1993	〈病子歌〉 賴碧霞《臺灣客家民謠薪傳》，臺北：樂韻，頁45～46。	一、與1983版本雷同。 二、心裡范作心裡忙；基粽作鹹粽；餘同。
2003	〈病子歌〉 北市府客委會《臺北市傳統客家歌謠教本》，頁70。	一、真無修作真有修，有是正確客語字。 二、十月「娘今病子肚裡空」，應該像其他版本「娘今生子肚裡空」才正確。
2003	〈病子歌〉 鄭榮興，《客家戲基礎唱腔選》，頁65。	一、曾先枝傳詞、鄭榮興傳譜。 二、國立台灣戲曲專科學校所用之唱本。
2008	〈病子歌〉 鍾萬梅主編，《客家歌謠選集》，行政院客委會發行，頁102～103。	一、林錦煥、呂錦明採譜。 二、採男女對唱，唱詞中夾有虛腔。 三、整首歌唱到三月即結束。

表1-3　懷胎或花胎歌的福佬及客家語文本

年代	題名及出處	說　明
1954	〈十月懷胎〉 陳火添，新竹：竹林書局。	一、七言體製，句式整齊，全文共62句，434個字。 二、和舒蘭的〈十月懷胎〉相比，內容少了很多。
1969	〈十月懷胎〉 謝樹新編，《中原文化叢書》，總目錄六：客家歌謠，頁39。苗栗：中原苗友雜誌社。	一、以〈十月懷胎〉為名。 二、作者署名為「秀山客」。 三、內容與陳火添及舒蘭的〈十月懷胎〉稍有出入。

1982	〈懷胎〉（一）、（二）《中華民族歌謠選集》臺北：中國出版公司，頁215、216。	一、為山西省歌謠。 二、歌詞簡短，分別只有七言四句28個字，及五五七七，24個字。
1982	〈懷喜歌〉行政院新聞局出版，《中國民謠選集》頁52～53。	一、何秀琴唱、胡泉雄記譜。 二、客家歌謠，內容與楊兆禎的〈病子歌〉雷同。
1983	〈勸世文〉，賴碧霞《臺灣客家山歌——一個民間藝人的自述》，臺北：百科文化頁50～51。	一、原作者是蘇萬松。 二、歌詞中夾雜客語〈懷胎〉。 三、作者註：歌詞及朗誦部分沒有一定歌詞，可依各人所作歌詞唱之。
1989	〈十月懷胎〉舒蘭，《中國地方歌謠集成》第13冊，臺灣民歌，頁109～118。	一、屬長篇歌謠。 二、前半段描述懷胎生子的過程，是整齊的七字句，後半段寫娘親渡子的辛苦並勸人行孝，則是長短句。
1989	〈正月花胎龍眼大〉舒蘭，《中國地方歌謠集成》第14冊，臺灣民歌，頁33。	一、與吳瀛濤〈生育病子歌～3〉相同。
1993	〈懷胎歌〉賴碧霞，《臺灣客家民謠薪傳》臺北：樂韻，頁92～93。	一、與1983版本雷同。 二、心裡茫作心裡忙；基粽作鹹粽；餘同。
2004	〈十月懷胎歌〉洪惟仁，〈臺北的歌謠〉，頁44～46。	一、與片崗巖《僧侶歌》大致相同。 二、根據「考校成舉人」、「中進士」等字句，洪惟仁推測這種雜唸仔在清代就有了，不是日治以後才出現的新歌體。
2002	〈十月懷胎歌〉謝一如、徐進堯，《臺灣客家三腳採茶戲與客家採茶大戲》，新竹縣文化局，頁107～108。	一、莊木桂唱、徐進堯記譜。 二、「正逢春」、「生根來」可用提高八度的方式演唱。
2008	〈懷胎歌〉鍾萬梅主編，《客家歌謠選集》，行政院客委會出版，頁108。	一、曾先枝傳詞、鄭榮興傳譜。 二、採男女對唱。 三、歌詞較逗趣，只唱到三月。

表1-4　有聲資料

年代	題名及出處	特　色
1914	〈懷胎〉，日蓄唱片發行，林石生、范連生、何阿文等人演唱。錄音編號資料：4044～45。	一、唱片以〈懷胎為名〉，是臺灣唱片最早期的錄音。 二、據文獻記載，這一批錄音全由客家藝人赴日本灌錄。
不詳	〈病子歌〉，黑膠唱片由古侖美亞唱片發行，宜蘭臺灣戲劇館典藏並轉錄為語音檔。錄音編號F689～F696。	一、原件題名為〈三伯英台回陽〉。 二、是迄今所發現的最長篇病子歌。 三、由宜蘭縣立文化中心向林良哲購置。 四、梁松林、高氏桂花二人演唱。
1961	〈十月懷胎〉，遠東唱片發行。	一、邱阿專演唱。 二、屬於長篇說唱，作品長達一千多字，由於是說唱腳本，長短字數不一。
1963	〈四季花〉，苗栗美樂國際唱片。	一、又名〈病子歌〉。 二、邱秀基、劉玉子對唱。
1969	懷胎〈病子歌〉，《湯玉蘭歌唱集》，苗栗美樂唱片公司。	一、是演唱曲，歌詞中出現很多的虛腔與疊句。 二、出現代用字：「庚」粽、來「袋」錢。 三、十二月的「愛哥紅紙來袋錢」較為特殊。 唱片上標明懷胎（病子歌），從其旋律判斷應是括弧內的【病子歌】才對，而非使用在三腳採茶戲中的曲調【懷胎】，基本上【懷胎】和【病子歌】是兩首不同的旋律。本曲主要在描述客家女人懷孕時的害喜現象，歌詞從正月唱到十二月，可看出懷孕女人的口味變化極大。而從歌詞中的「豬腸炒薑絲」、「果子煎鴨春」、「虎頭柑」等，也可看出客家人的飲食文化。
未註明	〈病仔歌〉，吉聲音樂帶，桃園平鎮局版臺音字第0924號。	一、客家民謠音樂帶。
2009	〈十二月花胎〉，蟲膠曲盤，由金鳥印唱片發行，臺北市政府文化局做數位化轉錄。	一、採女男對唱的方式，「娘仔今來病子無人知啊」、「愛呀吃山東香水梨啊」是由男方來唱，而「我咧今來問娘吃啥麼物啊？」卻是由女方唱，非常特殊。 二、歌詞中出現「吃啥麼潲啊」這句話，且由女方唱出，是既大膽又粗俗的表現手法。 三、前五個月用平板唱法，第六個月起改以快板來演出，而每一段唱詞均夾雜非常多的虛腔。

| 2012 | 謝宇威〈山與田〉，金革唱片。 | 一、詞曲改編自客家傳統歌謠，屬「老歌新唱」，只演唱到三月。 |

二、重要詞彙的解讀

　　〈病子歌〉流傳的年代很早，大多靠口語來傳誦，可以說是口傳文學。講唱傳述者為配合當時當地的生活環境、民情風尚，因而往往會產生同一母題出現多種不同唱詞的情形。唱詞本身承載了活潑、多變的性質，促成演唱時的自由，及演唱者隨機應變的空間。

（一）配合節令與節氣

　　農耕文化建立在天文氣象上，所謂「作田無定例，全靠著節氣」〔註13〕，因此定歲時而成氣候之宜，了解春耕、夏耘、秋收、冬藏的準則。根據這些準則而形成許多相關的節日，這些節日具有強烈的凝聚力，不僅增進民族間的親合，更藉此機會加強親族間的聯繫。〈病子歌〉紀錄農業作息仰賴的二十四節氣，例如：「春分」，果子煎鴨春；「端陽」，庚粽搵白糖；熱難當，仙草泡糖霜；「立秋」，竹筍煲鯡鰍；「重陽」，豬肝煲粉腸；「小陽春」，禾酒炒雞公，此順序是按照大自然遞嬗的規律。

（二）臺灣特殊的氣候現象

　　1. 九降風〔註14〕（福 káu-kàng-hong）、（客 giù-gong -fúng），「九月九，風吹滿天吼。」，九月是九降風初吹的時候，也是放風箏的好季節。九降風是臺灣居民對於東北季風所造成之強烈陣風的稱呼，每年發生在入冬東北季風漸強之時，其刮風的時間在臺灣北部可達數十天，居民們會利用九降風來製作需要風乾的食物，例如著名的地方特產新竹米粉、柿餅。

　　2.「十月膌」，原為「十月液」，為什麼叫「十月液」呢？所謂「十月液」又名「秋後熱」，秋老虎也。「秋後熱」會熱得人懶洋洋的，連乞丐都不想出去要飯，所以有句諺語說：「十月液（sióh），乞食睏破蓆」。這個「液」字讀作（sióh），俗作「膌」，有「出汗」的意思，如手汗曰「手液（tshiú-sióh）」，腳汗曰「跤液（kha-sióh）」。

〔註13〕陳主顯：《臺灣俗諺語典》卷八，臺北市：前衛，2005，頁141。

〔註14〕《淡水廳志》：「八九月後，雨少風多，其威愈烈，掃葉捲籜，塵沙蔽天，常經旬不止。惟新莊、艋舺四山環繞稍減。」

（三）特殊農具

1. 碌碡——農村稻田收割後，因稻頭不易腐爛，先把稻頭用腳踩壓到土裡，之後就要搌碌碡。碌碡是專門為碾壓稻頭入土而設計的農具，長方形的木架，中間有木製的七片類似楊桃形狀的木軸，農人站在上面，用水牛拖行，農人一手牽牛繩，一手持碌碡勾，驅牛前進，向前轉動就把稻頭跟硬土壓入土底。碌碡鉤是用來轉彎或上下田埂的用具，站在碌碡上也可當支撐身體平衡的重要工具。

2. 𥴊𥴊——「籤壺（kám-ôo）」，用竹子編成，大而淺的圓形盛物竹筐。

（四）孕婦補品

1. 蟶干（than-kuann）——是竹蟶〔註 15〕（tik-than）的乾製品，肉味鮮美，蛋白質含量高，營養豐富。明李中梓《本草徵要》〈第四卷・食療〉：「蟶干，具有補陰，清熱，除煩等功效；去胸中邪熱煩悶，治婦人產后虛損。作湯頗為鮮美，寓藥于食，能消疾病于無形。」

2. 塗蟶——養在海邊土中的蟶仔叫做「塗蟶」，養在竹子頂上的叫「竹蟶」〔註 16〕。

（五）大陸地方特產

1. 海澄雙羔潤—海澄雙糕潤，產於福建漳州龍海海澄，是傳統的名牌糕點，已經有 170 多年的歷史，用白糖、糯米粉、豬油加冬瓜、栗子肉、油蔥精製而成。其特點是：糕如樹膠，氣味芳香，甘甜適口，質純不粘。

2. 浦南文旦柚——文旦柚（bûn-tàn-iū）原產大陸福建省長泰縣，主要產地在漳州、浦南、福州，於康熙 40 年間（西元 1701 年）傳入臺南種植，至今栽培已有 300 年歷史。

3. 腳車藤—福州傳統的小吃之一，華語稱之為「麻花」。

4. 其他大陸地方名產還有唐山紅荔枝、山東香水梨、漳州鹽酸甜、唐山香水梨、唐山鳥樹梅等。由此觀之，似乎可解釋〈病子歌〉由唐山輾轉傳來的說法。

〔註 15〕貝類。蟶的一種。外型細長有如竹筒，所以稱為竹蟶。教育部《臺灣閩南語常用詞辭典》網路版。http://twblg.dict.edu.tw/holodict_new/index.html，102.7.20。
〔註 16〕黃勁連，《台灣歌詩集》，新營市：南縣文化，1997，頁 137，註 3。

（六）臺灣地方特產

1. 蕭壠文旦柚——「蕭壠（Siau-lâng）」是今臺南「佳里」的舊稱，「蕭壠」是平埔原住民西拉雅族「蕭壠社」的社名，西元 1920 年臺灣地方改制，因古縣治所在地是「佳里興」，而將「蕭壠」改名為「佳里」。

2. 檨仔青（suāinn-á-tshenn）——檨仔就是土芒果，是早期的荷蘭人自日本移植而來。當時國外就有記載：「南方有果，其味甘，其色黃，其根在核。曬乾用糖拌蒸亦可久藏。」〔註 17〕。而連橫《臺灣通史》中亦有說明：「檨為臺南水果，未熟之時，削皮漬鹽，可以為羞。或煮生魚，其味酸美。」

3. 虎頭柑——每年農曆春節期間，許多人都喜歡買幾個比一般椪柑足足大上一號的「虎頭柑」回家拜拜。巨無霸般的虎頭柑，由於皮厚、水分多，加上紅橙橙的外表，看起來充滿過節的喜氣，尤其還可以在供桌上持續放上一個月而不變壞，因此作為敬神祭祖並討個吉利好運，相當受到一般民眾的青睞。〔註 18〕虎頭柑果實甚為碩大，故名虎頭，它的果肉有柚子的風味，但味道奇酸無比，一般除了害喜的孕婦外，根本沒人能嚥得下去，果皮厚，可供藥用。它也是客家鄉親傳承至今的「酸柑茶」製作的主要原料。

4. 馬薯——即「荸薺」，或說「尾薺」，根莖類，生於溼地或沼澤，地下莖呈球形，皮黑而厚，肉白，可供食用。

5. 紅露酒——1910 年代，臺灣商人黃純青、謝道埤、陳炎等由福建引進紅麴為原料，三人在樹林區合資「樹林造酒公司」，用西方製酒方式以紅麴製酒。其中糯米用量較多、酒齡較長之成品酒命名為「老紅金雞」，次級品為「老紅酒黃雞」。二戰期間，金雞停止釀製。臺灣光復後，黃雞改名為「紅露酒」，所以現在新北市樹林區有「紅露酒故鄉」的美名。其酒精含量為百分之十八至二十，現在公賣局酒廠已經停產。〔註 19〕

6. 馬茶蘇—應作「馬蹄酥」，「茶」、「蹄」都讀做「tê」，「馬蹄酥」是外出旅行喜帶的輕便食品，也是饋贈親友的禮品。它是燥熱物品，含飴糖又有營養，用麻油炸過，又是婦女「坐月子」的熱補品。

〔註 17〕（清）劉良璧等纂修：《重修福建臺灣府志〈物產〉（附）》，清乾隆七年原刊，臺北：臺灣大通書局，1984，頁 111。

〔註 18〕吳德亮，〈酸柑茶·客家人的智慧〉，《新臺灣新聞週刊》，臺北市：本土文化事業，660 期，2008 年 11 月。

〔註 19〕維基百科，https://zh.wikipedia.org/zh-mo/%E7%BA%A2%E6%9B%B2%E9%85%92，104/11/22。

（七）中藥補品

高麗（ko-lê）、烏蔘（人蔘）（jîn-som）、炙其（青耆 tshenn-kî）〔註20〕、黑棗、蓮子，為孕婦補身之良好食材。

（八）代用字

如「基」粽、「庚」粽、「烟簑」、「焜」烏參、「沉」圭公、「王莱」、雞「爛」「朕」高麗、來「拍」生、人「肥」船、人「扒」船、「六毒」天、「六達」時、正月「巡」來、涎直「珍」、心直「威」、目「眙眙」、嘴「鋪鋪」等，充分表露出當時教育不普及、及母語文字未能通行或擬音字的現象。

（九）花胎的說法

婦女從懷孕到生產大約九個多月（足月），所以一般人的說法是「十月懷胎」，但為何有「十月花胎」歌呢？據陳龍廷的解釋，在〈十月花胎歌〉的傳唱，因屬於口耳相傳，並無文字的記載，而「懷胎」（huâi-thai）與「花胎」（hue-thai）的福佬語發音相近，久而久之，「十月懷胎」可能就說成「十月花胎」。

（十）特殊詞彙

1. 筊芷斗—福佬諺語提到婦女的婚姻有一說法，「嫁雞綴雞飛，嫁狗綴狗走，嫁乞食揹筊芷斗」，「筊芷斗」一詞，根據教育部閩南語常用詞辭典應是加薦仔（ka-tsì-á），是臺灣早期社會，一種用藺草（鹹水草）編成的提袋，當時的乞丐常以此來行乞。

2. 呆世：歹勢（pháinn-sè），不好意思、害羞、難為情的意思。

3. 抾姐（khioh-tsiá）：以前稱替人「抾囡仔」的婦人為「抾姐」，又稱抾囝母（khioh-kiánn-bú），就是接生婆。

4. 一牒久：應作「一霎仔久（tsit-tiap-á-kú）」，一下子時間。

5. 頭上子：福佬語作「頭上仔（thâu-tsiūnn-á）」，客語作「頭胎（teuˇ-toiˊ）」，即第一胎。

6. 鮮尺：正字為「鮮沢（tshinn-tshioh）」，新鮮有光澤。

7. 呵咾：（o-ló）：讚美、表揚。

8. �彩：應作「清彩（tshìn-tshái）」，隨便、不講究、馬馬虎虎。

〔註20〕青耆：又名黃耆。草本植物。根莖部分常被中醫用以入藥，有利尿、補氣等作用。

9. 銑油飯：「銑」應做「熗（tshìng）」，是一種烹飪方式，以少量的水半蒸半煮將食物蒸熟。例：熗油飯。

10. 無張遲：《臺灣閩南語常用詞辭典》作「無張持（bô-tiunn-tî）」，無細膩、無小心的意思。

11. 骨力：（kut-làt），勤勞的意思。

12. 連只莊：「連子磚」的諧音，「連子磚」有祈求來日能夠連生貴子之意。

三、歌謠文化脈絡的分析

傳宗接代、延續香火是漢族的傳統文化核心，傳統社會把女人視為生產的工具，女性唯有懷孕時才有可能受到家庭的重視和期待。〈病子歌〉描述的，就是女性在懷孕的過程中，身體、心理的變化，以及口欲的改變：

（一）以「孕婦飲食偏好」或「懷胎的辛苦」為主題

綜觀福佬及客家有關「懷胎」、「病子」的長、短篇「歌仔」，除了客語的〈十月懷胎〉外，其餘幾乎句句都提到食物。我們可以發現：

1. 以「病子」為題名的，多半注重在懷孕期間對食物的特殊偏好，顯得輕鬆而娛樂性質比較重。〔註21〕例如下面這首〈生育病子歌〉～1〔註22〕：

> 正月算來桃花開，娘仔病子無人知，哥來問娘愛食麼，愛食山東香水梨。
> 二月算來田草青，娘仔病子面青青，哥來問娘愛食麼，愛食枝尾桃仔青。
> 三月算來人播田，娘仔病子心艱難，哥來問娘愛食麼，愛食紅肉的李鹹。
> 四月算來日頭長，娘仔病子面黃黃，哥來問娘愛食麼，愛食唐山烏樹梅。
> 五月算來顧船渡，娘仔病子目䀛烏，哥來問娘愛食麼，愛食鹹菜煮豬肚。
> 六月算來碌碡天，娘仔病子倚床邊，哥來問娘愛食麼，愛食唐山紅荔枝。

〔註21〕林昭惠，《玉珍漢書部〈最新病子歌〉研究》，2007，頁30。
〔註22〕吳瀛濤，《臺灣諺語》，臺北：臺灣英文出版社，1975，頁397。

七月算來人普施，娘仔病子心無意，哥來問娘愛食麼，愛食羊肉炒
薑絲。

八月算來是中秋，娘仔病子面憂憂，哥來問娘愛食麼，愛食麻豆文
旦柚。

九月算來九降風，娘仔病子心茫茫，哥來問娘愛食麼，愛食馬薯炒
海參。

十月算來人收冬，孩兒落土腹肚鬆，哥來問娘愛食麼，愛食麻油炒
雞公。

十一月算來是冬天，娘仔抱子笑微微，哥來問娘愛食麼，愛食吾子
滿月圓。

十二月算來是年兜，娘仔看子白泡泡，哥來問娘愛食麼，愛食麻油
甜土豆。

　　這首〈病子歌〉以月令聯章方式，配合節令如「顧船渡、普施、中秋」以
及農事、作物的生長如「人播田、碌碡天、人收冬」來唱唸，而主要目的是藉
著孕婦懷胎十月之間身心的變化，如「面青青、面黃黃、目箍烏、心艱難、面
憂憂、心茫茫」，加上孕婦口味的不斷改變，想吃「香水梨、桃仔青、李鹹、
羊肉炒薑絲、麻豆文旦柚、麻油炒雞公、麻油甜土豆」等，描述孕婦懷孕的辛
苦，以及丈夫替懷孕的妻子準備食物時呵護備至的關懷之情。唱到十一、二
月時，因為孩子已經出生，得子的喜悅從「抱子笑微微」、「看子白泡泡」表露
無遺，而想吃的食物也變為「吾子滿月圓」、「麻油甜土豆」，唱出母親疼愛子
女的心聲，也充分表現出夫妻間的濃情蜜意。

　　2. 以「懷胎生育」為主題的，則比較強調孕婦在懷孕期間的不適，胎兒
在母體發育的過程，以及懷胎、產子的辛苦。〔註23〕例如下面這首〈生育病
子歌〉～2〔註24〕：

正月病子在心內，若要講人驚人知，看著物件逐項愛，偷偷叫哥買
入來。

二月病子人愛睏，三頓粥飯無愛吞，想食白糖泡藕粉，叫兄去買一
角銀。

三月病子人嘴冷，腳手酸軟烏暗眩，酸澀買到唇內面，愛食樹梅鹹

〔註23〕同註21。
〔註24〕吳瀛濤，《臺灣諺語》，臺北：臺灣英文出版社，1975，頁398。

七珍。

四月病子人畏寒，趕緊綿裘提來蒙，專專愛唾白白涎，想食竹筍煮鰡干。

五月病子者悽慘，愛食仙楂甲油柑，姊妹相招來相探，叫咱鴨母煮烏參。

六月病子真見羞，不時眠床倒條條，愛食包仔甲水餃，三頓無食不知飫。

七月病到還塊病，不時不日想食甜，腹肚一日一日滿，勸哥不免請先生。

八月人還真艱苦，腳酸手軟四界模，心肝者糟要啥步，愛食馬薯〔註25〕炒香菇。

九月者和君實說，大概敢是落後月，趕緊買菜乎我配，今日愛食一鼎糜。

十月倒塊眠床內，人真艱苦報君知，去叫產婆來看覓，扣若明白通斷臍。

對於懷孕所造成的身體不適，如「三頓粥飯無愛吞，腳手酸軟烏暗眩，不時眠床倒條條，心肝者糟要啥步」，歌詞很實際的唱出孕婦的心聲，也帶有點撒嬌的成分。每段的一、二句都在述說懷孕的艱辛與身體的不適，最後兩句「去叫產婆來看覓，扣若明白通斷臍」，「扣若（ká-ná）明白」的意思是「如果生產順利」，就可以讓產婆幫嬰兒斷臍帶，一語道盡了孕婦的憂慮之情，難怪會有「生贏雞酒芳，生輸四片板。」這句俗諺了。

（二）依月令聯章鋪陳

〈病子歌〉這種逐月鋪陳的方式，在民謠裡經常出現，稱之為「十二月調」。有的由一月唱到十月，和孕婦懷胎的月數相結合；有的鋪陳到十二月，只是和歲時節令相結合，跟懷孕的月份沒有關係。

（三）句式整齊且押韻

〈病子歌〉雖以每葩七言四句為原則，但有些似乎為了提高趣味性，增加詼諧或相褒的氣氛，會使用虛腔或附加句，而使得句子出現長短不一的字數，但大體而言，每葩的句式是一樣的，而且每葩單獨成韻，可說是十首（或

〔註25〕馬薯，即荸薺。

十二首）作品組合而成的聯章詩歌，稱之為「月令聯章體」。而有的〈病子歌〉加上「愛食我來去買，啊你買給我食，噯唷俺某喂。」、「愛食我來去買，啊你買給我食，噯唷三八喂。」這些口語化、逗趣話的詞句，不但為病子歌增加愉悅的氣氛，也給人輕鬆愉快的感受。〔註26〕

四、論文架構

本論文分五章，第一章緒論；第二章〈病子歌〉的版本及分類；第三章〈病子歌〉的生命禮俗：包括傳後嗣、求子的方法與習俗；農業社會婦女懷孕的艱辛與生產的危險性；燒香拜拜有保庇，婦女為求順利得子的一些信仰習俗；最後跨越生命的關卡，解說從嬰兒出生到滿月期間，為求順利平安長大所需跨越的一關又一關的成長關卡。第四章〈病子歌〉的飲食文化意涵：先說病子歌的福佬客家異同；再談〈病子歌〉中的食物比較、福佬客家飲食的烹調方法；接下來是配合時令的孕婦食譜；最後是孕、產婦飲食的調理與禁忌；並討論福佬客家的飲食文化。第五章：結論。

〔註26〕參考林昭惠，《玉珍漢書部〈最新病子歌〉研究》，2007，頁30。

第二章　病子歌的版本及分類

〈病子歌〉是屬於自然歌謠，是在台灣民間自然產生，經由民眾口耳相傳，代代傳唱，集體加工潤飾而成，屬於民間共同創作的歌曲。黃金鷹認為「臺灣民間歌謠是臺灣的住民將長期生活在這塊土地上的種種生活經驗與內心情感反應在歌聲，以歌聲來宣洩、抒發情感。」〔註1〕這些樂曲或因地區的差異而在歌詞內容上出現更動，或因族群的不同而在旋律曲式上各異其趣。胡紅波認為「傳統民間歌謠的外觀形式上整體而言並沒有明顯差別，因此有幾首月令聯章歌曲是兩族群都有，不但歌詞主題、內容相同，連曲調旋律也大同小異，如〈桃花過渡〉和〈病子歌〉，可以看到相互交融吸收的例子。」〔註2〕

〈病子歌〉依照「月令聯章」方式來鋪排，內容主要藉著男問女答，逐月唱出婦女懷孕時的特殊喜好口味，因而帶出十至十二種饒富族群風味的吃食特產〔註3〕，也反映了兩族群的飲食文化的特色。

車鼓戲的第五齣就是〈病子歌〉，採一旦一丑對唱的方式，歌詞按月令季節逐月變化孕婦的吃食口味，傳達舊社會勞動階級夫妻感情生活的一端，同時也記錄了充滿地方風味的特產。

〔註1〕黃金鷹，〈臺灣歌謠與通識教育之精神〉，《第四屆俗文學與通識教育研討會》，2010。

〔註2〕胡紅波，〈臺灣的月令格聯章歌曲〉，《臺灣民間文學學術研討會論文集》，清華大學，1998，頁98。

〔註3〕胡紅波，〈病子歌的淵源流變與文化意涵〉，《2012當代客家文學》，新北市，台灣客家筆會，2012，頁142。

　　北部客家的「打採茶」，也有〈病子歌〉，也是借「病子」來說夫妻恩愛，是北部客家鄉親耳熟能詳的小調，同樣是七言四句式月令格聯章體，採男女對唱的方式，共十二章。這齣採茶戲班必演的小戲，曲調活潑輕快，內容結合季節、特產，簡單又好記，至今仍普遍受到歡迎。

　　「車鼓陣」與「採茶戲」發展到最後，互相結合生成一種新的陣頭，叫做「挽茶車鼓」。其演出方式與車鼓陣相同，只是增添了「甩籃」的技巧。表演者將裝有香菸或糖果的竹籃，用長繩繫住提把，在頭上甩繞數圈後再拋擲給觀眾。接到的人可以得到竹籃內的物品，但必須回敬賞金，表演者則需即興表演一段歌曲，以示感謝。〔註4〕「挽茶車鼓」的表演，也可算是福佬及客家歌謠相融的例子之一。

　　所謂「病子」或「病囝」，就是華語所說的「害喜」，指婦女懷孕初期的生理異狀。這段時間，會有噁心、疲倦、頭痛、惡寒、欲吐、懶怠無力、食慾不振等不適狀況，即是妊娠的「惡咀」現象。這種現象的特徵是口液頻流，而且偏愛吃酸甜的東西。懷孕的生理變化與不適，讓孕婦在情緒方面也隨之起伏，這時丈夫的體諒與細心就顯得特別重要。也許正因為如此，才會發展出多種描述孕婦心聲的不同版本〈病子歌〉。

　　昔日農業時代，因醫療設備及保健常識未普及，因此婦女的生育，有極大的危險性，孕婦和嬰兒的生命都飽受威脅。所以臺灣諺語中有不少描述婦女生產的警語，例如：「生囝生命在溝墘。〔註5〕」「生贏雞酒芳，生輸四片板。〔註6〕」、「生囝得平安，親像重出世！〔註7〕」、「生過手，麻油香；生不過手，三塊板。〔註8〕」在傳宗接代的傳統觀念下，生育自有一套繁瑣的禮俗，雖然在現今的觀點看來，有些是迷信的成分，但是所蘊含的親情卻是溫馨無比。尤其丈夫關懷太太懷孕的心情，那種疼惜得無微不至的愛意。但不同時代的人對於表達愛意的方式各有差別，相傳下來的〈病子歌〉經由時空的演變，歌調及歌詞有很大的變化，因而產生了人唱人殊的現象。但也因為族群的不同或演唱者的創新，在旋律曲式上各異其趣，反而為後人留下許多富生命力以及鄉土氣息的藝術作品。

〔註4〕參考「民俗技藝車鼓陣」，http://oursogo.com/thread-643726-1-1.html，102.11.15。
〔註5〕徐福全，《福全台諺語典》，台北：徐福全，1998，頁427。
〔註6〕同上，頁428。
〔註7〕陳主顯，《台灣俗諺語典》卷五：婚姻家庭，臺北：前衛，2000，頁508。
〔註8〕朱介凡，《中華諺語志》臺北：臺灣商務，1989，頁2151。

第一節 基本的分類及版本介紹

與懷孕生產相關的歌謠很多，包括〈病子歌〉、〈最新病子歌〉、〈思食病子歌〉、〈新刊思食病子歌〉、〈改良思食病子歌〉、〈最新思食病子歌〉、〈十月懷胎歌〉、〈十月花胎歌〉、〈花胎病子歌〉等。這些歌謠大致上皆有固定的版本，內容採七言四句為一葩的形式，但有時候為增加現場娛樂的氣氛，「歌仔先」會做調整，呈現出民間文學的變異性。

〈病子歌〉版本的結構形式多樣化，除了每句字數之多寡不同；句子為齊言或雜言之外，其最明顯的特徵在於逐月敘述孕產過程。依據每首歌首句歌詞的形式，筆者費心去蒐集不同的版本將之分類，可以看出不同版本的可能繼承關係，還有不同語言、族群的用語習慣、飲食偏好等。基本上可分七類如下：

一、「正月〇來桃花開」形式

表 2-1 「正月〇來桃花開」版本

版本	年代	標題	葩數	第一句	第二句	第三句	第四句
開文書局版	不明	改良思食病子歌	12	正月桃花開	娘今病子無人知	君今問娘愛食物	愛食山東香水梨
片岡巖 A 版	1921	病囝歌	12	正月順來桃花開	娘仔今病子無人知	哥仔今問娘愛食物？	要食唐山香水梨
東方孝義版	1942	病子歌	12	正月巡來桃花開	娘仔今病子無人知	君仔今問娘欲食物？	要食唐山香水梨
吳瀛濤 A 版	不明	生育病子歌	12	正月算來桃花開	娘仔病子無人知	君仔問娘愛食麼？	愛食山東香水梨
陳瑞隆版	1972	病子歌	12	正月算來桃花開	娘仔病子無人知	哥來問娘愛食麼？	愛食山東香水梨
簡上仁 A 版	不明	病子歌	5	正月算來囉桃花開	娘今病子無人知	君今問娘囉欲食什麼？	欲食山東香水梨
鄭恆隆版	1989	病子歌	10	正月算來囉桃仔花開	娘今病子無人知	君今問娘囉要食什麼？	要食山東香水梨

簡上仁 B 版	1998	病子歌	10	正月算來囉桃花開	娘今病子無人知	君今問娘囉要食什麼？	要食山東香水梨
簡上仁 C 版	2001	病子歌	10	正月算來囉桃花開	娘今病子無人知	君今問娘囉要食什麼？	要食山東香水梨
婁子匡版	1953	病子歌	12	正月算來桃花開	娘今病子無人知	君仔問娘要食麼？	欲食山東芳水梨
林鋒雄版	2001	藏調仔病子歌	6	正月算來是桃花開啊耶吓啊	娘身啊哩來病子嘛驚人知啊	君今問娘是吃啥麼物啊耶吓啊？	愛吃彼禮山東來香水梨啊
賴秀綢版	2004	病子調	12	正月算來桃花開	娘身病子無人知	親兄問娘吃什麼	要吃內山香水梨
莊永明版	2009	十二月花胎上、下	12	正仔月啊算來是桃花開啊	娘仔今來病子無人知啊	我咧今來問娘吃啥麼物啊	愛呀吃山東香水梨啊

資料出處：

1. 上海開文書局，時代不明，由國立臺灣大學圖書館典藏。

2. 片岡巖 A 版：《臺灣風俗誌》，（臺灣日日新報 1921），台北：眾文，1987，頁 279。

3. 東方孝義版：《臺灣習俗》，臺北市：同人研究會，1942，頁 147～152。

4. 吳瀛濤 A 版：國立臺灣文學館典藏手稿。

5. 陳瑞隆版：《台灣生育、冠禮、壽慶禮俗》，臺南：世鋒，1998，頁 8。

6. 簡上仁 A 版：〈台灣音樂之旅·第四講·台灣早期女性的歌〉〈病子歌〉

7. 鄭恆隆版：《台灣民間歌謠》，台北市：南海圖書，1989，頁 36～38。

8. 簡上仁 B 版：《台灣福佬系民謠──老祖先的台灣歌》，台北：漢光文化，1998，頁 78。

9. 簡上仁 C 版：《福爾摩沙之美：臺灣的傳統音樂》〈病子歌〉，台北：文建會，2001，頁 185。

10. 婁子匡版：《情歌三百》〈病子歌〉，臺北市：東方文化供應社，1953，頁 8～11。

11. 林鋒雄版：《找尋老歌仔調》〈藏調仔（病子歌）〉，宜蘭縣政府文化局，2001，頁 103～104。

12. 賴秀綢版：〈陳旺欉與林榮春歌仔調使用情況之比較〉，宜蘭地區民間藝術之發展

調查計畫——水文風土與民間藝術——以宜蘭河為例成果發表暨學術研討會，2004。

13. 莊永明版：《1930 年代絕版臺語流行歌》，臺北市：北市文化局，2009，頁 92。

開文書局版的〈改良思食病子歌〉主要題名為「改良桃花過渡正月種蔥思食病子鬧蔥守寡新歌」由上海市開文書局發行，時代不明，由國立臺灣大學圖書館典藏。其中〈改良思食病子歌〉是寫女子懷胎十月過程中，害喜的狀況，與想吃的食物。這首歌，每葩最後兩句重複演唱，加重對食物的企求之心。不過二、三月的食物「生蠔來打生」、「老酒一大瓶」對孕婦來說似乎不大適宜，而想吃的食物內容有「山東香水梨」、「生蠔」、「老酒」、「海澄雙羔潤」、「烏葉紅荔支」、「海澄雙羔潤」、「浦南文旦柚」、「鴨母焜烏參」、「老酒沉主公」、「羊肉煮炙其」、「青衣」等，均屬於高貴的食材，就內容來看，純粹只是娛樂用途，非當時的一般大眾所能奢求。本首歌謠第一句只有五個字，句式為「五、七、七、七、七」的格式，是和其他幾首歌謠不同之處。

東方孝義版的〈病子歌〉幾乎和片岡巖 A 版的〈病囝歌〉一模一樣，只有些微的差異如下：每葩第一句的「順來」改成「巡來」，（另外有其他版本是用「算」來）；五月的「人爬船」改成「人肥船」，「爬」、「肥」同福佬語發音「扒」，是划船的意思，例如扒龍船（pê-lîng-tsûn）；「海頂雙糕軟」改成「海澄雙糕閏」，「頂」、「澄」的福佬語發音均為（tîng）；每葩第三句的「愛」改成「欲（beh）」，表示意願想要的意思。其餘內容均相同。二書著作年代相差二十一年，內容卻無甚變動，可見這首歌謠在當時流傳的普遍性。

吳瀛濤 A 版的〈病子歌〉，摘自國立臺灣文學館典藏的手稿。其內容和東方孝義版、片岡巖 A 版差不多，只有幾個諧音字不同，應是年代較晚，用字較接近現在詞彙用語，如「算來」、人「扒船」、「鳳梨」、「燉」鴨母、雙糕「潤」，而炒「豬肝」改成炒「豬肺」，其它則相同。

 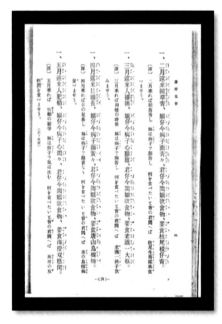

圖1　開文書局版〈改良思食病子歌〉圖2　東方孝義《台灣風習》〈病子歌〉

　　陳瑞隆版的〈病子歌〉，和東方孝義版、片岡巖A版同屬十二月的月令聯章體，但內容頗有不同。二月的「枝尾檨仔青」改為「枝尾桃仔青」，「九月順來厚葡萄」改為「九月算來九降風」，「蕭壠文旦柚」改為「麻豆文旦柚」，「老酒」改為「麻油」，而十一月的「滿月圓」代表了生子的喜悅，十二月的「甜土豆」，則象徵對子女的疼愛，因為根據醫學的記載，土豆有通乳生乳、補血益氣的功效，而在早期的臺灣農業社會，土豆是廉價且容易取得的食物。這首〈病子歌〉生動的描述婦女在懷孕期間內的飲食嗜好，對於孕婦因「病子」所引起的身心變化也有深入的刻畫，同時也表現出夫妻間的濃情蜜意，最後兩個月「抱子笑微微」、「看子白泡泡」的描述，則充分展現了「有子萬事足」的喜悅，懷胎十月的辛苦總算有了代價。

　　簡上仁A版的〈病子歌〉，是屬「歌舞小戲曲調」，句式為「七、七、七、七、五、五、五」，中間又加上襯字，比較活潑而有變化，整首歌只有五葩，夫妻穿插對唱，夫妻恩愛之情表露無遺，到現在仍是比較多人傳唱的福佬歌謠，每葩的最後一句非常逗趣，諸如「哎唷老尪仔喂」、「哎唷三八喂」、「哎唷老猴仔喂」、「哎唷三八（斬頭）喂」、不僅夫妻互相戲謔、穿插，又加上斬頭的動作，而且只唱到五月即止，歌曲長度比較適合KTV或家庭式卡拉OK，

是熱門點唱的歌曲。

　　鄭恆隆版的〈病子歌〉，在每葩的第一句都加上一個「仔」字，如桃「仔」花開、田「仔」草青、人「仔」收冬，藉由襯字的拉長來增加歌謠吟唱的韻味，而六月份所唱到的六月算來「六仔毒天」、娘今病子「無張遲」，則是比較特殊的唱詞。

圖 3　吳瀛濤〈病子歌〉手稿，典藏單位：國立台灣文學館

　　簡上仁的 B、C 版〈病子歌〉，雖分別出自《台灣福佬系民謠─老祖先的台灣歌》和《福爾摩沙之美：臺灣的傳統音樂》中，內容卻完全一樣，採男女對唱方式，從一月唱到十月，是比較通俗的版本。

　　婁子匡版的〈病子歌〉出自《情歌三百》，是一本高 19 公分的小冊子，1953 年由東方文化供應社印行，其印刷內容的字型大小、字體型式不一，編排版面有點雜亂，但也由此讓我們了解婁子匡對臺灣民間文學、民俗學的付出與貢獻。

　　婁子匡版的〈病子歌〉比較特殊，在傳統的十二葩七言四句之外，每個月後面皆多了一葩，所以共有二十四葩。多出的十二葩，由其文字內容來看，應是作者根據傳統〈病子歌〉的改編之作，詞彙較通俗化，例如：「姑娘」、「稻秧播」、「日難捱」、「是霉天」、「風陣陣」、「土螕煮黃瓜」、「洋薯燒海參」

等，而十一月唱到「要穿綾羅來紡絲，白衫滾綠邊」共有十二個字，十二月更奇怪了，第三句這樣唱：「郎問『妹呀你愛穿什麼？』」，答以「要穿白絲羅衫，滾綠邊」，隨興的寫法，並無句式、對仗、押韻可言。

　　林鋒雄〈藏調仔（病子歌）〉，唱詞摘自「呂蒙正打七響」中的一折，呂蒙正出門乞討，來到暢樂姊家，暢樂姊故意提出唱歌仔才要送他兩斗米和二兩銀的要求，為了養家活口，情非得已之下，呂蒙正只好夯鋤頭掘心肝，與暢樂姊唱了一曲〈病子歌〉。有串調仔、蒼調仔不同說法的藏調仔，是一首來自民間的曲調，最初被歌仔戲吸收於「呂蒙正打七響」一段中，並以其原貌之〈病子歌〉現身戲中。由於具有相褒的原始特質，在老歌仔中亦多用於男女相互詢問、責罵的場合，並且在句尾末的複唱部分，除了以兩人合唱處理外，另固定搭配女方以扇敲擊男方頭部的動作，讓責備中帶著詼諧趣味的戲弄感自然流露。

圖4　婁子匡編《情歌三百》目錄頁　圖5　婁子匡編《情歌三百》〈病子歌〉

　　賴秀綢版的〈病子調〉每葩有六句，較為特殊，它是國寶級藝師林榮春表演「公揹婆」時專用的曲調，歌詞比較有鄉土的味道，如「親兄」、「內山」、「心甘然」、「六達時」、「菜鴨滾姜絲」、「面黑黑」等語詞。

　　1928年出生，1992年榮獲第八屆教育部民俗藝術薪傳獎的國寶藝師林榮春，雖然年事已高，但每次演出時仍都扮演「公揹婆」的角色，且都搭配〈病子歌〉，成為他專屬的特色。「公揹婆」的主角「老囝婿」頭戴老人帽、身穿黑藍色衫，雙手反揹，脖子上繫著領結，背上揹著頭繫珠花黑巾、身穿鳳仙裝、臉塗脂粉的「老三八」，搭配著或進或退，或扭或擺，或吵架或恩愛的滑稽表

演，這就是農業社會時經常附屬在車鼓陣或牛犁陣裡，由一人扮兩種角色的民間小戲——「公揹婆」，臺語叫「公偝婆（kong-āinn-pô）」，又叫做「公軮婆（kong-ióng -pô）」。「公揹婆」的「揹」字，臺語作「偝」，唸「āinn」，是「揹負」的意思。陳正之對「公揹婆」有非常傳神的描述：

> 最早看到「公揹婆」這種藝陣是在臺灣光復初期，那時候街頭常有許多走江湖的賣藥商人，相傳其中有一個賣「種子丸」的獨行客，就是扮演「公揹婆」，被「揹」著的「婆」頭繫包頭巾，穿著紅花大陶衫，滿面花粉，嘴唇還塗著紅胭指，揹的「公」頭面是紙糊的，戴了個破呢帽，一襲大陶衫，兩隻袖子朝後面做成環抱揹人狀，「婆」的腳往後蹺起，穿著三寸金蓮，當然它是道具。表演時沒有配樂，只有「婆」自說自答，「公」揹著「婆」時進時退，或扭或擺，在場中來來回回走了幾趟，「公」就跑不動了，於是「婆」就用扇柄敲敲「公」的頭說：「哎呀！才走幾步路就跑不動了，看你身體這麼虛，該吃『種子丸（tsíng-tsí-uân）』啦！」也不知什麼時候起，「公揹婆」變成了藝陣，還自成一個「陣」雜在其他藝陣當中表演，沒有樂器聲，純以動作及口白取勝，一會兒嬌滴滴，一會兒又粗聲粗氣的，「婆」還會向「公」「sai-nai」（撒嬌）呢！〔註9〕

「公揹婆」沒有固定的規矩與配樂，完全靠表演者自己的創意發揮，時進時退，或扭或擺，都是以幽默好笑、逗弄小孩和娛樂觀眾為目的。

莊永明版的〈十二月花胎〉，是台北市文化局於 2009 年從早期的金鳥印七十八轉「蟲膠」曲盤（約 1930 年代）作數位化轉錄，曲盤提供者是收藏家郭双富先生。由於早期的「蟲膠」曲盤保存不易，且刻紋在鐵製的唱針磨損下，變音、跳針導致音質不甚清晰，幸好在龍廷老師的協助下，終於還原出它的文字版。這個版本採女男對唱的方式，一開頭就由女方出聲招攬客人，以「人客啊　嘁喔」來開場，男方接唱一句「過來」，完全是走江湖賣唱的招式。而演唱方式採用顛倒唱法，例如一月份的「娘仔今來病子無人知啊」、「愛呀吃山東香水梨啊」是由男方來唱，而「我咧今來問娘吃啥麼物啊？」卻是由女方唱，和其他版本相反；而對唱之間，女方竟然唱出「吃啥麼潲啊」這句話，是既大膽又粗俗的語言，也許是為了炒熱場面以留住客人，才有如此激

〔註9〕陳正之，《民俗思想起：消失中的常民文化》，南投市：台灣省政府，2000，頁112。

情的演出。前五個月採正常的唱法,從第六個月起改以快板來演出,而每一段唱詞均夾雜非常多的虛腔,依此看來,確實是屬於走江湖賣藝的腳本。

二、「正月裡來新年時」形式

客語版都是以「正月裡來新年時」做開頭句,不同於福佬〈病子歌〉有「順來」、「巡來」、「算來」的變化,「正月裡來新年時」是客家〈病子歌〉共同的起頭句。而其他月分中,「二月裡來是春分」、「三月裡來三月三」、「四月裡來日頭長」、「五月裡來是端陽」、「六月裡來熱難當」、「七月裡來是立秋」、「八月裡來是團圓」、「九月裡來是重陽」、「十月裡來是立冬」、「十一月裡來又一冬」、「十二月裡來又一年」等起頭句,每首歌完全都一樣,沒有變異。這是不是代表了客家人的保守性格,值得進一步研究。

表2-2 「正月裡來新年時」版本

版本	年代	標題	節數	第一句	第二句	第三句	第四句
邱秀基版	1963	病子歌	5	正啊月哪裡來正月時	娘今病子呀無啊人知呦	阿伯啊問娘食麼該	愛食豬腸來炒薑絲呀
湯玉蘭版	1969	病子歌	12	正啊月裡來新年時	娘啊今病子來無人知啊	阿哥啊問娘食麼介	愛食豬腸炒薑絲呀
楊兆禎版	1974	病子歌	12	正月裏來新年時	娘今病子無人知	阿哥問娘食麼個	愛食豬腸炒薑絲
楊兆禎版	1982	病子歌	12	正月裏來新年時	娘今病子無人知	阿哥問娘食麼個	愛食豬腸炒薑絲
何秀琴版	1982	懷喜歌	12	正月裏來新丫年時乙	娘今懷喜丫無丫人知丫	阿伯問你愛食麼個?乙	愛食豬腸炒薑絲丫
賴碧霞版	1983	病子歌	12	正月裡來新年時	娘今病子無人知	阿哥問娘食麼介	愛食豬腸炒薑絲
舒蘭版	1989	病子歌	12	正月裡來新年時	娘今病子無人知	阿哥問娘食麼介	愛食豬腸炒薑絲
賴仁政版	2003	病子歌	12	正丫月裡來新ろ年時乙	娘丫今病子冇人知乙	阿哥問娘愛食麼个哨	愛食豬腸炒薑絲
謝宇威版	2007	病子歌	3	正月裡來新年時	娘今病子無人知喔	阿哥問娘食麼介	要食豬腸來炒薑絲
蕊翠新歌版	1932	最新病子歌	10	正月正月新	娘今病子涎直珍	君今問娘愛食物?	愛食新炙腳車藤

資料出處：

1. 邱秀基：苗栗美樂國際唱片行，1963，收於「四季花」。

2. 湯玉蘭：《湯玉蘭歌唱集》，苗栗美樂唱片公司，1969

3. 楊兆禎：《客家名謠九腔十八調的研究》，台北：育英 1974，頁 54。

4. 楊兆禎：《台灣客家戲民歌》，台北：百科文化，1982，頁 43。

5. 何秀琴：《中國民謠選集》（台灣省），行政院新聞局出版，1982，頁 52～53。

6. 賴碧霞：《台灣客家山歌：一個民間藝人的自述》，臺北：百科文化，1983，頁 30～31。

7. 舒蘭：《中國地方歌謠集成》第 16 冊台灣情歌（二），台北：渤海堂文化，1989，頁 190～196。

8. 賴仁政：《台北市傳統客家歌謠教本》，傅秋英記譜，北市府客委會，2003，頁 70～71。

9. 謝宇威：《山與田》，金革唱片，2007。

10.《蕊翠新歌》〈最新病子歌〉，臺北市光明社，1932。

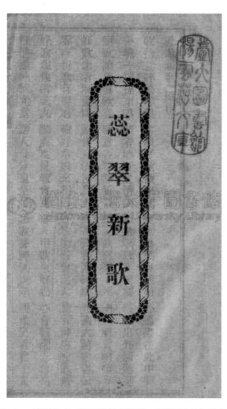 

圖 6　臺灣大學圖書館藏《蕊翠新歌》　圖 7　《蕊翠新歌》中的〈最新病子歌〉
　　　版封面頁

　　邱秀基版只有 5 葩，由苗栗邱秀基、竹北劉玉子對唱；第九首謝宇威版更短，只有 3 葩，改編自客家傳統歌謠，有吉他伴奏，屬現代音樂的演唱形式。蕊翠新歌版有 10 葩，其他七首均唱足 12 個月，表現出客家人重視孕產婦的關懷之情。

　　湯玉蘭版和賴仁正版的唱法較特殊，每一葩都附加哪、啊、喔、呀、唷、呢等一些虛腔，比較偏向客家山歌的唱法。

　　蕊翠新歌版，似乎是受到客家版的影響，或者本身就是來自雙語區的承傳者。蕊翠新歌版含十一首歌，主題包括民間歌謠與民間傳說故事；勸世教化；習俗趣味，除了童謠、自由戀愛二首之外，其他都是整齊的七字句。這些歌有勸人知足者，有說人生如夢者，有敘述男女別情者，亦有鼓吹自由戀愛者，而〈最新病子歌〉以及客家童謠〈月光光〉也並列，是否意味著福佬客家歌謠的交流呢？

　　《蕊翠新歌》〈最新病子歌〉是「五、七、七、七」的句式，內容和其他版本差異也比較大，對孕婦的狀況敘述非常深入，比如「涎直珍」、「心直威」、「心直爭」、「目眙眙」、「嘴鋪鋪」、「心直弱」等，對身心的艱苦可說是一針見血的描述，而歌詞中想吃的食物也比較特殊，比如「新炙腳車藤」、「生蚵煞烟簑」、「甘蔗隨匝刺」、「菜鴨煮毛孤」都是比較難以想像的食物，也可看出這首歌謠的特殊性。

　　從以上兩種形式的〈病子歌〉可以發現：

　　1. 福佬〈病子歌〉均以「正月○來桃花開」作開頭，而其中以「順來」開頭的有一首、「巡來」開頭的有一首、「算來」開頭的有七首，而「算來」「順來」「巡來」均屬諧音字，並無特殊音義的不同，所以「正月算來桃花開」是福佬〈病子歌〉共同的起頭句；客家的九首〈病子歌〉均以「正月裡（裏）來新年時」作開頭，千篇一律，不像福佬〈病子歌〉有「順來」、「巡來」、「算來」的變化，「正月裡來新年時」是客家〈病子歌〉共同的起頭句。

　　2. 福佬〈病子歌〉的開頭敘述中，五月有「人爬船」、「人肥船」、「顧船渡」、「扒龍船」、「人扒船」五種不同唱法，差異最大；其次是七月和九月，七月有「人普渡」、「人普施」、「秋風來」三種唱法；九月有「厚葡萄」、「九降風」、「九葡萄」三種唱法；變異性較大。

三、「正月病子在心內」形式

吳瀛濤 B 版與陳瑞隆版雖然標題不同，但內容完全一樣，一字不差。涂順從 A 版的內容及葩數也一樣，只有其中少數幾個字不同，如「病子」改為「病囝」、「嘴」改為「喙」、「甲」改為「佮」、「不」改為「毋」、「見羞」改為「見笑」、「要」改為「欲」、「腳」改為「跤」，其他則相同。

表 2-3 「正月病子在心內」版本

版本	年代	標題	葩數	第一句	第二句	第三句	第四句
吳瀛濤 B 版	1975	生育病子歌～2	10	正月病子在心內	若要講出驚人知	看著物件逐項愛	偷偷叫哥買入來
陳瑞隆版	1998	病子歌（二）	10	正月病子在心內	若要講出驚人知	看著物件逐項愛	偷偷叫哥買入來
涂順從 A 版	2001	病囝歌（二）	10	正月病囝在心內	若是欲講驚人知	看著物件逐項愛	偷偷叫哥買入來

資料出處：

1. 吳瀛濤 B 版：《台灣諺語》，台北：臺灣英文出版社，1975，頁 398。

2. 陳瑞隆：《台灣生育、冠禮、壽慶禮俗》，台南：世鋒，1998，頁 9。

3. 涂順從 A 版：《南瀛生命禮俗誌》，台南：南縣文化局，2001，頁 38。

這三首歌謠特別著重吐露「病子」的苦狀，每段的一、二句都在述說懷孕的艱辛與身體的不適，例如「正月花胎龍眼大，父母有身大受磨」、「三月花胎人真善，父母懷胎艱苦年」、「五月花胎分鼻嘴，好物任食卻繪肥」等，而最後兩句「去叫產婆來看覓，扣若（互伊）明白通斷臍」，意思是如果生產順利，就可以讓產婆幫嬰兒斷臍帶，一語道盡了孕婦的憂慮之情，難怪會有「生贏雞酒芳，生輸四片板」這句俗諺了。

四、「正月花胎龍眼大」形式

涂順從 B 版與吳瀛濤 C 版，內容及葩數一樣，只有其中少數幾個字不同，如每葩的「花胎」改為「懷胎」、「繪食」改為「毋食」、「子」改為「囝」、「塊水墘」改為「佇水墘」、「人真善」改為「人真孱」、「奧得求」改為「抑得求」、「嘴」改為「喙」、「腳」改為「跤」、「失頭著叫罩來摸」改為「稽頭著叫湊來摸」，其他則相同。

表 2-4 「正月花胎龍眼大」版本

版本	年代	標題	葩數	第一句	第二句	第三句	第四句
吳瀛濤 C 版	1975	生育病子歌～3	10	正月花胎龍眼大	父母有身大受磨	膾食要吐真坐掛	真真艱苦無快活
涂順從 B 版	2001	十月懷胎歌	10	正月花胎龍眼大	父母有身大受磨	毋食要吐真坐掛	真真艱苦無快活

資料出處：

1. 吳瀛濤 C 版：《台灣諺語》生育病子歌～3，台北：臺灣英文出版社，1975，頁 399。

2. 涂順從 B 版：《南瀛生命禮俗誌》，台南：南縣文化局，2001，頁 34～35。

　　這兩首歌謠每段的第一句描寫的是胎兒在腹中發育的情況，從龍眼大小的胚胎、寫到胎兒發育長出手腳嘴鼻、再寫到胎兒會移位、會振動，十月懷胎的辛苦寫來是栩栩如生，生動逼真；又擔驚受怕，唯恐胎神來干擾，連安胎的符水、符佩都出現了，「為著病子不成人，花粉減抹歸斗籠」，為了胎兒，連美容、化妝都可以省了，這樣子的歌謠，誰說不是經典之作呢？

五、「正月懷胎〇〇〇」形式

　　根據楊寶蓮所述，陳火添原為花蓮玉里人，到新埔被人招贅，是漢文先生，常創作山歌詞、勸世文。陳火添本身也是客語說唱藝人，和阿浪旦、楊玉蘭常合作。後一輩的曾先枝、林貴水曾向他學習或者用他的歌詞。他編輯的《十月懷胎·娘親度子勸世文》1954 年由新竹竹林書局出版。〔註 10〕

表 2-5 「正月懷胎〇〇〇」版本

版本	年代	標題	葩數	第一句	第二句	第三句	第四句
陳火添版	1954	十月懷胎	23	正月懷胎如露水	桃李開花正逢春	懷胎恰似浮萍草	未知何日得相逢
謝樹新版	1969	十月懷胎	11	正月懷胎需露水	桃李開花正逢春	兩人平平桃李樣	未知何日得來生
謝一如版	2002	十月懷胎歌	12	正月懷胎需露水	桃李開花正逢春	兩人平平桃李樣	未知何日得來生
鍾萬梅版	2008	懷胎歌	6	正月懷胎毋知道	牽郎雙手肚上摸	含羞細語問情哥	毋知有喜抑係無

〔註 10〕楊寶蓮，《臺灣客語勸世文之研究——以〈娘親渡子〉為例》，2011。

資料出處：

1. 陳火添：《十月懷胎・娘親度子勸世文》，新竹：竹林書局，1954。
2. 謝樹新：《中原文化叢書：〈客家歌謠〉》，苗栗：中原苗友雜誌社，1969，頁 39。
3. 謝一如：《台灣客家三腳採茶戲與客家採茶大戲》，新竹縣文化局，2002，頁 107～108。
4. 鍾萬梅：《客家歌謠選集》，行政院客委會，2008，頁 108。

　　陳火添版特殊之處：在七言四句的〈十月懷胎〉唱完之後，又重複了一個七言一句的〈十月懷胎〉。前面七言四句的〈十月懷胎〉，每個月有七言四句共 28 字，從一月唱到十月，敘述母親懷孕後的生理變化及辛苦、胎兒的成長，而最後「口中咬得鐵釘斷，腳穿繡鞋踏得川（穿）」，寫的是產婦咬緊牙關、使盡力氣，冒著生命的危險來生產，可謂入木三分，難怪乎有「生贏雞酒香，生輸四片枋」這句俗諺。後面用七言一句十個聯章「正月懷胎如露水，二月懷胎心茫茫」、「五月懷胎份男女」、「九月懷胎團團轉，十月懷胎離娘身」，說明自懷孕到生子的過程，最後用兩個七言四句聯章來勸人要孝順父母。

　　謝樹新版有 11 葩，謝一如版有 12 葩，前十個月幾乎相同，差別只在二月的第四句「百般針線荒了裡」改為「幾多針指（嗇）放了裡」，六月第一句「三伏天」改為「六月天」，九月第一句「菊花黃」改為「是重陽」。差異較大之處在第 11 葩，謝樹新版為「孩兒落地叫三聲，婆婆攬出笑連連，孩兒攬在妹身上，心肝偃肉切莫聲」；而謝一如版為「十一月裡來又一冬，婆婆攬孫笑容容，雙手抱在娘身上，世代子孫接祖宗。」且多了第 12 葩。

　　鍾萬梅版只有 6 葩，內容也比較特殊，採女男對唱方式，首句由妻子主動牽丈夫的雙手來摸自己肚子，問懷孕了沒有？結果丈夫哈哈大笑，說他們結婚還不到一個月，丈夫也不知道太太有沒有懷孕。二月時妻子想吃酸菜，丈夫喜出望外，斷言妻子有喜了。到三月確定懷孕時，丈夫歡天喜地的買了許多的雞健仔、米酒、布匹，準備幫太太「坐月子」。雖然只有短短 6 葩，卻充滿了夫妻間的恩愛與歡喜，而歌詞中由女方主動的敘述手法（牽郎雙手肚上摸）也難得一見。

六、「懷胎正月正」形式

　　林石生版只有七葩，於 1914 年錄製，是臺灣唱片最早期的錄音之一，據文獻記載，這一批錄音全由客家藝人赴日灌錄，這批客家藝人為客家唱片及臺灣的唱片留下了珍貴的歷史紀錄，更為臺灣帶入留聲機唱片的時代。雖然有錄音不夠好的遺珠之憾，不過這遺珠之憾也就是它珍貴的地方，有機會讓

我們聽到在二十世紀初期的錄音。

表2-6 「懷胎正月正」版本

版本	年代	標題	葩數	第一句	第二句	第三句	第四句
林石生版	1914	懷胎	7	懷胎正月正	奴奴有了身	漂洋過海	送郎一枚針
陳清台版	1982	十月懷胎歌	10	懷胎來正月正	妹妹就唔敢聲	思想啊同哥呀	紅羅帳內眠喲哦

資料出處：

1. 林石生：日蓄唱片，林石生…等人演唱，1914。
2. 陳清台：陳清台、黃連添作《客家民謠全集5》哥妹看花燈，愛華唱片，1982。

　　男女對唱：陳清台、戴玉蘭、宋瑞琴、蕭玉蓮、彭桂純。

　　陳清台版也採女男對唱方式，由女方先主動，歌詞中男女雙方以「哥哥」、「妹妹」互稱，其歌詞「思想啊 同哥呀 紅羅帳內眠喲哦」、「同妹呀 結婚呀結成好孩兒喲哦」，實是大膽之作，在這首歌的歌詞中，活潑的曲調及病子歌的趣味兼容並蓄，也道出母親懷孕的辛苦。

七、「正月的懷胎來」形式

　　片崗巖B版其實就是〈十月懷胎〉，內容分「懷胎」、「撫育」、「教育」、「娶妻」等情節，通常是請和尚來唸，故名《僧侶歌》。而黃勁連B版稱為〈十個月懷胎歌〉，內容只短少了「十七、十八娶新婦」這一句，也少了「南無阿彌陀佛」這句禱詞，其餘均相同。這兩首歌的用意是讓子孫瞭解父母生兒育女的辛苦過程，從而勸戒後人要行孝為善。

表2-7 「正月的懷胎來」版本

版本	年代	標題	葩數	第一句	第二句	第三句	第四句
片崗巖B版	1921	僧侶歌	11	正月的懷胎來，一滴甘露水。	二月的懷胎都心仔悶悶，南無阿彌陀阿阿佛。	三月的懷胎來，在照水影。	四月懷胎都結成人，南無阿彌陀於於佛。
黃勁連B版	1997	十個月懷胎歌	11	正月的懷胎來，一滴甘露水。	二月的懷胎都心仔悶悶。	三月的懷胎來，在照水影。	四月懷胎都結成人。

資料出處：

1. 片崗嚴 B 版《臺灣風俗誌》，台北：眾文，1921，頁 281～283。

2. 黃勁連 B 版，《台灣歌詩集》，臺南縣：南縣文化，1997，頁 139～155。

第二節　歌仔冊的病子歌敘述

一、「正月病囝在心內」形式

　　在福佬語版的中篇〈病子歌〉方面，筆者蒐集到的有黃勁連所編《台灣歌詩集》的〈病囝歌〉，臺中瑞成書局、臺中文林書局、新竹竹林書局出版的〈花胎病子歌〉，以及涂順從《南瀛生命禮俗誌》中的〈懷胎病囝歌〉五種版本。

表 2-8 「正月病囝在心內」版本

版本	年代	標題	葩數	第一句	第二句	第三句	第四句
涂順從版	2001	懷胎病囝歌	54	正月病囝在心內。	若欲講出驚人知	看著物件逐項愛	恬恬叫哥買入來
黃勁連版	1997	病囝歌	56	正月病囝在心內	若卜講出驚儂知	看著物件逐項愛	恬恬叫哥買入來
瑞成書局版	1933	花胎病子歌	57	正月病子在心內	那卜講出驚人知	看著物件毒項愛	沾沾叫哥買入來
文林書局版	1956	花胎病子歌	56	正月病子在心內	那卜講出驚人知	看著物件逐項愛	沾沾叫哥買入來
竹林書局版	1958	花胎病子歌	56	正月病子在心內	那卜講出驚人知	看著物件逐項愛	沾沾叫哥買入來

資料出處：

1. 涂順從版：《南瀛生命禮俗誌》，臺南縣：台南縣文化局，2001，頁 39～42。

2. 黃勁連版：《台灣歌詩集》，臺南縣：南縣文化，1997，頁 139～155。

3. 瑞成書局版：〈花胎病子歌〉，臺中：瑞成書局，1933。國立臺灣大學圖書館典藏。
   http://cdm.lib.ntu.edu.tw//cdm/ref/collection/kua-a-tsheh/id/33940，104.11.27。

4. 文林書局版：〈花胎病子歌〉，臺中：文林書局，1956。

5. 竹林書局版：〈花胎病子歌〉，新竹：竹林書局，1958。

圖8　瑞成書局〈花胎病子歌〉內頁　圖9　竹林書局〈花胎病子歌〉封面

這五種版本中，因臺中文林書局、新竹竹林書局的〈花胎病子歌〉二種版本的內容相似度頗高〔註11〕，所以只擇其一，加上臺中瑞成書局的〈花胎病子歌〉，涂順從的〈懷胎病囝歌〉共三種版本表列並分析如下：

（以下三種版本歌名雖然不同，但內容卻大同小異，各版本中不同的部分筆者以粗體字來表示，並且努力將歌謠中的詞彙還原，並力求正確）。整首歌謠忠實的呈現出孕婦每個月口味的改變、孕期所受的折磨，以及生產和坐月子的情形。全文大致可以分成四段，分別敘述如下：

第一段：描述孕婦每個月不同的生理現象，以及因病子而改變的飲食偏好。

〔註11〕據林香薇〈竹林書局改編臺灣早期閩南語歌仔冊之詞彙觀察〉《漢學研究第30卷第2期》所言，竹林書局的歌仔冊有一類是改編自其他書局舊版本的作品。101年6月。

表2-9　《正月病囝在心內》第一段

葩次	涂順從 〈懷胎病囝歌〉〔註12〕	瑞成書局印行 〈花胎病子歌〉〔註13〕	竹林書局印行 〈花胎病子歌〉〔註14〕
1-1	正月病囝在心內	正月病子在心內	正月病子在心內
1-2	若欲講出驚人知	那卜講出驚人知	那卜講出驚人知
1-3	看著物件逐項愛	看著物件毒項愛	看著物件逐項愛
1-4	恬恬叫哥買入來	沾沾〔註15〕叫哥買入來	沾沾叫哥買入來
2-1	欲央人買驚歹勢	卜央人買驚呆世	卜央人買驚呆世〔註16〕
2-2	問娘想食啥物貨	問娘思食省乜个	問娘想食省乜箇
2-3	物項買到歸大下	乜項〔註17〕買甲歸大下〔註18〕	乜項買甲歸大下
2-4	愛食汝着家己提	愛食汝着加治提	愛食汝著加治提
3-1	二月病囝人愛睏	二月病子人愛困	二月病子人愛睏
3-2	三頓粥飯無愛吞	三噹粥飯無愛吞	三噹粥飯無愛吞
3-3	愛食白糖泡藕粉	思食白糖泡藕粉	思食白糖泡藕粉
3-4	叫兄去買一箍銀	叫兄去買一角銀	叫兄去買一元銀
4-1	一碗藕粉泡滿滿	一碗藕粉泡鄭鄭〔註19〕	一碗藕粉泡鄭鄭
4-2	白糖赶緊參較甜	白糖赶謹參恰甜	白糖趕緊參恰甜
4-3	問娘汝是啥麼病	問娘汝是省乜病	問娘汝是省乜病
4-4	面色敢若即青黃	面色簡个即年青	面色簡下即年青
5-1	三月病囝人喀秤	三月病子人嘴戨〔註20〕	三月病子人嘴秤
5-2	跤手酸軟烏暗眩	腳手酸軟烏暗眩	腳手酸軟烏暗眩
5-3	酸澀買共歸內面	酸澀買甲歸內面	酸澀買甲歸內面

〔註12〕涂順從，《南瀛生命禮俗誌》，臺南縣：台南縣文化局，2001，頁39～42。
〔註13〕〈花胎病子歌〉，臺中：瑞成書局，1933。
〔註14〕〈花胎病子歌〉，新竹：竹林書局，1957。
〔註15〕沾沾：應作「恬恬（tiām-tiām）」，默默地。例如：恬恬食三碗公半。
〔註16〕呆世：歹勢（pháinn-sè），不好意思。
〔註17〕乜項（mí-hāng），每一樣東西。
〔註18〕規大下（kui-tuā-ê）：規大个，整個，很多的意思。
〔註19〕鄭鄭：滇滇（tīnn-tīnn）：滿滿的意思。
〔註20〕嘴戨：應做「嘴清（tshuì-tshìn）」：反胃想吐。

5-4	愛食樹梅鹽七珍	愛食樹梅塩七珍〔註21〕	愛食樹梅鹽七珍
6-1	我緊行偎共娘問	我緊行瓦共娘問	我緊行瓦共娘問
6-2	面色敢若即青黃	面色簡个迹青黃	面色簡下〔註22〕即青黃
6-3	專食酸澀無食飯	專食酸澀無食飯	專食酸澀無食飯
6-4	想著心肝替娘酸	想著心頭替娘酸	想著心肝替娘酸
7-1	四月病囝人畏寒	四月病子人畏寒	四月病子人畏寒
7-2	赶緊綿裘提來拌	赶謹綿裘〔註23〕提來拌〔註24〕	趕緊綿裘提來拌
7-3	專專愛唾白皮爛〔註25〕	專專愛唾白波瀾	專專愛唾白皮爛
7-4	愛食竹尹滾蚵干	思食竹筍群蟶干	思食竹筍群蚵干
8-1	看娘暝日連連睏	看娘冥日連連困	看娘冥日連連睏
8-2	粥飯半喙無愛吞	粥飯半嘴無愛吞	粥飯半嘴無愛吞
8-3	欲食蚵干滾竹尹	卜食蟶干〔註26〕煮竹笋	卜食蚵干群竹笋
8-4	差人較緊買來滾	差人恰謹買來群〔註27〕	差人恰緊買來群
9-1	五月病囝著悽慘	五月病子即青慘	五月病子者青慘
9-2	愛食仙查佮〔註28〕油柑〔註29〕	愛食仙查甲油甘	愛食仙查甲油柑
9-3	姊妹相招來相探	姊妹相招來相探	姊妹相招來相探
9-4	叫咱鴨母滾鳥參	叫咱鴨母群鳥參	叫咱鴨母群鳥參
10-1	看娘消瘦共落肉	看娘消產共落肉	看娘消產共落肉〔註30〕
10-2	喙爛唾佮歸塗腳	嘴爛〔註31〕唾甲歸塗腳	嘴爛唾甲歸塗腳
10-3	粥飯燴食干飽乾	未食粥飯干埢〔註32〕飽	粥飯袂食干飽乾

〔註21〕樹梅鹽七珍：指七珍梅，依台日大辭典說明，七珍梅為樹梅與砂糖同煮而成的蜜餞。

〔註22〕簡下（Khah-ē）：怎麼會，表示疑問的語氣。

〔註23〕綿裘（mî-hiû）：棉襖。兩層布中間夾有棉絮的衣服，冬天穿著可以禦寒保暖。

〔註24〕拌：幔（mua），將衣物披在身上。

〔註25〕白皮爛：應是「白波瀾」，白色帶有泡沫的口水。

〔註26〕蟶干：晒乾的蟶肉。「蟶」為一種海產貝類，殼窄長，呈剃刀狀。

〔註27〕群：應做煮（kûn），將食物放在水裡長時間熬煮。

〔註28〕佮（kah）：和、及、與、跟。例：我佮你。

〔註29〕油柑：一種落葉喬木，果實呈扁球形，比李子略小，其味先澀後甘，果肉熟後呈透明狀，果實除生食外，亦可加工成蜜餞、果汁、果醬等。

〔註30〕肖產共落肉：即臺語「消瘦落肉（siau-sán-lòh-bah）」之意。

〔註31〕嘴爛：閩南語作「喙瀾（tshuì-nuā）」，口水、唾液。

〔註32〕干埢：應是「干焦（kan-na）」，又唸作 kan-tann、kan-ta，只有、僅僅。

10-4	只愛油柑佮仙查	那愛油甘甲仙查	那愛油柑甲仙查
11-1		病子六月真見少〔註33〕	六月病子真見少
11-2		不時眠床倒條條	不時眠床倒條條
11-3		愛食包仔甲水嬌	愛食包仔甲水餃
11-4		三當無食不知夭〔註34〕	三噹無食不知飫
12-1	看娘酸澀食艙屖	看娘酸澀食賣善	看娘酸澀食袂善〔註35〕
12-2	著請先生毋通延	著請先生不通延	著請先生不通踐
12-3	我到今日即看現	我甲今日隻看現	我甲今日即看現
12-4	腹肚敢會即大乾	腹肚簡能即大騫〔註36〕	腹肚簡兮即大乾
13-1	病共七月猶塊病	病甲七月野塊病	病甲七月野塊病
13-2	不時不日愛食甜	不時不日思食甜	不時不日思食甜
13-3	腹肚一日一日鄭	腹肚一日一日鄭〔註37〕	腹肚一日一日鄭
13-4	勸哥毋免請先生	勸哥不免請先生	勸哥不免請先生
14-1	斟酌共娘恁看覓	斟酌共娘恁看覓	斟酌共娘恁看覓
14-2	即知娘仔有花胎〔註38〕	即知娘子有花胎	即知娘仔有花胎
14-3	頂重下輕行艙在	頂重下輕行賣在	頂重下輕行袂在
14-4	倩人替娘才應該	倩人替娘即英皆	倩人替娘即英皆〔註39〕
15-1	八月人猶真甘苦	八月人野真干苦	八月人野真干苦
15-2	跤酸手軟失界摸	腳酸手軟失袂摸	腳酸手軟失袂摸〔註40〕
15-3	心肝即遭欲啥步	心肝即曹〔註41〕卜省步	心肝即遭卜省步
15-4	愛食馬薯〔註42〕炒香菰	愛食馬薯炒香孤	愛食馬薯炒香菰

〔註33〕見少：應是「見笑（kiàn-siàu）」：羞恥、羞愧。

〔註34〕夭：應做「枵（iau）」：餓也。

〔註35〕善：應作瘍（siān），心理上覺得厭倦、厭煩。例：逐日煮仝款的菜，食甲真瘍。

〔註36〕大騫：應作「大圈（tuā-khian）」體積龐大的樣子。

〔註37〕鄭：滇也（tīnn），充滿、填滿。此處意思為肚子一天一天大起來。

〔註38〕此處「花胎」，陳美珠老師唱成「懷胎」，由此可印證本文龍廷老師所說「花胎」與「懷胎」是諧音的說法。

〔註39〕英皆：應該。

〔註40〕失袂摸：「失」指的是「穡頭（sit-thâu）」，即「農事」，此處泛指一切工作。全句是說手腳痠軟，無法動手做家事。

〔註41〕曹：應做「慒（tso）」，心煩意亂、心中或胸口氣悶不順像針刺般難受。

〔註42〕馬薯：即馬薺（bé-tsî），荸薺，地下莖呈球形，皮黑而厚，肉白，可供食用。

16-1	我緊發落〔註43〕去料理	我緊伐落去料理	我緊伐落去料理
16-2	加炒香菰參馬薯	加炒香孤參馬薯	加炒香菰參馬薯
16-3	喙仔汶汶誠歡喜	嘴仔文文〔註44〕成歡喜	嘴仔汶汶成歡喜
16-4	毋知汝落佇冬時	不知汝落治冬時	不知汝落治冬時
17-1	九月才共君實說	九月即共兄實說	九月即共君實說
17-2	拍算敢是落後月	打算敢是落後月	打算敢是落後月
17-3	趕緊買菜互阮配	就緊買菜乎阮配	趕緊買菜乎阮配
17-4	今日欲食一寡粥	今日卜食一柯〔註45〕粥	今日卜食一柯粥
18-1	醬瓜滾肉好毋好	醬瓜群肉好不好	醬瓜群肉好不好
18-2	較鹹毋者食會落	恰鹽不隻食下落	恰塩不即食下落
18-3	後日就有囝通抱	後日就有子通抱	後日就有子通抱
18-4	免得本成互笑無	免得本成逢笑無	免得本成奉笑無
19-1	十月倒佇眠床內	十月倒治眠床內	十月倒治眠床內
19-2	人真甘苦報君知	人真干苦報兄知	人真干苦報君知
19-3	欲請產婆來看覓	去叫產婆來看覓	卜請產婆來看覓
19-4	互伊明白通斷臍	卻那明白通返才	扣那明白通返才
20-1	腹內囝仔塊發作	腹內囝仔塊法作	腹內囝仔塊發作
20-2	央人共咱叫產婆	央人共咱叫產婆	央人共咱叫產婆
20-3	看娘束縛真煩惱	看娘束拔真煩惱	看娘束拔〔註46〕真煩惱
20-4	恨咱少人腳手無	恨咱少人腳手無	恨咱小人腳手無

　　本段各有 20 葩 80 句 560 個字（但涂順從版少了第 11 葩懷孕第六個月的敘述），從第 1 葩「正月病囝在心內，若欲講出驚人知，看著物件逐項愛，惦惦叫哥買入來。」開始，到第 20 葩「腹內囝仔塊發作，央人共咱叫產婆，看娘束縛真煩惱，恨咱少人腳手無。」止，內容是敘述傳統婦女十月懷胎的過程，從歌詞的敘述中可以看出，在每個月的前四句，是以孕婦的口吻唱出懷孕所帶來的身心苦楚以及因害喜所導致的口味改變，後四句則換以丈夫的口吻，道出對妻子「病子」的心疼以及細心替妻子張羅想吃的食物。內容包括：

〔註43〕發落（huat-lòh）：處置、安排。
〔註44〕文文（bûn-bûn）：微笑、淺笑。
〔註45〕一柯：一寡（tsit-kuá）的諧音，一些、少許，例：加減食一寡。
〔註46〕束拔：應作「揀拔」，疼痛至極因而輾轉滾動掙扎。

1. 孕婦害喜的辛苦：「**病子人**愛睏、**糜飯**無愛吞、面色即青黃、跤手酸軟鳥暗眩、病子人嘴秤、人畏寒、愛唾白皮爛、消瘦共落肉」等，描寫得非常傳神。

2. 孕婦飲食口味的改變：想吃的食物包括：白糖泡藕粉、樹梅鹽七珍、竹尹滾蚵干、仙查佮油柑，大部分是酸、澀、甜的食物。

3. 孕婦心理的變化：如「若欲講出驚人知、欲央人買驚歹勢、病囝真見笑、心肝即遭欲啥步、九月才共君實說」等，道盡農業時代婦女懷孕不敢讓人知道的害羞、矛盾、默默承擔的苦悶與惶恐。

4. 丈夫從頭到尾細心關懷：例如「問娘想食啥物貨、問娘汝是啥麼病、我緊行瓦共娘問、想著心肝替娘酸、物件恰緊買來群」可說是呵護備至。

5. 期待得子的心情：如「喙仔汶汶誠歡喜、後日就有囝通抱、免得本成互笑無」。

6. 女主角提醒丈夫去請產婆來準備接生：「**人真甘**苦報君知、**去叫**產婆來看覓」。

第二段：敘述孕婦生產過程的煎熬以及丈夫的關愛之情。

表 2-10 《正月病囝在心內》第二段

21-1	產婆來到講猶獪	產婆來到講也未	產婆來到講野袂
21-2	囝仔都猶獪翻胎	囝仔多野未翻胎	囝仔都野袂翻胎
21-3	腹肚痛共話獪講	腹肚痛甲花花說	腹肚痛甲話袂說
21-4	會死都抑無辨胚〔註47〕	能死都野無辨胚	兮死都也無辨胚
22-1	產婆今來塊等候	產婆今來塊等候	產婆今來塊等候
22-2	扣姊即個第一勢〔註48〕	卻姊〔註49〕只个第一賢	扣姊這个第一看
22-3	拍算時間猶獪到	打算時間也未到	打算時間亦袂到
22-4		不通思心目滓流	不通思心目屎流
23-1		敢能為子無性命	敢下為子無性命
23-2		阿哥汝真不知驚	阿君汝真不知驚

〔註47〕無辨胚：意謂說不定、極可能。指痛得語無倫次，照這種痛法，死掉都有可能。

〔註48〕勢（gâu），能幹、有本事。

〔註49〕卻姊（khioh-tsiá）：以前稱替人「抾囝仔」的婦人為「抾姐」，又稱抾囝母（khioh-kiánn-bú），就是接生婆。

23-3		腹肚嬌絞僥倖痛	腹肚嬌絞僥倖痛
23-4		痛甲講話賣出聲	痛甲講話袂出聲
24-1		廳頭清香燒三支	廳頭清香燒三支
24-2		下卜正神相扶持	卜下〔註50〕正神相扶持
24-3		是男是女緊出世	是男是女緊出世
24-4	毋通延踐逞候時	不通延踐〔註51〕逞候〔註52〕時	不通延踐逞校時
25-1	產婆共咱摸腹肚	產婆共咱援〔註53〕腹肚	產婆共咱援腹肚
25-2	囝仔隨時生落塗	囝仔雖時生落塗〔註54〕	囝仔雖時生落塗
25-3	加再〔註55〕神明湊保護	加再神明鬥保護	加再神明罩保護
25-4	毋知查某抑查埔	不知查某也查埔	不知查某亦查埔
26-1	一時聽著囝仔聲	一時聽著囝仔聲	一時听著囝仔聲
26-2	三步拼做二步行	三步撥做二步行	三步拼做二步行
26-3	入來看著才知影	入來看著即知影	入來看著即知影
26-4	想見替娘著一驚	想見替娘著一驚	想見替娘著一驚
27-1	產婆手勢〔註56〕正實好	產婆手勢正實好	產婆手勢正實好
27-2	囝仔出世威〔註57〕隨落	囝仔出世威隨落	囝仔出世威隨落
27-3	今生過手〔註58〕無煩惱	今生過手無煩惱	今生過手無煩惱
27-4	問君有嬌亦是無	問君有水〔註59〕野是無	問君有水亦是無
28-1	今我來去提燒水	今我來去拴燒水	今我來去拴〔註60〕燒水
28-2	手巾煞提做一堆	手巾煞提做一追	手巾煞提做一堆

〔註50〕「卜下」即「欲下」，欲向神明許願的意思。

〔註51〕延踐（iân-tshiân）：拖延耽擱。

〔註52〕逞候（thìng-hāu）：等候。

〔註53〕援（luān）：產婆為人助產時，會為產婦按摩肚子，協助嬰兒翻胎以求順產。

〔註54〕落塗（lòh-thôo）：出生、呱呱落地。例：落塗時，八字命。（Lòh-thôo-sî, peh-jī-miā）

〔註55〕加再：應作佳哉（ka-tsài），幸虧、好在。

〔註56〕手勢（tshiú-sè）：指整個手部的肢體動作，此處指產婆接生動作的技巧。

〔註57〕威：應作「衣（ui）」，胎盤。有臍帶和胎兒相連，胎兒可藉此取得氧氣、養分，並可排出二氧化碳及廢物到母體血液內。

〔註58〕過手：順利生產。閩南俗諺「生過手，麻油香；生不過手，六塊板」，形容生產的危險性。

〔註59〕水：應作「媠（suí）」，漂亮、美麗。

〔註60〕「拴」燒水：應作「攢（tshuân）」，準備。

28-3	著洗佮燴奧遭鬼〔註61〕	著洗恰賣粟惡鬼	著洗恰袂奧遭鬼
28-4	生囝了後即落威	未前生子先生威	生子了後即落威
29-1	記得都無一喋久〔註62〕	記得都無一敢久	記得都無一喋久
29-2	斷臍煞塊洗身軀	返才煞塊洗身軀	返才〔註63〕煞塊洗身軀
29-3	緊共君仔伊吩咐	謹共君仔伊吩咐	緊共君仔伊吩咐
29-4	衫著加包較工夫	衫著加包恰工夫	衫著加包恰工夫
30-1	娘子汝生頭一胎	娘仔汝生頭上子	娘子汝生頭上子〔註64〕
30-2	身軀洗好煞號名	身軀洗好煞包衫	身軀洗好煞號名
30-3	實在真婿得人疼	赶緊抱瓦乎娘看	實在真水得人痛
30-4	囝仔姓高名金城	五点外鐘變到今	囝仔姓高名金城

瑞成書局及竹林書局印行的〈花胎病子歌〉各有 10 葩 40 句 280 個字，而涂順從編的〈懷胎病囝歌〉則少了 8 句 56 個字，但三篇皆從第 21 葩「產婆來夠講猶未，囡仔都猶袂翻胎，腹肚痛甲話袂說，會死都抑無辦胚。」開始，到第 30 葩「娘子汝生頭上子，身軀洗好煞號名，實在真水得人痛，囝仔姓高名金城」為止。內容主要是敘述生產的過程，包括：

1. 以孕婦的口吻說出臨盆前的陣痛：產婆來看了之後表示生產時刻尚未到，因為胎盤還沒到位，可是孕婦已經痛到連話都說不出話來，其生動的描寫包括：「會死都抑無辦胚」、「痛甲槽心目屎流」（一直流眼淚）；心中的恐懼，如「敢會為囝無性命」；疼痛到「腹肚滾絞（kún-ká）〔註65〕僥倖疼」（肚子絞痛到沒有辦法忍受的地步）、「痛甲講話袂出聲」（痛到說不出話來）。

2. 央請產婆來接生：例「產婆今來塊等候」、「產婆共咱摸腹肚」，「囡仔隨時生落塗」，因為產婆的技術很好，所以生產非常的順利。

3. 丈夫焚香來禱告，祈求神明的保佑：「廳頭清香燒三支」，來祈求神明幫忙，等到孩子平安落地，直覺上相信是神明在保佑，所以說「加再神明門保護」。在當時醫藥不發達的社會，碰到束手無策的時候，也只有祈求神明的庇佑，別無其他辦法。

4. 得子的喜悅：例「三步拼做二步行」、「入來看著即知影」、「今生過手

〔註61〕「奧遭」：應作「腌臢（a-tsa）」、「阿渣」，骯髒也。
〔註62〕一喋久：應作「一霎仔久（tsit-tiap-á-kú）」，一下子時間。
〔註63〕返才：即「轉臍（tńg-tsâi）」，指生產後，把臍帶切斷的動作。
〔註64〕頭上子：閩南語作「頭上仔（thâu-tsiūnn-á）」，頭胎、第一胎。
〔註65〕滾絞（kún-ká）：扭絞，翻騰，滾動。例：我的腹肚疼甲哪像咧滾絞。

無煩惱」，所謂「有子萬事足」，因為生了男孩，傳子嗣有望，心中的喜悅溢於言表。

5. 幫嬰兒洗身：例「今我來去捒燒水」、「著洗則袂腌臢鬼」、「都無一瞨久」、「斷臍煞塊洗身軀」，因為高興，就連燒熱水、幫嬰兒洗澡的動作也特別乾淨俐落。

6. 幫嬰兒取名字：例「身軀洗好煞號名」、「實在真婧得人疼」、「囝仔姓高名金城」，傳統相信，名字會影響一個人的命運與前途，它能起到改善命運和化災的作用。因此，命名是非常重要的！也許父親希望兒子為他帶來金銀財寶，便為兒子取名叫「金城」。但瑞成書局版第 30 葩最後兩句是「赶緊抱瓦乎娘看，五点外鐘變到今」，並沒有幫嬰兒取名字，和其它二個版本不同。

第三段：描述坐月子期間夫妻的恩愛以及準備油飯分贈親友的細節。

表 2-11 《正月病囝在心內》第三段

31-1	囝仔抱來佇眠床	囝仔抱來箸眠床	囝仔抱來治眠床
31-2	昨暝甘苦到天光	昨冥干苦到天光	昨冥干苦到天光
31-3	就緊提互產婆轉	就謹川乎產婆返	就緊捒乎產婆返
31-4	伊佇咱兜歸盈暗	伊纏塊咱歸冥昏	伊來塊咱歸冥方
32-1	紅包我包六百銀	紅包我包八圓銀	紅包我包六百銀
32-2	較燴互人笑雞孫	恰賣乎人笑雞孫	恰袂乎人笑雞孫
32-3	小可錢銀永無論	小可節本永無論	小可錢銀永無論
32-4	著較常來共阮巡	著恰汁來共阮巡	著恰什來共阮巡
33-1	人著做好有補所	人著做好有補所〔註66〕	人著做好有補所
33-2	頭胎才會生查甫	頭胎即能生查埔	頭胎即兮生查埔
33-3	雖然緊快燴甘苦	雖然謹快賣干苦	雖然緊快袂干苦
33-4	腹肚枵甲面欲烏	腹肚夭甲面卜烏	腹肚飫甲面卜烏
34-1	紅包六百是真濟	紅包八圓是無罪	紅包六百是真多
34-2	產婆相辭就轉回	產婆相辭就轉回	產婆相辭就返回
34-3	阿針布仔倩人洗	阿針〔註67〕布仔請人洗	阿針布仔倩人洗
34-4	開廚桔餅就去提	開廚吉餅就去提	開廚桔餅就去提

〔註66〕補所：指上天對善人有所彌補。
〔註67〕阿針：應是閩南語「阿渣」的諧音，阿渣（a-tsa）的正文是「腌臢」，骯髒的意思。

35-1	一塊桔餅做四周	一塊吉餅做四周	一塊桔餅做四週
35-2	磧腹著煞〔註68〕煮麻油	帝腹〔註69〕人著煮麻油	塊腹著煞煮麻油
35-3	煞參一杯紅露酒	煞參一杯舊紅酒	煞參一杯紅露酒
35-4	後日骨頭即燴抽	後日骨頭即賣抽〔註70〕	後日骨頭即袂抽
36-1	麻油進前〔註71〕搭來囥〔註72〕	麻油進前搭來勸	麻油進前搭來勸
36-2	灶跤燒酒歸大缸	灶腳燒酒歸大扛	灶腳燒酒歸大缸
36-3	煞炒一碗麻油飯	煞炒一碗麻油飯	煞炒一碗麻油飯
36-4	著食面色即燴黃	著食面色即賣黃	著食面色即袂黃
37-1	即款毋者好尪婿	只款不者〔註73〕好尪婿〔註74〕	只款不者好尪婿
37-2	毋免我講逐項知	不免我講獨項知	不免我講逐項知
37-3	提欲互我做月內	川卜乎〔註75〕我做月內	拴卜乎我做月內
37-4	猶燴三日雞免刣	野未〔註76〕三日雞免刣	野袂三日雞免刣
38-1	炒飯肉酒捧到位	吉餅炒飯捧夠位	炒飯肉酒捧到位
38-2	二項排排做一堆	二項排排做一追	二項排排做一堆
38-3	叫娘較苦食幾喙	叫娘恰〔註77〕苦食几嘴	叫娘恰苦食幾嘴
38-4	月內無食人燴肥	月內無食人袂肥	月內無食人袂肥
39-1	茶鈷貯威〔註78〕捧入內	茶古〔註79〕底威汗去勸	茶古底威捧入內
39-2	崁蓋〔註80〕過塊〔註81〕提去埋	嶺蓋過帝連只莊	崁鍋過塊扞去抬

〔註68〕煞，應做紲（suà）：接、續也。

〔註69〕帝腹（teh-pak）：又稱窒腹、磧腹，壓腹也。舊時風俗，婦人產後虛弱，第三天要食一全雞或麻油煎蛋，以填補空腹，並象徵日後可再生產。

〔註70〕抽（thiu）：間歇性微微的伸縮疼痛。

〔註71〕進前（tsìn-tsîng）：之前。

〔註72〕囥（khǹg）：存放。例：錢囥佇銀行。（tsînn-khǹg-tī-gîn-hâng）

〔註73〕不者：應作「毋才（m̄-tsiah）」，……才……。

〔註74〕尪婿（ang-sài）：應做「翁婿」，妻子對他人稱自己的丈夫。

〔註75〕「乎」我：應作「予（hōo）」，給予。

〔註76〕野未：即「猶未（iáu-buē）」，還沒有、尚未。

〔註77〕「恰」苦：應作「較（khah）」，更加的意思。

〔註78〕貯威：此處指用茶壺來盛裝胎衣。

〔註79〕茶古（tê-kóo）：茶壺。

〔註80〕崁蓋（khàm-kuà）：蓋上蓋子。

〔註81〕過塊：此為（kuè-teh）的諧音字，此處指蓋上蓋子後，再用重物壓在上面。

39-3	汝提桔餅共炒飯	汝捨吉餅甲炒飯	汝捨桔餅甲炒飯
39-4	甘草亦燴買入門	甘草也未買入門	甘草亦袂買入門
40-1	甘草央人買箍〔註82〕一	甘草央人買百一	甘草央人買元一
40-2	煞捧碗頭搭冬蜜	煞捧碗頭搭冬蜜	煞捧碗頭搭冬蜜
40-3	今日十月二七日	今日十月挂〔註83〕二七	今日十月閂廿七
40-4	二九通好做三日	二九通好做三日〔註84〕	廿九通好做三日

　　本小段各有10葩40句280個字，從第31葩「囡仔抱來佇眠床，昨冥艱苦夠天光，就緊傳互產婆轉，伊來綴咱規冥昏。」開始，到第40葩「甘草央人買箍一，紲捧碗頭搭冬蜜，今日十月閂二七，二九通好做三日。」止，描寫坐月子期間夫妻的恩愛以及準備做月子補身、處理胎衣、餵小孩蜜水的細節。內容包括：

　　1. 準備紅包感謝產婆：孩子順利出生，除了包一個大大的紅包感謝產婆的幫忙與照顧外，並要產婆有空時多多來巡視，如：「就緊捨乎產婆返、紅包我包六百銀；小可錢銀永無論、著恰什來共阮巡。」

　　2.「重男輕女」的觀念：例如：「人著做好有補所、頭胎則會生查甫」，表面是奉勸人要多行善事，如此頭胎才會生男孩，但卻隱約表達出「男孩比女孩重要」的觀念。

　　3. 坐月子的重要性：婦女生育是冒著生命的風險，而產後身體疲勞虛弱，需要好好照料，因此有坐月子的習俗。孕婦產後肚內空虛，多半以麻油煮陳皮、桔餅、蛋來填補肚子，因此有「一塊桔餅做四周，磧腹著煞煮麻油」的唱詞。俗諺說：「月內食一嘴，卡贏月外食到畏」，所以產婦務必注重月內的飲食，吸收豐富的營養，好好調理身體，才能恢復生產時的虧損。產婦月內常吃的是麻油雞酒和油飯，所以有「煞參一杯紅露酒、後日骨頭即袂抽」；「煞炒一碗麻油飯，著食面色則袂黃」的句子出現。

　　4. 夫妻間的關愛之情：丈夫不僅體貼的幫妻子準備食物，如：「炒飯肉酒捧到位」，還囑咐妻子要好好調養身體，如：「著食面色即袂黃」，「叫娘恰苦食幾嘴，月內無食人袂肥」。妻子則感激地認為這種好丈夫，不必開口就每項都知曉，打點好一切讓她能安心坐月子。如：「即款毋者好尪婿，毋免我講逐

〔註82〕箍（khoo）：元、塊錢。計算金錢的單位。
〔註83〕挂（tú）：剛好。
〔註84〕做三日：嬰兒出生後三日，家人會為其洗澡、做膽等，稱之為「做三日」。

項知，拴卜乎我做月內」。

5. 細心的處理胎衣：例如「茶鈷貯咸捧入內、崁蓋過塊提去埋」。因為以前的人相信嬰兒的胎盤和臍帶都是嬰兒元神的一部份，必須妥善處理。所以會準備一只茶壺，底部鋪上石灰，將胎盤放入其中後，再鋪上石灰然後把茶壺深埋在不易被人撞見的地方或床底下。民間相信嬰兒有溢乳現象是因為胎盤埋得不夠深，此時要到埋胎盤處，重重拍踏幾下，嬰兒溢乳的現象就會改善。

第四段：描寫「做三日」時親友們前來道賀。

表 2-12 《正月病囝在心內》第四段

41-1	開錢無人咱即款	開錢無人加只款	開錢無人咱這款
41-2	阿君姓高名新元	我共阿君多金元	阿君姓高名新元
41-3	是咱從前有發願〔註85〕	咱者將前有發愿	是咱從前有發愿
41-4	著較進前諒早〔註86〕拴〔註87〕	著恰進前諒早拴	著恰進前諒早拴
42-1	冬蜜甘草捧到位	冬蜜甘草捧夠位	冬蜜甘草捧到位
42-2	湯匙甌仔〔註88〕捧做堆	湯時甌仔捧做追	湯匙甌仔捧做堆
42-3	一下皆看才呢婧	一時皆看正吝〔註89〕水	一下皆看即年水
42-4	心肝想著十分開	心肝思著十分開	心肝想著十分開
43-1	赶緊叫君收去囝	趕謹叫哥收去勸	趕緊叫君收去勸
43-2	飼較才婧在眠床	飼甘草水在眠床	飼甘草水在眠床
43-3	三日那欲煮油飯	三日那卜銃油飯	三日那卜銃油飯
43-4	浸米著愛五斗缸	浸米著栓五斗扛	浸米著愛五斗缸
44-1	人廣諒加不通少	人廣諒加無諒小	人廣諒加不通小
44-2	糯米緊羅十四石	糯米緊羅十四石	糯米緊羅十四石
44-3	買寡蝦米真青尺	買卦蝦美真青尺〔註90〕	買柯蝦米真青尺

〔註85〕發願（huat-guān）：許下心願或立下志向。
〔註86〕諒早：應做「冗早（liōng-tsá）」，趁早、及早、提早之意。
〔註87〕拴：應作「攢（tshuân）」，張羅、準備。
〔註88〕甌仔（au-á）：杯子、茶杯（茶甌仔）。
〔註89〕正吝水：應作「遮爾婧（tsiah-nī-suí）」，多麼漂亮之意。
〔註90〕青尺：正字為「鮮沢（tshinn-tshioh）」，新鮮有光澤。

44-4	二九下罩〔註91〕金通燒	二九下罩金通燒	廿九下罩金通燒
45-1	三日算好是廿九	三日刚好是二九	三日刚好是廿九
45-2	糯米汝糴〔註92〕十四包	糯米汝糴十四包	糯米汝糴十四包
45-3	大概按算敢有到	大概安年敢有到	大概按算敢有到
45-4	諒加通倖〔註93〕厝邊兜	諒加通倖厝邊兜	諒加通倖厝邊兜
46-1	著買豬油佮味素	亦買豬油甲味素	著買豬油甲味素
46-2	買有十斤的香菰	買有十斤个香孤	卜買十斤兮香菰
46-3	著揣路闊的場所	著川恰闊个地所	著尋洛闊兮場所
46-4	作三十塊新篛胡	作三十塊新敢胡	作三十塊新篛筛〔註94〕
47-1	二九親戚來著濟〔註95〕	親成五十來者多	廿九親戚來者多
47-2	朋友姊妹早交倍	朋友姊妹有交倍	朋友姊妹早交倍
47-3	我塊驚恁無工藝〔註96〕	我塊驚恁無工藝	我塊驚恁無工藝
47-4	拜託共阮湊〔註97〕刣雞	拜托共阮鬥刣雞	拜托共阮罩刣雞
48-1	各位人客全到位	人客歸宮全到位	各位人客全到位
48-2	排排坐坐做一堆	排排坐坐做一追	排排坐坐做一堆
48-3	看著我囝面形婧	看著我子面形水	看著我子面形水
48-4	心肝想著十分開	心肝思著十分開	心肝想著十分開
49-1	諒早牲禮準備好	涼早生禮〔註98〕就川好	諒早牲醴準備好
49-2	廳頭香燭點焰焰	廳頭香燭紅和和	廳頭香燭點焰焰
49-3	厝邊真互我呵咾〔註99〕	厝邊真乎我呵老	厝邊真乎我呵老
49-4	會曉共阮湊伐落	能曉共阮鬥伐落〔註100〕	兮曉共阮罩伐落
50-1	人人欣羨〔註101〕咱好命	人人欣羨我好命	人人欣羨咱好命

〔註91〕下罩：應作「下晝（ē-tàu）」，下午。
〔註92〕糴（tia̍h）：買進穀物、米糧。例：糴米 tia̍h-bí（買米）。
〔註93〕倖：應作「貺（hīng）」，主人贈禮致謝。例：貺油飯 hīng-iû-pn̄g（送油飯）。
〔註94〕篛筛：即「籤壺（kám-ôo）」，大而淺的圓形盛物竹筐。
〔註95〕著濟：應做「遮濟」，是「遮爾濟（tsiah-nī-tsē）」的省略，非常多的意思。
〔註96〕工藝（kang-gē）：消遣。例：無聊的時陣，就來變工藝。
〔註97〕湊：應作「鬥（tàu）」，幫忙。例：鬥跤手 tàu-kha-tshiú。
〔註98〕生禮：即「牲醴（sing-lé）」，牲畜宰殺潔淨之後的祭品。
〔註99〕呵咾（o-ló）：讚美、表揚。
〔註100〕伐落：應作「發落（huat-lo̍h）」，安排、料理。
〔註101〕欣羨：即「欣羨（him-siān）」，羨慕、歆羨。例：伊會當出國，予人真欣羨。

50-2	富貴毋達〔註102〕咱的名	富貴不達咱个名	富貴不達咱兮名
50-3	人會即款敢有影	人个只款敢有影	人兮只款敢有影
50-4	囝兒面形親像兄	子兒面形親像兄	子兒面形親像兄
51-1	燒金〔註103〕放炮在吟前〔註104〕	燒金放炮在吟墩	燒金放炮在吟前
51-2	油飯捧出見人倖	油飯捧出去放施	油飯捧出見人倖
51-3	門口的人圍鄭鄭	門口个人圍鄭鄭〔註105〕	門口兮人圍鄭鄭
51-4	囝仔大小塊三爭〔註106〕	囝仔大小塊三精	囝仔大小塊三爭
52-1	听見外面下下叫	听見外面下下叫〔註107〕	听見外面下下叫
52-2	油飯咱銃〔註108〕十幾石	油飯咱銃十几石	油飯咱銃十幾石
52-3	香菰蝦米參燴少	香孤蝦米參賣小	香菰蝦米參袂小
52-4	能逢呵咾咱即著〔註109〕	能逢呵老即有著	能逢呵老咱即著
53-1	囝仔枵甲哀哀哭	囝仔夭甲哀哀哭	囝仔飫甲哀哀哭
53-2	有人食共鼻若流	有人契甲鼻那流	有人食甲鼻那流
53-3	一手一碗食無到	一手一丸食無到	一手一丸食無到
53-4	走轉因厝提碗頭	走返因厝〔註110〕捧碗頭	走返因厝捧碗頭
54-1	外口兩甲下下趙	外口讓甲下下趙	外口兩甲下下趙
54-2	敢是囝仔底無著	敢是囝仔底〔註111〕賣著	敢是囝仔底無著
54-3	我佇房間想愛笑	我治房宮想愛笑	我治房宮想愛笑
54-4	按盞〔註112〕手骨簡燴燒	案盞手骨簡賣燒	按盞手骨簡袂燒
55-1	有個歸碗捧塊走	有个歸宛捧塊走	有簡歸碗捧塊走
55-2	有人脫衫起來包	有人脫衫起來包	有人脫衫起來包

〔註102〕毋達：應作「毋值（m̄-tàt）」，不值得。

〔註103〕燒金（sio-kim）：燒紙錢。祭拜之後將供奉的紙錢拿去焚燒，獻給鬼神。一般分燒金紙與燒銀紙；前者祭拜神明，稱為燒金；後者獻給鬼魂，稱燒銀紙。

〔註104〕吟前：應作「砛簷（gîm-tsînn）」，指舊式房屋屋簷下的臺階處。

〔註105〕鄭：應作「滇（tīnn）」，充滿、填滿。「圍鄭鄭」表示人很多的意思。

〔註106〕三爭（sann-tsenn）：又讀作相爭（sio-tsenn），互相爭奪的意思。

〔註107〕下下叫：讀作「（hē-hē-kiò）」，吵鬧聲不斷。

〔註108〕銃：應作「炙（tshìng）」，以少量的水半蒸半煮將食物蒸熟。例：炙油飯（tshìng-iû-pn̄g）

〔註109〕即著：應作「才著（tsiah-tio̍h）」，才對的意思。

〔註110〕因厝：應是「個厝」，他的家。

〔註111〕底：應作「貯（té）」，裝、盛。例：貯飯 té-pn̄g（盛飯）。

〔註112〕按盞：應作「按怎（án-tsuánn）」，怎麼、怎樣。

55-3	起喙跛跤攏來到	起嘴擺腳朗來到	起嘴擺腳朗來到
55-4	雄雄走共相爭頭	雄雄〔註113〕走甲相嗑頭	雄雄走甲相爭頭
56-1	我佫出來共看覓	我閣出來皆看覓	我閣出來皆看覓
56-2	青盲允龜〔註114〕亦有來	青盲允龜亦有來	青冥允龜亦有來
56-3	人食有著上加再	朗食有著上加再	郎食有著上加再
56-4	打算五路通巢知	打算五路通昭知	打算五路通巢知

　　本小段涂順從版及竹林書局版各有16葩64句，共448個字，從第41葩「開錢無人咱即款，阿君姓高名新元，是咱從前有發願，著較進前諒早捡。」開始，到第56葩「我閣出來皆看覓，青盲允龜亦有來，朗食有著上加再，打算五路通巢知。」止，瑞成書局則多了第47葩「二九日子一下到，親成五十相爭頭；亦有少年亦有老，盾甲歸宮置咱兜」，但為了方便比對，所以本葩未置入表格中。主要是描寫夫妻以冬蜜及甘草水哺育嬰兒、商討準備油飯分贈親友以及親朋好友前來道賀的情形。：

　　1. 為人父母的用心：臺灣民俗中，嬰兒出生三天內，可用棉條浸入蜜水、糖水供嬰兒吸飲止飢，或以甘草水餵食，順便「去胎毒」，這個民俗從這篇歌謠中「㷀捧碗頭搭冬蜜」、「飼甘草水在眠床」可以看得出來。而甘草在歌謠中一再出現，如：「甘草猶未買入門」、「甘草央人買箍一」「冬蜜甘草捧夠位」，充分表現出產婦念茲在茲，所關心的都是哺育嬰兒這件事。

　　2. 討論準備油飯：焿油飯分贈親友的習俗至今依舊盛行於臺灣，「三日那欲煮油飯」、「浸米著愛五斗缸」、「糯米緊糶十四石」，「買寡蝦米真鮮尺」、「著買豬油佮味素」、「卜買十斤兮香菇」，得子的喜悅讓這對夫妻高興萬分，連帶地準備在嬰兒出生三日時大肆慶祝，所以「量早牲醴準備好，廳頭香燭點焰焰」，並準備油飯盛大宴請鄰里諸親友，因而「著揣恰闊兮場所，作三十個新崅箛」。因為要準備油飯分贈親友，照道理是要買米進來，但瑞成書局版卻唱成「糯米緊糶十四石」，「糶」是賣出，瑞成書局出了一點小差錯。

　　3. 親朋好友熱烈來道賀：「做三日」，親朋好友全都來了，人人都稱讚男主人好命「人人欣羨我好命」。焚香告知祖先家裡添丁，接著燒紙錢、燃放鞭炮來慶賀家裡有喜事「燒金放炮在吟前」。儀式完畢後，眾人爭先恐後搶食油

〔註113〕雄雄（hiông-hiông）：突然、猛然、一時間。

〔註114〕允龜：應是「痀病」，閩南語作「隱病（ún-ku）」，駝背。背部因為脊椎等病變而變形彎拱。

飯「門口兮人圍鄭鄭，囡仔大小塊三爭」；有的小孩吃不到，餓得哇哇叫「囡仔栫甲哀哀哭」；有的人把整碗油飯帶走，有的人脫下衣服包起來「有個歸碗捧塊走，有人裋衫起來包」，場面真是熱鬧，甚至還有人「雄雄走甲相爭頭」。主人得子的好心情，希望所有的人都來沾一點喜氣。最後連闊嘴的、跛腳的、青盲的、駝背的通通都來了，表現出主人好客、一視同仁以及熱切和別人分享「喜獲麟兒」的心情。

　　以上三首中篇〈病子歌〉中，涂順從所編《南瀛生命禮俗誌》的〈懷胎病囡歌〉，少了第 11、23、24 三葩，而且可能因編輯的年代較晚，所用的詞彙也比較接近現代的白話口語（例如：若欲、啥麼、家己、十斤「的」香菇、門口「的」人等），由此也可看出口頭文學的口傳性與變異性。

二、「正月花胎龍眼大」形式

表 2-13　「正月花胎龍眼大」版本

版本	年代	標題	葩數	第一句	第二句	第三句	第四句
瑞成書局版	1933	十月花胎新歌	39	大家來听只條代	我今卜來念花胎	養育二字干苦代	乎恁大家總能知
竹林書局版	1989	十月花胎歌	38	大家來听只條代	我今卜來念花胎	養育二字干苦代	大家恁嗎朗總知

資料出處：

1. 臺中瑞成書局印行，1933，http://cdm.lib.ntu.edu.tw//cdm/ref/collection/kua-a-tsheh/id/33940。

2. 新竹竹林書局印行，1989，第九版。

　　瑞成版與竹林版的〈十月花胎歌〉雖是中篇，但比「正月病囡在心內」的中篇〈病子歌〉足足少了 18 葩。而瑞成書局版比竹林書局版多了結尾兩句，用來奉勸世人要多行孝義。兩種版本歌名雖然不同，但內容卻大同小異，歌謠前段（1～12 葩）描述胎兒的發育狀況、孕婦所受的折磨；中段（13～26 葩）敘述出世、做三日、做滿月、做四月日、做度晬，以及養育女兒成長的辛苦與擔憂；後段（27～35 葩）寫父母往生後，孝順女兒和不肖女兒的差別；最後 3 葩以「養育之恩深似海」來告誡眾人要懂得報答父母養育之恩。全文大致可以分成四段，分別敘述如下：

表 2-14 《正月花胎龍眼大》

葩次	瑞成書局 〈十月花胎新歌〉	竹林書局 〈十月花胎歌〉
1	大家來听只條代，我今卜來念花胎 養育二字干苦代，乎恁大家總能知 〔註115〕	大家來听只條代，我今卜來念花胎 養育二字干苦代，大家恁嗎朗總 〔註116〕知
2	我今卜來念出聲，勸恁列位好所行 我念花胎是有影，恁今著來詳細聽	我今卜來念出聲，勸恁列位朋友兄 我念花胎是有影，恁今著來詳細听
3	正月花胎龍眼大，父母有身大受磨 賣食卜吐真坐掛，真真干苦無看活	正月花胎龍眼大，父母有身大受磨 袂食卜吐真坐掛，真真干苦無看活
4	二月花胎肚員員，一粒宛然那荔枝 田螺吐子為子死，生子性命著水墘	二月花胎肚員員，一粒宛然那荔芝 田螺吐子為子死，生子性命治水墘
5	三月花胎耳仔辨，父母懷胎真干難 腳酸手軟變身懶，倒落眠床咳咳屖	三月花胎人真善，父母懷胎干苦連 腳酸手軟歸身變，倒落眠床咳咳千
6	四月花胎分腳手，肚尾親像生肉留 為著生子尺歲壽，三分腹肚不時憂	四月花胎分腳手，肚尾親像生肉瘤 為著生子難得求，三分腹肚不時憂
7	五月花胎分鼻嘴，好物任食都賣肥 腳盤宛然那積水，腰骨親像塊卜開	五月花胎分鼻嘴，好物任食都袂肥 腳盤宛然那匯水，腰骨親像塊卜開
8	六月花胎分男女，恐驚胎神兮參滋 三分那是有世事，靜符謹食結身軀	六月花胎分男女，恐驚胎神兮參滋 三分那是有世事，靜符緊食緊身軀
9	七月花胎會煞位，一日一日大賭歸 行著有時大心氣，一个腹肚土錐錐	七月花胎兮煞位，一日一日大肚歸 行著有時大心愧，一箇腹肚圓錐錐
10	八月花胎凸凸凸，早暗代志著知防 這號干苦不曉廣，失頭著叫人罩摸	八月花胎肚凸凸，早暗代志著知防 這號干苦不敢廣，失頭著叫人罩摸
11	九月花胎會振動，為著病子不成人 花粉減抹歸斗籠，無食腹肚也未空	九月花胎兮振動，為著病子不成人 花粉減抹歸斗籠，無食腹肚亦未空
12	十月花胎苦年代，一个腹肚二個咳 想著卜生流泪滓，求卜順序生出來	十月花胎苦年代，一個腹肚即大咳 想著卜生流泪滓〔註117〕，求卜順事生出來

〔註115〕版本中不同的部分，筆者以粗體字來表示。

〔註116〕朗總（lóng-tsóng）：為「攏lóng」和「總tsóng」的合用，「攏」、「總」意同，均為全部、都的意思。

〔註117〕流泪滓：依教育部臺灣閩南語常用詞辭典作「流目屎（lâu-ba̍k-sái）」，流淚、落淚之意。

13	一家大小亂直返，各人少想抄頭毛 摸著查埔說有秧，歡喜趙破三塊磚	一家大小亂亂返，各人少想〔註118〕抄頭毛 摸著查埔說有秧〔註119〕，歡喜趙破三塊磚
14	生著查某面憂憂，一个面孔打結球 戲戲彩彩罔將就，無省卜恰人應酬	生著查某面憂憂，一个面孔打結球 戲戲彩〔註120〕彩罔從就，無省卜恰人應酬
15	生了三日做完滿，油飯厝邊杏一盤 戀姤看見塊流涎，著塊少想食雞肝	生了三日做完滿，油飯厝邊俵〔註121〕一盤 戀姤看見塊流涎，治塊想卜食雞肝
16	三日做了做滿月，油飯無到閣再炊 戀姤愛食不敢說，伸手來塊捻雞皮	三日做了做滿月，油飯無到閣再〔註122〕炊 戀姤愛食不敢說，伸手來塊捻〔註123〕雞皮
17	滿月做了四月日，戀姤想卜食雞翅 一日無想卜作失，好呆恁廣無調直	滿月做了四月日，戀姤想卜食雞翅 一日無想卜作失，好呆恁廣袂朝直〔註124〕
18	閣無外久做度坐，看見戀姤真笑科， 歡喜有了不曉說，一日親像狗吹螺	閣無外久做度祭〔註125〕，看見戀姤真笑科〔註126〕，歡喜有了袂曉說，一日親像狗吹螺
19	一歲二歲手頂抱，三歲四歲塗腳趖 生著查某無省好，驚了別日做彪婆	一歲二歲手裡抱，三歲四歲塗腳趖 生著查某無省好〔註127〕，驚了別日做彪婆
20	五歲六歲漸漸大，有時頭燒甲耳熱 就討靈符來乎掛，看到腰子真受磨	五歲六歲漸漸大，有時頭燒甲耳熱 就討靈符來乎帶，看到腰子真受磨

〔註118〕少想：應作「痟想（siáu-siūnn）」，癡心妄想。

〔註119〕有秧：應作「有影（ū-iánn）」，真實不虛的。

〔註120〕戲彩：應作「清彩（tshìn-tshái）」，隨便、不講究、馬馬虎虎。

〔註121〕俵：應作「倁（hīng）」，主人贈禮致謝。例：倁紅卵（hīng-âng-nng）

〔註122〕閣再（koh-tsài）：再度、重新。

〔註123〕捻（liàm）：用手指頭將東西捏取一小塊下來。

〔註124〕朝直：應作「條直（tiâu-tit）」，原意是獲得解決、擺平了。此處「廣袂朝直」，是說人很番顛，有理說不清楚。

〔註125〕度祭：應作「度晬（tōo-tsè）」，嬰兒過週歲生日。

〔註126〕笑科：應作「笑詼（tshiò-khue）」，詼諧、風趣。

〔註127〕無省好：應作「無啥好（bô-siánn-hó）」，不好的意思。

21	七歲八歲真爻炒，一日顧伊二枝腳 那是不縛就著拍，調督即賣做青柴	七歲八歲真肴炒，一日顧伊二枝腳 那是不縛就卜打，調督即袂做爭差 〔註128〕
22	九歲十歲教針子，驚伊四繪去庚絲 一日都著教未是，有嘴廣甲無嘴舌	九歲十歲教針子〔註129〕，驚伊四繪去庚糸 〔註130〕一日都著教袂是，有嘴廣甲無嘴舌
23	十一十二著打罵，只去著那學做衫 不通食到卜做媽，手野不八提菜籃	十一十二著打罵，只去著那學做衫 不通食到卜做媽，手野不八〔註131〕提菜籃
24	十三十四學煮菜，一塊棹面辨會來 別日即有好㜁婿，不學到時汝就知	十三十四學煮菜，一塊面棹辨兮來 別日即有好㜁婿，不學到時汝著知
25	十五十六卜返大，驚了塊人去風花 別日卜捧人飯碗，不著終來無收山	十五十六卜返大，驚了塊人去風花 別日卜捧人飯碗，即下孝敬乾家官 〔註132〕
26	十七十八做親成，一半歡喜一半驚 去那有緣得人痛，父母塊伊好名聲	十七十八做親成〔註133〕，一半歡喜一半驚 去那有緣得人痛，父母塊伊好名聲
27	有孝不敢討嫁粧，不孝受氣嫌無物 干乾飼子無論飯，瓊真起來真無長	有孝不敢討嫁粧，不孝受氣嫌無物 干乾〔註134〕飼子無論飯，瓊真起來真無長
28	飼著有孝查某子，三分代志返來行 是伊油麻菜只命，提來物件歸大廳	飼著有孝查某子，三分代志返來行 是伊麻油菜子命，提來物件歸大廳
29	飼著不孝查某子，親成五雜人人驚 開嘴便卜討物件，無論多少葉塊行	飼著不孝查某子，親成五什人人驚 開嘴著卜討物件，無論多少葉塊行

〔註128〕爭差：應作「精差（tsing-tsha）」，差異，此處指行為偏差。
〔註129〕針子：應作「針黹（tsiam-tsí）」，女子所做的針線、紡織、刺繡、縫紉等工作。
〔註130〕庚糸：應作「經絲（kenn-si）」，閒談、閒扯。東拉西扯的攀談。
〔註131〕不八：應作「毋捌（m̄-bat）」，不曾。例：我毋捌出國過。Guá-m̄-bat-tshut-kok-kuè。
〔註132〕乾家官：應作「大家官（ta-ke-kuann）」，公婆。指丈夫的父母親。
〔註133〕親成：本作「親情（tshin-tsiânn）」，親事、婚事。
〔註134〕干乾：即干焦、干單（kan-na），只有、僅僅。

30	有孝查某行做前，出山請人舉龍鐘 報答親恩真敢用，吩咐鼓吹倩魂亭	有孝查某行做前，出山倩人夯〔註135〕龍鐘 〔註136〕報答親恩真敢用，吩咐鼓吹倩香亭
31	不孝查某真正敢，一簡親像破菜籃 來到卜恰人相罵，少想卜來討麻衫	不孝查某真正敢，一个親像破菜籃 來到卜甲人相罵，少想卜來討麻衫
32	有孝查某有情份，調工閣來過三巡 听伊塊哮無宿困，卜硯撈拔報親恩	有孝查某有情份，刁工〔註137〕閣來做三巡 听伊塊哮無宿困，卜硯籃拔報親恩〔註138〕
33	不孝全無惜本份，無用閣卜想通春 食到汗流無宿困，少想偷挩人衫裙	不孝全無惜本份，無用閣卜想通春〔註139〕 食到汗流無宿困，少想偷㧈〔註140〕人衫裙
34	有孝跪塊一直噓，不孝想卜偷提龜 有孝等候燒靈厝，不孝查某嫌箱久	有孝跪塊一直哮，不孝也無目滓流 有孝等候燒靈厝，不孝查某嫌箱久〔註141〕
35	有孝查某來寄庫，不孝偷提馬茶蘇 有孝查某是真苦，不孝偷食大腸圓	有孝查某來寄庫，不孝偷提〔註142〕馬茶蘇 〔註143〕有孝查某是真苦，不孝愛食大腸圓

〔註135〕夯（giâ）：扛。以肩舉物。

〔註136〕龍鐘：鎮宅辟邪之金屬製品。

〔註137〕刁工（thiau-kang）：專程、特地。例：我刁工來看你。Guá-thiau-kang-lâi-khuànn-lí。

〔註138〕卜硯籃拔報親恩：拉住櫸籃邊（喪事擔經的一種儀式）以報答親恩。

〔註139〕通春：應作「通賰（thang-tshun）」，有剩餘的意思。

〔註140〕㧈：應作「抾（hiannh）」，以手拿物，多指取衣服或布類。例：抾衫（hiannh-sann）。

〔註141〕箱久（siunn-kú）：諧音字，太久的意思。

〔註142〕偷提（thau-thėh）：偷取、偷拿。以不正當的方式，竊取他人物品、資料等。

〔註143〕馬茶蘇：應是「馬蹄酥」，「馬蹄酥」是由麵粉揉合各材料烘烤而成的酥餅，原為唐代的宮廷食品，後流傳入民間。「馬蹄酥」是外出旅行喜帶的輕便食品，也是饋贈親友的禮品。它是燥熱物品，飴糖又有營養，用麻油炸過，又是婦女「坐月子」的熱補品。資料來源：百度百科 http://translate.google.com.tw/translate?hl=zh-TW&sl=zh-CN&u=http://baike.baidu.com/view/141071.htm&prev=/search%3Fq%3D%25E9%25A6%25AC%25E8%25B9%2584%25E9%2585%25A5%26biw%3D985%26bih%3D595，102/11/22。

36	父母痛子在心頭，子孝父母放水流 尋無幾个想會到，會曉順情來行孝	父母痛子在心頭，子孝父母放水流 尋無幾个想分到，分曉順情來行孝
37	父母生子干苦代，咱著有孝即應皆 養育深恩親像海，盡心報答即合臺	父母生子干苦代，有孝兮人天地知 養育深恩親像海，尿心報答即應該
38	眾人來听今著散，听到即久無因單 乎恁父母企企看，心肝親像打算盤	眾人來听今著散，听到即久無因單 乎恁父母耳耳看〔註144〕，心肝親像打算盤
39	花胎已經念完備，勸恁大家行孝義	

〈十月花胎歌〉的內容描述也大致可分為四大部分：

（一）胎兒的發育情形及婦女懷孕所遭受的辛苦：

從 1～12 葩，敘述的是懷孕過程中胎兒的發育及孕婦所受的折磨，導致身體的不適與憂心。胎兒的發育情形逐月均有描述，例如：「正月龍眼大、二月那荔芝、四月分腳手、五月分鼻嘴、六月分男女、七月分煞位〔註145〕、八月肚凸凸、九月分振動、十月腹肚即大咳」等，因為胎兒逐漸長大，導致媽媽的身體出現「袂食卜吐真坐掛」、「腳酸手軟歸身變」、「三分腹肚不時憂」、「腳盤宛然那罝水」、「腰骨親像塊卜開」、「行著有時大心愧」等不堪負荷的狀況，但是為了心肝寶貝，只能「這號干苦不敢廣」，默默承受，歌謠中「為著病子不成人」、「想著卜生流泪滓〔註146〕」等，將母親懷胎十月所承受的苦痛，描述得入木三分。分述如下：

1.「父母有身大受磨、袂食卜吐真坐掛〔註147〕、真真干苦無看活〔註148〕（khuìnn-uáh）」母親有孕在身，飽受身心的折磨，因為「病子」的關係，噁心想吐、食慾不振，非常痛苦難過，實在是活受罪。

2.「田螺吐子為子死、生子性命治水墘」：母親寧願冒著生命的危險，來保住腹中的胎兒，就好像田螺產子時，母體必須爬出殼外，一不小心殼就被水沖走，最後連性命都丟了一樣。整句話形容生孩子就像田螺產子，必須冒

〔註144〕耳耳看：應作「瞴瞴看（nih-nih-khuànn）」，望穿秋水、眼巴巴。形容焦急、渴望而直視前方的樣子。

〔註145〕分煞位：應做「會徙位（ē-suá-uī）」，會移動位置。

〔註146〕泪滓：即目屎（bȧk-sái），眼淚。

〔註147〕坐掛：應是「罪過」，閩南語「艱苦罪過 kan-khóo-tsē-kuà」，表示非常痛苦難過。

〔註148〕看活：應是快活（khuìnn-uáh），愉快、舒服。

著極大的危險性。

3.「三月花胎人真善〔註149〕、腳酸手軟歸身變、倒落眠床咳咳干」：懷孕三個月了，身體是萬分的疲倦，精神也不濟。不但手腳酸軟、四肢無力，而且全身不舒服，只能倒在床上痛苦的喘息哀號。

4.「恐驚胎神分參滋、三分那是有世事、靜符緊食結身軀」：懷孕期間總是小心謹慎，唯恐不小心觸怒了胎神因而傷害到胎兒；只要稍有一點風吹草動或不對勁，就趕緊把「安胎符」佩戴在身上或吃進肚子裡。

5.「早暗代志著知防、這號干苦不敢廣、失頭〔註150〕著叫人罩摸」：早晚都得小心翼翼的預防著，深怕發生意外，這些懷孕的恐懼與苦悶無法向人訴說，不僅日日夜夜要戰戰兢兢，連家事都需要請別人來代勞。

6.「為著病子不成人、花粉減抹歸斗籠」：因為「病子」的關係，沒時間也無心思打扮，胭脂水粉通通都省下了，為了腹中的胎兒，已經讓自己變得不成人形。

可見〈十月花胎歌〉描述「病子」的苦楚，可說是字字血淚，感人肺腑。

（二）生產後的喜悅

從 13～18 葩，敘述孩子將出世，預期生男生女的心情起伏變化，若是生男孩子，恐怕會高興得手舞足蹈，不小心踏破磚塊，所以才有「摸著查埔說有秧，歡喜趙破三塊磚」這句話；如果生的是女兒就臉色難看，只好馬馬虎虎隨便養著，心情鬱卒，也沒什麼心思去和別人應酬，所以有「一個面孔打結球」，「戲戲彩〔註151〕彩周從就」，「無省〔註152〕卜恰人應酬」的說法。接著敘述孩子一連串的生命禮俗，包括「三朝」、「做滿月」、「做四月日」、「做度晬（tōo-tsè）」等，給予新生兒最好的照顧與祝福。

（三）養兒育女的艱辛

從 19～29 葩，述說的是養育兒女的辛苦過程。「一歲二歲手裡抱、三歲四歲塗腳趖」，在幼小的階段，孩子整天抱在手裡、跟在腳邊，父母深怕他跌倒，深怕他出意外，孩子生病了便到廟裡祈願，討個「符咒」來配戴在孩子身

〔註149〕善，瘖（siān）也，身體上疲倦、疲憊的樣子。
〔註150〕失頭：應是「穡頭 sit-thâu」，本指農事，現泛指一切工作。
〔註151〕戲彩：應作「清彩（tshìn-tshái）」，隨便、不講究、馬馬虎虎。
〔註152〕無省（bô-siánn）：不太願意、意興闌珊。

上，故有「有時頭燒甲耳熱，就討靈符來乎帶」這句話；七、八歲了，怕孩子整天四處亂跑，只好緊盯著他的那雙腳，所以說「七歲八歲真肴炒，一日顧伊二枝腳」；為了孩子的將來，一定要好好管教才不會讓孩子誤入歧途，所以說「調督即袂做爭差」。

九歲十歲以後就要教她針線、刺繡，十一、二歲就教她做衣服，十三、四歲時教她買菜、煮飯，長到十七八歲就要替她物色個好對象，讓父母親也有好名聲。

「男大當婚，女大當嫁」，農業時代的觀念一向如此，在父權文化下，婚姻是古代女性唯一的歸宿，一生幸福之所繫。《禮記‧禮運》:「男有分，女有歸」，不僅規範了女性成長的模式，于歸的結果更左右著婦女一生的命運，女子嫁入夫家代表她的生命才真正開始，夫家是她最後停留的歸處。查某囡仔，真的是油麻菜籽命。

（四）父母過世後

從 30～35 葩，敘述的是父母過世之後，孝順女兒和不孝女兒的差別，「有孝查某行做前、出山倩人夯龍鐘〔註153〕、吩咐鼓吹倩香亭」，「靈鐘」、「鼓吹」、「香亭」這些出殯行列都是孝順的女兒倩請來的，不僅如此，孝順的女兒，還會專程回來「做三旬」，不但哭得傷心欲絕，還依依不捨的拉住檻籃〔註154〕（謝籃）緬懷親恩。孝順的女兒長跪著不斷哭泣，耐心等候燒紙錢及房子給父母，讓父母在陰間有所庇護（有孝等候燒靈厝），並幫忙「寄庫（燒庫錢）」的事宜。

不孝的女兒來到靈前就和人吵架（來到卜甲人相罵），又違反常理，只顧著吃腳尾飯，還妄想偷拿幾件衣服回家（少想偷侃人衫裙）；在喪禮中不但不哭泣，反而嫌喪禮進行太慢而不耐煩，偷偷的拿走祭品（不孝偷提馬茶蘇），不孝女兒的貪婪、無情，和孝順女兒形成強烈的對比。

「父母痛子在心頭，子孝父母放水流」最後 36～38 葩，以勸世歌式的結論，深沉地替天下父母代言，奉勸為人子女者，應及時行孝，站在父母的立場想一想，「養育深恩親像海，用心報答遮應該」，否則因果循環，有一天若

〔註153〕龍鐘：應是「靈鐘」，出殯行列中的一種。

〔註154〕檻籃：(siānn-nâ)，盛裝禮品的圓形籃子，用竹篾編成，有提手，提手上有圈耳，可穿入扁擔，而且為了方便挑擔，大都剛好成對。多用來盛裝喜慶時的禮品，或拜拜時的牲禮。

自己成為父母，將可能承受自己先前「不孝」的惡果。

　　尤其最後一句「予恁父母耳耳看，心肝親像打算盤」更是發人深省，俗諺「飼子不論飯，飼父母就算頓」。聞者若能捫心自問，想必會衡量是及時孝順父母比較重要呢？還是日後得到孩子的模仿回報來得划算？

第三節　從歌仔冊到表演的病子歌

　　從網路上搜尋到由陳美珠、王玉川演唱的〈最新病囝歌〉演唱版，內容和玉珍書局印行的〈最新病子歌〉一樣，只是因為演唱的關係，在歌詞中加上了很多的虛腔，使得演唱起來更加流暢，今將兩個版本並陳如下，可以看出其中的異同。

表 2-15 「最新病子歌」版本

版本	年代	標題	葩數	第一句	第二句	第三句	第四句
玉珍書局版	1932	最新病子歌	79	正月病子在心內	那卜講出驚人知	看着物件各項愛	佔佔叫哥買入來
陳美珠版	不明	最新病囝歌	80	彼个正月佇咧病囝喔在心內	咱若欲來講出啊又閣驚人會知	阿我看著這號物件喔講是逐項愛喔	定定就叫哥仔你買喔入來

資料出處：

1. 嘉義：玉珍書局印行，1932，臺灣大學深化臺灣研究核心典藏數位化計畫。

2. 陳美珠、王玉川演唱，http://liamkua.lib.ntu.edu.tw/pdf/09.pdf。

　　玉珍書局版是整齊的七字句，陳美珠、王玉川的是演唱版，為雜言體，每句字數不一，為求音律和諧，歌詞中加了很多虛腔。陳美珠、王玉川的演唱版在最後多了一葩五句，其主要目的是為了感謝聽眾的捧場。

　　玉珍書局版和陳美珠版的〈最新病子歌〉是目前所蒐尋到的最長篇〈病子歌〉，和本章第二節黃勁連所編的〈病囝歌〉，新竹竹林書局的〈花胎病子歌〉，以及涂順從的〈懷胎病囝歌〉相比較，前面的 58 葩大致相同，只多了第 47 和 57 葩，因此以下歌詞內容就從第 59 葩開始敘述：

表 2-16 《最新病子歌》

葩次	〈最新病子歌〉〔註 155〕	陳美珠、王玉川演唱〈最新病囝歌〉〔註 156〕
59-1	今日我娘上歡喜	呀今仔日我娘啊上歡喜,
59-2	歡喜頭胎生男兒	歡喜頭胎啊才生喔男咧兒,
59-3	甘草今着骨力〔註 157〕飼	這個甘草水我今囉就較骨力飼,
59-4	後日咱卜向望伊	後日阮翁仔某啊就欲向兮望伊。
60-1	青冥無看搶上多	彼個目花的無看喔搶上濟,
60-2	人人食飽即返回	呀人人食飽才就兮轉回,
60-3	土腳加落大四繪	彼個塗跤交落喔無彩喔大四界喔,
60-4	允龜捧碗走來溪〔註 158〕	這號隱痀的才捀碗兮走兮來啊刲喔。
61-1	親成五什卜返到	親情五十就轉倒,
61-2	滿月着閣來迌迌	呀滿月恁著閣會來迌迌,
61-3	恁着斟酌行呼好	恁著愛斟酌喔共伊行予伊好,
61-4	我賣起來禮恰無	因為我袂起來呀對恁禮較無。
62-1	大人食甲嘴油油	這個大的是食甲喙油油喔,
62-2	老人糊甲歸嘴秋〔註 159〕	老人糊甲兮遮規個喙啊鬚,
62-3	擺腳卜食相牽手	彼號跛跤的閣欲食喔就會相牽手,
62-4	青冥糊甲歸目周	呀目花是糊甲遮規喔目睭。
63-1	厝邊頭尾照回返	彼號厝邊頭尾呀齊回轉,
63-2	今日介倒〔註 160〕咱本庄	今仔日是蓋倒咱的呀本庄,
63-3	斗君〔註 161〕崁胡收來勸〔註 162〕	斗巾佮斛壺著愛收來囥,

〔註 155〕嘉義：玉珍書局印行，1932，國立臺灣大學深化臺灣研究核心典藏數位化計畫，http://14.21/handle/1918/242206?forwardTo=/newdarc/darc-item-window.jsp&query。
〔註 156〕http://liamkua.lib.ntu.edu.tw/pdf/09.pdf，102/8/27。
〔註 157〕骨力：（kut-la̍t），勤勞的意思。
〔註 158〕溪：刲（khe），刮取也。
〔註 159〕嘴秋：即喙鬚（tshuì-tshiu）、鬍鬚。
〔註 160〕介倒：蓋倒也，壓倒一切、第一之意。
〔註 161〕斗君：「斗巾」的借音字，大塊方巾，為做粿、蒸油飯必備的器具，用來將大量浸泡後的米包起來，放著瀝水。
〔註 162〕勸：囥（khǹg），存放。

63-4	捧卦油飯置人床〔註163〕	愛攢寡油飯喔佇籠兮床。
64-1	食飽各人就起行	這馬食飽各人啊就起行，
64-2	崁胡收來下大廳	彼夥壺收來喔下园咧大廳，
64-3	問娘看覓恰有影	我欲問娘看覓仔較有影，
64-4	咱子卜號省乜名〔註164〕	呀無咱囝欲共號做啊來啥兮啊物名？
65-1	人名廣卜乎阮號	呀人名你講欲予阮號啊，
65-2	驚賣合意我親哥	驚會袂得合意我親哥，
65-3	號做介財好不好	呀無共伊號做介財好兮毋好？
65-4	有嫌呆名野是無	你有嫌歹名抑是無？
66-1	娘仔真正有腹內〔註165〕	娘仔你真啊正有啊腹內啊，
66-2	子名加號做介財	囡仔你共伊號做名兮介財，
66-3	命底來去皆看覓	這號命底我就來去共看覓，
66-4	好命呆命就下知	好命歹命我就啊會啊知兮。
67-1	阿君廣卜加看命	阿君仔你講欲共囝看命兮，
67-2	著報出生乎官廳	咱著愛報這个出生予官廳，
67-3	天光卯時正正正	天光卯時正正正，
67-4	清清楚楚報乎兄	阮清清楚楚來報予兄。
68-1	命看明白緊返到	看命明白這馬緊啊轉倒，
68-2	即賣害娘等候哥	才袂害娘伊等候無，
68-3	咱子下命正實好	咱囝的命誠實有影好，
68-4	那帶水關別項無	干焦帶水關別項啊無。
69-1	听哥汝說只層事	人我聽哥你講這咧層事啊，
69-2	不知是實野是虛	毋知是實抑是啊虛？
69-3	咱子水邊不通去	講咱囝水邊就毋啊通去，
69-4	著照先生下命書	你著照這个先生伊的命書喔。
70-1	人我正實賢放種	人我誠實勢啊放種啊，
70-2	咱子財庫帶双廷	咱囝的財庫伊有帶雙啊重喔，
70-3	后日大沾有路用	日後這个大漢伊有路用，

〔註163〕人床：「籠床」（lâng-sn̂g）的借音字，就是蒸籠，用竹篾、木片製成的蒸煮
　　　　食物的器具。
〔註164〕號省乜名：「省乜」的正字為「啥物（siánn-mih）」，全句是「取什麼名字？」
　　　　的意思。
〔註165〕腹內：指人的內在才學。

70-4	得確比我恰才前	的確比我較才情。
71-1	咱子大沾有福氣	呀若咱囝伊來大漢啊有啊福氣,
71-2	免兄汝講也知支	這個免兄來你講我嘛知夕機,
71-3	我今著恰小心飼	我今著愛喔共伊小心仔飼咧,
71-4	后日就有出頭時	日後來就啊有喔彼號出夕頭時。
72-1	日子一日一日到	今啊日子一日咧一啊日到,
72-2	二十四日栓剃頭	阿若二十四日囉就愛攢來剃頭,
72-3	差人去買剃頭草	我著差人來去啊買啊彼號剃夕頭草,
72-4	鴨蛋通乎厝邊兜	呀若鴨卵就通啊予啊這個厝夕來邊兜。
73-1	二十四日拄即過	呀二仔十四日囉拄才來過,
73-2	閣無几天就滿月	人講閣無夕幾工喔就滿月,
73-3	看哥是卜做麵粿	看哥你是欲啊做啊麵粿?
73-4	野市治卜加忌吹	抑是來咧欲家己炊?
74-1	親成五什即各罪〔註166〕	嗯,彼個親仔情五十遮爾仔濟,
74-2	朋友姊妹有交倍	咱朋友姊妹仔也著有啊交啊陪,
74-3	打算粿著請人做	拍算粿著愛來倩人啊做喔,
74-4	彼年多米上卜恢〔註167〕	講遮爾濟米欲叫啥人炊?
75-1	吩咐粿店做麵員	吩咐粿店你做麵圓仔,
75-2	通杏〔註168〕親成甲厝邊	通睨咱的親情來佮厝啊邊,
75-3	賀禮來甲達達鄭	呀賀禮來甲是窒夕窒啦滇喔,
75-4	乎恁真正所費錢	閣今仔日予恁來所費啊錢。
76-1	我緊點燈甲結彩	趕緊點燈是佮結啊綵,
76-2	塊做滿月人人知	咧做這號滿月是通人知喔,
76-3	親成五什歸厝內	呀親仔情五十規厝內喔,
76-4	逐个好意包禮來	逐家攏是好意才包禮來
77-1	親成五什來恭賀	呀親仔情五十是來恭賀啊,
77-2	上賢交倍著是哥	上勢交陪來就是啊哥,
77-3	著三十塊个幼棹〔註169〕	攢有這號三十塊的啊幼桌,

〔註166〕即各罪:應作「遮爾濟(tsiah-nī-tsē)」,這麼多的意思。
〔註167〕彼年多米上卜恢:這麼多的米,要叫什麼人來炊呢?
〔註168〕杏:睨(hīng)也,主人贈禮致謝。例:睨油飯(hīng-iû-pn̄g)是送油飯給親友鄰居。
〔註169〕幼棹:指料理較精緻的宴席。

77-4	小塊驚去坐賣落	呀細塊閣驚去來坐啊袂落。
78-1	二九鬧熱甲初一	二九鬧熱是到初一,
78-2	三十塊棹做二日	彼个三十塊桌共伊來做啊兩啊日,
78-3	案算禮數敢賣失	呀若按呢禮數講敢袂啊失,
78-4	摸甲初二即條直〔註170〕	才摸甲初二就才條直。
79-1	二九無榮〔註171〕到初二	呀二九會無閒啊到初二喔,
79-2	正人呵老我子兒	眾人都佇咧呵咾我的來囝兒,
79-3	就者到斬〔註172〕加截止	今就遮到站喔我欲共伊截仔止咧,
79-4	改悶娛樂好歌詩	這就是娛樂解悶啊的來歌詩。
80-1		呀感謝列位啊眾仔朋仔友啊,
80-2		聽歌會解這號人的來憂啊愁,
80-3		因為小妹仔才疏學淺呀就無研究啊,
80-4		感謝你共阮啊鬥分捔啊場,
80-5		感謝你共阮鬥分捔場啊。

　　玉珍書局版的內容，大致上分成四個段落，分述如下：

　　第一段落從 1～20 葩，先從女子懷胎十月說起，分別訴說婦女懷胎過程的不適與辛苦、丈夫的粗心大意以及關懷之情。本段落採用夫妻對唱的方式，每一月份都由妻子先唱一葩四句，第一句開頭就點出現在懷孕的月份，以及身體有哪些不適，例如「二月病子人愛睏，三當粥飯無愛吞」、「三月病子人嘴清，腳手酸軟烏暗眩」；接著唱出想吃的食物：「思食白糖泡藕粉」、「愛食樹梅鹽七珍」、「專食酸澀無食飯」；而後由丈夫接唱一葩四句，針對妻子所提到的種種不適與口味多加體諒與迎合：「一碗藕粉泡鄭鄭，白糖趕緊摻恰甜」；「我緊行瓦共娘問，面色簡下即青黃」；但因為妻子食慾的改變，讓丈夫擔憂太太是否生病了，直到懷孕七個多月，這位粗心的丈夫才知道太太懷有身孕：「斟酌共娘恁看覓，隻知娘仔有花胎。」直到十月要臨盆了，妻子才催促丈夫去請產婆來幫忙：「十月倒治眠床內，人真干苦報兄知」、「去叫產婆來看覓，卻那明白通返才」。

　　第二段落從 21～34 葩，述說請產婆來幫忙接生的過程，直到產婆離開為止。丈夫知道妻子要臨盆了，急忙請產婆來幫忙，可能是第一胎較沒經驗，

〔註170〕條直（tiâu-tit）：事情獲得解決、擺平了。
〔註171〕無榮（bô-îng）：無閒，沒空、忙碌的意思。
〔註172〕到斬：到遮為止（kàu tsia uî tsí），到此為止。

所以產婆來早了：「產婆來到講**也未**，囝仔**多野**未**翻胎**」，但是生產過程是非常辛苦的，妻子「腹肚痛假**花花**說」，所以丈夫安慰著說：「打算時間**也未**到，不通思心目澾流」；然而生產是一件性命交關的事，所以妻子埋怨丈夫：「阿**哥**汝真不知驚，腹肚嬌絞僥倖痛，痛甲講話**賣出聲**。」心疼的丈夫聽完趕快去燒香拜佛，祈求母子平安：「廳頭清香燒三**枝**，是男是女緊出世，不通延踐逞**候時**」最後總算平安順利產下了兒子，丈夫開心得三步併作兩步走，於是再去燒香感謝神明，並包了一個大紅包給產婆。歌謠中丈夫大方地唱道：「紅包我**捀**八圓銀，恰賣乎人笑鷄孫。」

第三段落從 35～62 葩，述說丈夫對妻子、嬰兒的貼心照顧，並在「做三日」當天準備油飯宴請親友、鄰居的熱鬧場面。當婦女生產完後，由於身體虛弱，肚子空虛，所以習俗上用麻油煮陳皮、桔餅、雞蛋給產婦壓腹（誓腹the-pak），如此可以增補產後耗虛的血氣、尤其是產後第三天的「三朝」之日，更要吃一隻全雞，就是所謂的「誓腹雞」，意思是孕婦產後腹內空虛，用全雞來填補空腹，強壯母身，同時含有日後再生育的意思，所以「誓腹雞」聽說是不能分給別人吃的。〔註 173〕「一塊桔餅做四周，帝腹人著煮麻油，煞參一杯舊紅酒，后日骨節即賣抽」做丈夫的疼惜妻子，怕月子沒做好導致日後骨頭痠痛，所以細心的幫妻子準備坐月子的食材，桔餅、老酒、麻油炒飯、麻油雞，全部捧到床前，殷勤照料。

以前的習俗，婦女生產之後留下的「胎盤」，俗稱「胎衣」或「胞衣」，臺語唸為「衣 ui」。通常「胎衣」要仔細包好裝在茶壺內，再由產婦的丈夫偷偷地拿去踏實、掩埋，不可讓人知道埋藏的地方。民間普遍相信埋「胎衣」要踏實，嬰兒的元神才不會跑掉，否則嬰兒會溢乳，沒精神，不吃奶，甚至會身體虛弱或夭折。「茶古底威〔註 174〕汗〔註 175〕去勘，嶺蓋過帝〔註 176〕連只莊」，就是用茶壺裝著胎衣拿去埋藏，茶壺蓋上還大費周章的再用「連只莊（連子磚）」壓著，因為（連子磚）有祈求來日能夠連生貴子之意。

接下來幫小嬰兒準備甘草水加冬蜜。因為初生兒不能立刻餵奶，產婦此時身體虛弱，也尚未有奶水，所以只餵給甘草水或蜜水。據說餵甘草水可以

〔註 173〕王灝，《臺灣人的生命之禮：成長的喜悅》，台北：臺原出版社，1992，頁 68。
〔註 174〕「茶古底威」：用茶壺來裝胎衣。
〔註 175〕汗：「捾」的同音字。
〔註 176〕過帝：帝唸作（teh），即「誓（teh）」，壓的意思。過帝就是再壓上去的意思。

去胎毒，等三日後才開始哺乳。所以第 40 葩一、二句：「甘草央人買百一，煞捧碗頭搭冬蜜」，再來是準備燴油飯（tshìng-iû-pn̄g）的材料，大肆慶祝：「三日那卜銑〔註177〕油飯，浸米着拴五斗缸，買卦蝦美真青尺，也拴豬油甲味素，買有十斤个香孤，糯米汝羅十四包，諒加通倖唇邊兜」。

「做三日」是以前嬰兒出生的重要禮俗，按照古禮，孩子出生時，直到第三天才洗澡。洗澡水裡要放桂花心、柑仔葉、石頭、十二枚銅錢，洗澡時，用石頭在嬰兒胸前拍三下，稱為「做膽」，做膽的石頭通常都會選擇比較圓潤的，如此性情才會圓滿有變通。幫嬰兒洗過澡後，就準備供品祭拜神明以及祖先，祈求庇佑。這一天準備油飯宴請親朋好友，讓所有親朋好友、左鄰右舍一起來分享家有新生兒的喜悅。

第四段落從 63～80 葩，述說鄰居和客人離去，夫妻商量幫孩子號名，報名字給官府，再請算命仙算命；接下來是二十四日幫孩子剃頭，滿月時張燈結綵準備三十桌酒席宴請親朋好友。

嬰兒出生後，號名、報戶口是十分重要的事，所取的名字也大多是父母對孩子將來的期盼：「咱子卜號省也名」、「號做介財好不好」、「著報出生乎官廳」。算命先生說孩子的命底很好，只是帶水關，夫妻倆十分相信：「咱子下命正實好、那帶水關別項無」、「咱子水邊不通去、著照先生下命書」。

嬰兒的「剃頭禮」，各地習俗不同，一般會選在嬰兒出生的第二十四日，寓意二十四孝，寄望將來孩子會孝順父母：「二十四日栓剃頭、差人去買剃頭草、鴨蛋通乎唇邊兜」。剃胎髮的規矩很多，先將煮雞蛋、鴨蛋的水倒在面盆，再丟進一塊石頭、十二文錢，染紅雞蛋鴨蛋，和少量的蔥。用蔥汁塗在胎兒頭髮上，加上蛋清塗抹，蔥代表聰明之意；石頭、銅錢表示健壯與財氣；將雞蛋輕輕在頭上滾三次，代表紅頂加身；剃髮時要唸：「鴨蛋身，雞蛋面，好親成〔註178〕，來相挺」，然後再剃光頭髮。

等到孩子滿月，向粿店訂做「滿月圓」，接著點燈結綵，辦三十桌精緻的宴席來宴請左右鄰居、親朋好友，從二十九忙到初二，又是一番熱熱鬧鬧的場面：「我緊點燈甲結彩、親成五什歸唇內」、「著三十塊个幼棹、小塊驚去坐賣落」、「二九無榮到初二、改悶娛樂好歌詩」。

〔註177〕銑：應做「燴」，是一種烹飪方式，以少量的水半蒸半煮將食物蒸熟。例：燴油飯。

〔註178〕親成：即「親情（tshin-tsiânn）」，例：親情五十，泛指所有的親戚和朋友。

小結

　　〈病子歌〉版本的結構形式多樣化，除了每句字數多寡不同；句子為齊言或雜言之外，其最明顯的共同特徵在於採月令聯章的方式，逐月敘述孕產的過程。

　　從〈病子歌〉基本的分類來看，福佬「正月○來桃花開」形式的〈病子歌〉，以及客家「正月裡來新年時」形式的〈病子歌〉，每葩大多以農業社會的作息或配合農民曆的時令節氣作開頭，例如「正月桃花開」、「二月是春分」、「三月人播田」、「四月日頭長」、「五月是端陽」、「六月碌碡天」、「七月是立秋」、「八月月團圓」、「九月是重陽」、「十月是立冬」、「十二月是過年」，充分表現出傳統農業文化色調。而歌詞內容多半著重在孕婦懷孕期間對食物的特殊喜愛，顯得較輕鬆而娛樂性質較重。

　　而「正月病子在心內」形式的歌謠，每葩都是以婦女懷孕的辛苦做開頭，例如「病子人愛睏」、「病子人嘴冷」、「病子人畏寒」、「病子真艱苦」；「正月花胎龍眼大」以及「正月懷胎」形式的〈病子歌〉，則是以胎兒成長發育的情形做開頭，例如「正月花胎龍眼大」、「四月花胎分跤手」、「五月花胎分鼻喋」、「六月花胎分男女」，比較強調孕婦在懷孕時段的不適，胎兒在母體發育的過程，以及懷胎、產子的辛苦，以此來勸人孝順父母，屬於勸善類的作品。

　　歌仔冊的〈病子歌〉，除了呈現出孕婦每個月口味的改變、孕期所受的折磨、胎兒的發育情形外，還加上生產和坐月子的情形。其內容包括：（一）描述孕婦每個月不同的生理現象，以及因病子而改變的飲食偏好；（二）敘述孕婦生產過程的煎熬以及丈夫的關愛之情；（三）描述坐月子期間夫妻的恩愛以及準備油飯分贈親友的細節；（四）描寫「做三日」時親友們前來道賀的熱鬧場面。

　　表演類型的〈病子歌〉，從女子懷胎十月說唱起，訴說婦女懷胎過程的不適與辛苦、丈夫的粗心大意以及關懷之情；再來唱述請產婆來幫忙接生、夫妻的憂心無助、祈求老天爺保佑、平安喜獲麟兒的過程，直到產婆離開為止；接下來敘述丈夫對妻子、嬰兒的貼心照顧，並在「做三日」當天準備油飯宴請親友、鄰居的熱鬧場面；最後述說鄰居和客人離去，夫妻商量幫孩子號名，報名字給官府，再請算命仙算命；以及二十四日幫孩子剃頭，滿月時張燈結綵準備三十桌酒席宴請親朋好友的整個過程。整齣歌謠從懷胎一直唱到滿月，足足有 80 葩，讓臺灣民間歌謠的珍貴得到最好的驗證。

　　福佬客家的短篇〈病子歌〉版本中，從歌詞的字句仔細比對，可以發現一個共同的現象：因著年代的先後，逐漸由戶外表演的形式，轉為室內純歌唱的方式。福佬的林鋒雄版、賴秀綢版、莊永明版，以及客家的邱秀基版、湯玉蘭版，均屬於早期戶外表演的版本，在那個時代，農家生活單調沒什麼娛樂可言，民間賴以為樂的大概就是走江湖賣藝的「歌仔先」表演，或是節慶時的民俗藝陣如車鼓弄、採茶戲、公揹婆等，表演的地點大多是廟埕、晒穀場等戶外空曠之處，為了吸引觀眾，除了唱詞會夾雜比較多的虛腔來拉長音韻外，也可加入一些打情罵俏或詼諧逗趣的動作，以增加娛樂的趣味性、可看性。中、長篇的〈病子歌〉更是如此。可惜現今中、長篇〈病子歌〉的表演已經很少見。

　　隨著時代的進步，生活水準的提高，收音機、電視機、卡拉 OK 成為家戶必備的娛樂設施，人們已經不再走出戶外，「歌仔先」逐漸被淘汰，民俗藝陣也漸漸式微。代之而起的是一些音樂歌手，他們只需要在無線電台錄音室、電視台攝影棚中輕輕鬆鬆地演唱，不但有樂隊的伴奏，也免於風吹日曬的苦楚，〈病子歌〉的演唱方式也就不需要像早期那麼激情了。

第三章　病子歌的生命禮俗

　　人生的每一個關鍵時期，都是個人身份地位的重要轉變，不僅會有心理
適應上的挑戰，也伴隨著社會關係的異動，而其中引領渡過關鍵時期的方法，
幾乎每一個民族都有其獨特的儀式與內涵，也各有自己的特色，大抵而言可
以分成兩類：其一是生命禮俗，如誕生、成年、結婚及死亡等儀式；其二是歲
時祭儀，如播種祭或收穫祭等。

　　人類學者梵基尼（Arnold Van Gennep，1873～1957）將生命禮俗作深
入的分析，學者研究時，其討論重點在生命禮俗對於個人及社會團體的社
會心理上的功能意義。生命禮俗有時稱之為生命危機或過程儀式，是指藉
由儀式，將生命成長過程中不同的階段或轉變過渡到另一階段之意，整個
過程包括三個階段，亦即從「分離」到「轉變」到「加入」。儀式的舉行是
為了給予團體中的個體，在其生命成長的過程中所需的支持協助，使其能
夠承擔成長的壓力和挑戰，此外，它包括傳達了某一傳統社會的倫理或道
德的規範，使個體得到應有的文化教育，使個體認同於團體社會中，並成
為團體中的一份子，如此保存某一文化的統整性和歸屬感。但不管福佬人、
客家人、原住民，隨著時代的改變，其生命習俗、宗教文化，都已有很大
的改變。〔註1〕

〔註1〕林德政《嘉義縣志・卷三・住民志》〈第三篇・生命禮俗〉，嘉義：嘉義縣政
　　　府，2009，頁445。

第一節　病子歌的宗教意涵

一、僧侶歌的內容解析

　　1921 年片岡巖的《臺灣風俗志》中，屬於宗教歌謠的〈僧侶歌〉〔註2〕，是和尚替懷胎婦女祈願所唱。旨在使子孫瞭解父母生兒育女的艱苦過程，並勸人行孝道：

> 正月的懷胎來，一滴甘露水，
>
> 二月的懷胎都心仔悶悶，南無阿彌陀阿阿佛！
>
> 三月的懷胎來，在照水影。
>
> 四月懷胎都結成人，南無阿彌陀於於佛！
>
> 五月懷胎分阿男阿女，
>
> 六月的懷胎分阿六臟，南無阿彌陀於於佛！
>
> 七月懷胎分阿七仔孔，
>
> 八月的懷胎腹肚大曠曠，南無阿彌陀於於佛！
>
> 九月的懷胎腹肚轔轔轉，
>
> 十月懷胎都脫娘身，孩兒生落。
>
> 啊！啊！啊！連天嗥〔註3〕三聲，公婆就緊走來聽。
>
> 臍未斷，胞未落，娘身生命去了一大截。
>
> 公婆舉香來祈願，祈去合家保平安。
>
> 娘今（kín）〔註4〕抱子來食奶，奶今（kín）食了押胸前。南無阿彌
>
> 陀佛〔註5〕！
>
> 一歲兩歲都手裡抱，三歲四歲都土腳〔註6〕四界趖〔註7〕。
>
> 五歲六歲都能去迌迌〔註8〕，七歲八歲送伊去落學〔註9〕。

〔註2〕片岡巖著，陳金田譯：《台灣風俗誌》，台北：眾文圖書，1989，頁 281～283。

〔註3〕嗥（háu），同「吼」，哭泣。通常指哭出聲音來。

〔註4〕今（kin），緊，趕緊之意。

〔註5〕阿彌陀佛（Oo-mí-tôo-hút），佛教經典中所記載的佛。音譯自梵語。祂原是世　　　自在王如來時的法藏比丘，發願成就一個盡善盡美的佛國，並要以最善巧的　　　方法來度化眾生，後來成佛，創造西方極樂世界。

〔註6〕土腳，塗跤（thôo-kha）的異用字，地面、地板的意思。

〔註7〕四界趖（sì-kè-sô），到處閒遊。此處指在地面上四處爬行。

〔註8〕迌迌，（tshit-thô），遊玩。

〔註9〕落學（lȯh-ȯh），入學，求學。

九歲十歲知人事，十一、十二、十三、十四讀冊考校成舉人。

十五、十六中進士，十七、十八娶新婦〔註10〕。南無阿彌陀佛！

這首歌大致可分為前後兩半段，我們也分兩段論述：

（一）前半段描寫胚胎在母體中每個月發育的過程

生命是多麼的奧妙，當精子與卵子結合的那一刹那，一個新生命展開成長的旅程，與母體相依相存十個月後，才會瓜熟蒂落。懷孕的第一個月，這時期胚胎並不穩定，受精卵就像是晨間依附在草上的露珠一般，只要太陽一出來，露珠就會消失。因此歌詞中以露水的脆弱，來比喻胎兒第一個月的情形，隨時都可能朝不保夕，所以當母親的，必須要很小心的保護他。

懷孕兩個月了，這時期胎兒的身體各部份還不容易辨認，糾結在一起。準媽媽開始出現姙娠反應，會有噁心、嘔吐、疲勞、倦怠等不適的情況，受到「病子」的影響，難免心情悶悶不樂，只能唸著阿彌陀佛，祈求神明保佑胎兒順利的成長。

懷孕第三個月，胚胎就像一個小水泡，胎兒已初具人形，臉部已有基本的輪廓，就好像人物映射在水裡的影子一般，形象還是有點模糊。

懷孕第四個月，由胚胎期進入胎兒期，胎兒的頭部以及四肢分明，稍稍有了人的形狀。

懷孕第五個月時，胎兒轉為活潑，準媽媽可以清楚感受到胎兒的運動，也已經能分辨胎兒是男是女了。

懷孕第六個月，胎兒的眼、耳、鼻、口、舌齊開，五臟六腑都已經發育，外形漸趨完整，稍具功能，這時胎兒對外在的刺激已明顯會有反應。

懷孕第七個月，胎兒的眼睛、鼻子、耳朵、嘴巴等七孔分明。

懷孕第八個月，胎兒逐漸長大，準媽媽的肚子也跟著膨脹許多。

懷孕第九個月，胎兒活動頻繁，常使準媽媽感到間歇性疼痛，胎兒在準媽媽肚子裡不安份地打轉。

懷孕十個月了，胎兒準備從媽媽的肚子裡出來，見識這一個花花世界。

（二）後半段描寫教養孩子的經過

雖然是敘述撫育兒女的辛勞，其實也是訓勉子女，不可蹉跎歲月，應把握時間努力上進，最後以孩子長大成人、幫他娶媳婦收尾。

〔註10〕娶新婦（tshuā-sin-pū），娶妻、娶媳婦。

　　孩子出世了，呱呱墜地大哭三聲，抱孫心切的爺爺奶奶趕緊跑來聽。這時候肚臍還沒有剪斷，胎衣也尚未脫落，媳婦仍在生死關頭徘徊，於是爺爺奶奶趕緊到神明面前焚香禱告，祈求神明保佑母子平安。

　　媽媽抱著孩子餵奶，孩子一邊吃奶還一邊淘氣；吃完了奶，媽媽趕緊押著孩子哄他入睡。孩子成長非常快，一、兩歲時還依偎在媽媽的懷中，三、四歲時就頑皮的在地上亂跑，五、六歲時已不聽媽媽使喚，會自己跑出去玩了。

　　傳統「重男輕女」的漢族社會裏，對男孩女孩的教育方式有差別，男子光宗耀祖的途徑，在於金榜題名、為官任職，所以七、八歲時就送他去學校讀書，九歲、十歲時開始教他要懂得人與事，期待孩子十一歲到十四歲間去參加考試能夠中舉人，十五、六歲時能考中進士，光耀門楣，十七、八歲時就可以幫他娶媳婦、好生個金孫。

二、喪葬禮儀中的病子歌

　　「死人厚稽頭」，在臺灣民間喪葬禮俗中，有一項法事科儀叫「做功德」，俗稱「做司公（tsò-sai-kong）」，也有人稱「做師公」。這是先人過世後，為人子孫者利用法事科儀讓亡者離苦得樂的儀式，即俗稱「做功德」。這樣儀式以前在「頭七」過後才舉行，現在社會因生活步調很快，大家的俗事繁瑣，所以喪家會選擇在出殯前、後擇日舉行，但一般以出殯前一天最為常見。一般「做功德」的類型以「靈前繳仔」及「斷午夜」居多，「靈前繳仔」即是「靈前繳庫錢」之意，這是臺灣民間最小型的「做功德」，大致是中午起鼓，入夜即結束；「斷午夜」是略大於「靈前繳仔」的「做功德」儀式，時間約半天，中午起鼓，當天午夜結束，所以叫「斷」午夜〔註11〕，較符合現代人的需求。做功德是由烏頭師公〔註12〕來主持，在儀式進行中有一項功德表叫「燒庫錢」。「庫錢」是子孫送給亡者的冥幣，希望祂寄存在陰陽庫慢慢享用。在燒庫錢的過程中，喪家大小手拉手或拉繩子圈起來，以免庫錢被其他孤魂野鬼奪去，

〔註11〕參考黃文博，〈不孝三頓燒—喪禮中勸世歌的倫理觀〉《台灣風物》四十一卷第一期，1991，頁 153，註①②，以及李秀娥，《臺灣傳統生命禮儀》，臺中市：晨星，2003，頁 162。

〔註12〕道教在台灣有兩大派別，分別為正一派和全真派，正一派因應風俗民情而發展出紅頭法師與烏頭法師，烏頭法師專司喪禮，因為台灣人喜喪分開，碰了喪事不好再接吉慶科儀，因此演變出紅頭和烏頭法師，紅頭法師專職吉祥法事，像祝壽廟會慶典、安斗、安太歲、安公媽等；而烏頭法師工作項目單純，負責殯葬科儀。

叫做「圍庫錢」。「庫錢」動輒幾千萬甚至上億，堆疊起來有如紙山，有時候會燒個把鐘頭以上，喪家大小在等待的過程中難免無聊，因此烏頭法師便用類似勸世歌的方式，唱起「十月懷胎經」，對現場的人說唱一番，不但生動，且娛靈也娛人。

　　道士所唱的「十月懷胎經」，大多類似竹林書局的〈十月花胎歌〉，但有些比較用心的法師，則會依據〈病子歌〉的版本內容自行加以編刪利用，例如黃文博在〈不孝三頓燒—喪禮中勸世歌的倫理觀〉所載的「懷胎經」，整個內容包含了客家陳火添的〈十月懷胎〉、片岡巖《臺灣風俗誌》的〈僧侶歌〉，以及〈十月花胎歌〉中的部分內容，而主題分成二十個部分，包括「知報恩、懷胎期、生產期、求學期、功名期、勸行孝、勸父母、勸媳婦、勸公婆、勸女兒女婿、勸大家、勸亡靈」等，不管內容的呈現或主題的表達，都非常鮮明而生動，不但讓人百聽不厭，而且兼具教化的功能。

　　道教科儀的「做功德」儀式中，會有「雜耍」的演出，在俗稱「弄鐃（lāng-lâu）」的橋段裡，喪家聘請民間藝人表演頂盤、翻滾、吞火、吞劍、弄鐃等雜耍特技，以沖淡悲傷的氛圍。但在悲哀的喪禮中為何出現娛樂的演出，這主因是為人子女者的用心良苦，他們感念父母辛勞的養育之恩，所以反其道而行，化悲情為力量，希望藉由雜耍的演出，讓往生的父母能高高興興地離開，不再有所牽掛，快快樂樂登上極樂世界。

三、孕婦及胎兒發育的比較

　　雖然歌詞所描述的胎兒發育情形與實際有所出入，但在教育不普及、醫學知識欠缺的農業社會，已經是難能可貴了。筆者簡單將古今醫學所載的胎兒發育與孕婦狀況列出，並與福佬〈生育病子歌〉、客家〈十月懷胎歌〉所述比對：

第一個月

　　〈生育病子歌〉「正月花胎龍眼大，父母有身大受磨」、〈十月懷胎歌〉「正月懷胎如露水，懷胎恰似浮萍草」。這個階段如同《逐月養胎方》：「姙娠一月名始胚，飲食精熟酸美受御，宜食大麥毋食酸辛，是謂才正。一月之時，血行否澀，不為力事，寢必安靜，無令恐畏。〔註13〕」意即孕婦從懷孕後第一個

─────────────

〔註13〕孫真人，《備急千金要方》，台北：金逸圖書，1985，頁92。

月起，就應注意睡眠的環境要安靜，不要受雜事干擾，更不能受到驚嚇。「飲食精熟，酸美受御，宜食大麥，無食腥辛，是謂才正。」則是說飲食材料應細緻熟爛，在主食上可多吃點大麥，副食調味方面以酸味為主。因為孕婦大多喜食酸，而中醫學認為，酸味入肝，能補肝以養胞胎。對於辛辣腥臊的食物宜少食或不食，以免影響胎氣。

胎兒的發育情況：(1)受精卵從輸卵管轉移到子宮內，進行細胞分裂。(2)受精卵一分為二，分別是胎盤和胎兒。(3)身長大約 1 公分，重量 1 公克。小得有些不起眼，外形一點都不像人，反而像條小魚的模樣。(4)透過超音波檢查可看到圓形的胎囊。

孕婦的身心狀況：(1)出現與往日不同的生理特徵，如：月經停止、乳房腫脹、子宮變得柔軟。(2)會有輕微發燒、全身無力，類似感冒症狀，甚至出現發冷、噁心想吐、消化不良等害喜的現象。

第二個月

〈生育病子歌〉：「二月花胎肚圓圓，一粒宛然若荔枝」、〈十月懷胎歌〉：「二月懷胎心茫茫，手腳痠軟步難移」。這階段即《逐月養胎方》所述：「姙娠二月名始膏，無食辛臊，居必靜處，男子勿勞，百節皆痛，是為胎始結。二月之時，兒精成于胞裡，當慎護之，勿驚動也。〔註14〕」妊娠早期，胚胎正處於發育的階段，也是最不穩定的時候，孕婦應該「居必靜處」，禁止或減少性生活。而對於孕婦的飲食來說，則要「無食辛臊」，在此原則下，為了不傷胃氣，自古以來，醫師們多主張孕婦的飲食在講究營養的前提下，應該以「清淡」為主。

胎兒的發育情況：(1)身長有 2～3 公分，重量約 4 公克。(2)視神經、聽神經、腦神經等器官逐漸形成。(3)臍帶組織發育非常快速，發揮營養供給作用，胎盤發育完成。(4)具備人的雛形，透過超音波能聽到心跳聲音。

孕婦的身心狀況：(1)乳房腫脹、乳頭及乳暈顏色變深，頻尿、容易便秘。(2)心悸、沒胃口，出現害喜現象。(3)陰道乳白色分泌物增加。(4)子宮略增大如雞蛋般大小，壓迫造成頻尿、腰酸及下腹痛等現象。

第三個月

〈生育病子歌〉：「三月花胎人真善，腳酸手軟歸身變」、〈十月懷胎歌〉：

〔註14〕同註 13，頁 94。

「三月懷胎見人影，三餐茶飯無想食」。

　　這階段即《逐月養胎方》所述：「姙娠三月名始胎，當此之時，未有定儀，見物而化。（……）欲子美好，數視璧玉，欲子賢良，端坐清虛，是謂外象而內感也。姙娠三月，（……）手心主內屬於心，無悲哀思慮驚動。〔註15〕」孕婦的精神心理變化會直接影響胎兒的生長、發育，以及日後小孩的性格，這一觀點對後世的影響較大，孫思邈等人將其發揮成「胎教」學說，歷代醫家均把調治心神視作養胎的重要手段之一。所以想要子女長得美好端正，應多看白璧美玉，若想孩子賢良有道德，那麼孕婦的言語行動應當文雅莊重。心不應有壞的念頭，坐、立須端正，憂思喜怒要有節制，保持美好愉悅的心情。如果希望孩子聰穎伶俐，要多閱讀書報雜誌吸收知識，多聽音樂，情緒與想法上也要正向積極，這就是所謂「外象內感」的道理。

　　胎兒的發育情況：(1)身長 8～9 公分，重量 20～30 公克，眼耳口鼻等五官開始出現。(2)大部分腦細胞發育完成，外部生殖器官很明顯。(3)形成視網膜的神經細胞、手指和腳趾，出現指紋。(4)開始形成牙齒，而且形成皮膚毛囊，皮膚已產生觸覺。(5)可由胎音器聽到胎兒的心跳聲。

　　孕婦的身心狀況：(1)子宮增大如拳頭般大小，頻尿現象繼續存在。(2)可能出現便秘或輕度腹瀉，有些準媽媽會出現妊娠斑。(3)心情起伏不定。(4)真正的害喜現在開始

第四個月

　　〈生育病子歌〉：「四月花胎分腳手，肚尾親像生肉瘤」、〈十月懷胎歌〉：「四月懷胎結成人，口中有想楊梅食。」

　　這階段即《逐月養胎方》所述：「姙娠四月始受水精以成血脈，宜食稻粳羹，宜魚鴈，是謂盛血氣以通耳目而行經絡。（…）四月之時，兒六腑順成。當靜形體，和心志，節飲食。〔註16〕」這個時期，胎兒牙齒、五官、四肢都在迅速發育，所以孕婦要儘量少勞動，動作要輕柔，要心平氣和，並注意調節飲食。飲食上「食宜稻粳羹，宜魚雁」，為了能「盛血氣以通耳目，而行經絡」，宜多食河鮮和野禽，如野雞、野鴨、鵪鶉等。

　　胎兒的發育情況：(1)身長約 10 公分，重量約 120 公克，他可聽到子宮外

〔註15〕同註13，頁96。
〔註16〕同註13，頁98。

的聲音。(2)內臟和手腳等器官大多完成，胎兒能握拳、張嘴、皺眉頭、做鬼臉等動作。(3)從超音波能看到寶寶吸手指頭的可愛模樣。(4)性器官繼續發育，開始分化。

　　孕婦的身心狀況：(1)害喜逐漸消失，情緒轉好，食慾增加，體重也增加。(2)子宮明顯增大，時常覺得腰痠、背痛，下腹部隆起明顯。(3)會出現牙齦出血、貧血的狀況。(4)可能出現小腿抽筋、腳發麻的症狀。

第五個月

　　〈生育病子歌〉：「五月花胎分鼻嘴，好物任食卻燴肥」、〈十月懷胎歌〉：「五月懷胎分男女，七孔八竅結成人。」

　　這階段即《逐月養胎方》所述：「姙娠五月始受火精以成其氣，臥必晏起，沐浴浣衣，深居其處，其食稻麥，其羹牛羊，和以茱萸，調以五味，是謂養氣以定五臟」、「五月之時，兒四肢皆成」。〔註17〕這階段的孕婦需要保持充足的睡眠，衣服要勤換洗，注意保暖，多曬太陽，預防外界的寒邪侵襲，以免影響胎兒的發育和胎病的發生。飲食上，「其食稻麥，其羹牛羊。和以茱萸，調以五味，是謂養氣，以定五臟」。懷孕五個月左右，是胎兒發育生長最迅速的時期，對營養的需求量最大，主食以米麵雜糧為主，副食宜多吃高蛋白的牛、羊肉，餓了要及時進食，並且不要吃太飽，否則胃氣受損，會妨礙營養正常吸收，同時也要避免過度疲勞。

　　胎兒的發育情況：(1)身長約 23 公分，重量約 250 公克。(2)形成大腦和脊隨，骨骼快速成長，腿部比身體其他部位長。(3)循環系統和尿道進入正常的工作狀態，肺也開始工作。(4)形成眉毛和保護胎兒的胎脂。(5)神經系統已統合完成，開始踢腿，活動手指和腳趾，有自我的意識。

　　孕婦的身心狀況：(1)開始感受胎動的幸福感。(2)體態變得豐滿，臀部寬大、腰圍粗壯，開始出現浮腫現象，下腹部明顯隆起。(3)分泌物增多、腰酸背痛、便秘、下肢浮腫、靜脈曲張等不適更加明顯。(4)食慾旺盛，體重會有一定程度的增加。

第六個月

　　〈生育病子歌〉：「六月花胎分男女，恐驚胎神會參滋」。〈十月懷胎歌〉：「六月懷胎六經全，食飽恰似上刀山」。此階段即《逐月養胎方》所述：「姙娠

〔註17〕同註 13，頁 100。

六月始受金精以成其筋，身欲微勞，出遊於野，數觀走犬及視走馬，食宜鷙鳥猛獸之肉，是謂變腠理紉筋以養其力，以堅背膂。（……）六月之時，兒目皆成，調五味，食甘美，無大飽。〔註18〕」懷孕六個月已是身體較為舒適的孕中期，孕婦要注意勞逸結合，適當從事一些輕微的體力勞動，並經常到室外走動走動，一則呼吸新鮮空氣，二則使肢體舒展，氣血流暢，將有益胎兒發育。「食宜鷙鳥猛獸之肉，是謂變腠理紉筋，以養其氣，以堅背膂。」依現代營養學來說，可意會為吃一些禽類、牛羊等動物的肉，以強腎堅骨。

胎兒的發育情況：(1)身長約 30 公分，重量約 600 公克。(2)消化系統發揮功能，聽力已經形成，對外界聲音的反應敏感。(3)皮膚有皺褶，全身絨毛顏色變深，胎脂分泌量增加。(4)胎兒能吞嚥羊水，會小便，而且頭部比較大。

孕婦的身心狀況：(1)子宮增大使腹部鼓起，腹部感覺疼痛，下半身受壓迫易造成痔瘡或靜脈瘤。(2)皮膚覺得搔癢。(3)血液循環不順暢，會出現貧血現象。(4)胎動變得很明顯。(5)體重會增加 4.5～9 公斤。

第七個月

〈生育病子歌〉：「七月花胎會煞位，一個腹肚圓錐錐」。〈十月懷胎歌〉：「七月懷胎分七孔，雙手難搬下腰帶」。此階段即《逐月養胎方》所述：「姙娠七月始受木精以成其骨，（……）居處必燥，飲食避寒，常食稻粳，以密腠理，是謂養骨而堅齒」、「七月之時，兒皮毛已成，無大言、無號哭、（……）無寒飲。勞身搖肢，無使定止。動作屈伸，以運血氣。居處必燥，飲食避寒。」〔註19〕古人認為懷孕七個月時，胎兒開始長骨骼。孕婦應適當運動，使血氣運轉。因為要防寒氣侵襲，所以住處一定要乾燥。飲食不要寒涼，「常食稻粳，以密腠理，是謂養骨而堅齒」。

胎兒的發育情況：(1)身長約 35 公分，重量約 1,000 公克。(2)聽力與皮膚發展成熟，開始做呼吸動作，也能眨眼。(3)大腦皮質發達，會有伸展、收縮身體與抓握手腳等細節的肢體動作產生。(4)胎兒的思考、記憶及各種情感發展也開始萌芽。(5)舌頭上的味蕾正在形成，知道甜味與苦味。

孕婦的身心狀況：(1)子宮比肚臍高 6～7 公分，上腹部明顯凸出、脹大，

〔註18〕 同註 13，頁 102～103。
〔註19〕 同註 13，頁 104。

呼吸較困難。(2)體重增加約 6～11 公斤，行動遲緩，睡覺翻身困難，容易引起下肢水腫和晨起腰痛。(3)腹部與乳房、大腿會出現紅色或紫紅色的條紋，這就是所謂的『妊娠紋』。(4)胎動變得頻繁和劇烈，子宮偶有收縮現象。(5)貧血情形嚴重，容易出現便秘、頻尿、痔瘡等症狀。

第八個月

〈生育病子歌〉：「八月花胎肚凸凸，失頭著叫罩來摸」、〈十月懷胎歌〉：「八月懷胎重如山，房中掃地身難則」。此階段即《逐月養胎方》所述：「姙娠八月始受土精以成膚革，和心靜息，無使氣極，是謂密腠理而光澤顏色。（……）八月之時，兒九竅皆成。無食燥物，無輒失食，無忍大起。〔註20〕」懷胎八個月時，胎兒的眼、耳、口、鼻等孔竅都形成了。孕婦應當注意休息，不得勞累，不要吃肥膩有火氣的食物，並按時進食。懷孕八月屬於妊娠後期，胎兒日趨成熟，飲食原則應因人而異，若胎兒發育較好，孕婦又較胖的，則應稍稍限制一下飲食，以防胎兒長得過大而使得分娩造成困難；相反的，若孕婦體質較差，胎兒發育又不大好，則應加強營養，吃得更好一些。

胎兒的發育情況：(1)身長約 40 公分，重量約 1,100～1,500 公克。(2)皮膚的皺紋也逐漸消失，骨骼大致完成，肌肉和神經系統的活動變得更為活潑。(3)五種感覺器官《聽覺、視覺、觸覺、味覺與嗅覺》大致都已完成。(4)頭、手臂、腿部比例比較合理，會對光線做出反應。(5)會吸吮拇指，且可伸長手腳。

孕婦的身心狀況：(1)乳房、下腹及外陰顏色變深，分泌物增加，會有霉菌感染的困擾。(2)腹部變大導致下半身的血液循環變差以及鈣質不足等原因，小腿肚抽筋。(3)胸口及胃部因子宮壓迫而有心悸、噁心、腹脹等現象。(4)體重又增加，約 7～12 公斤。(5)容易疲倦，傍晚易有下肢水腫、晨起易有手指發麻現象。

第九個月

〈生育病子歌〉：「九月花胎會振動，無食腹肚亦繪空」、〈十月懷胎歌〉：「九月懷胎九九長，九月懷胎團團轉」。這階段即《逐月養胎方》所述：「姙娠九月始受石精以成皮毛，六腑百節莫不畢備，飲醴食甘，緩帶自持而待之，

〔註20〕同註 13，頁 106。

是謂養毛髮致才力。（……）九月之時，兒脈續縷皆成。〔註21〕」現代醫學研究發現，第九個月的胎兒發育，身體變得勻稱豐滿，皮下脂肪增多，皮膚富有彈性，有了光澤，且皺紋減少。肺、胃、腸等器官已基本發育成熟，四肢及生殖器官已發育完全。此時孕婦宜多吃味道甘美、營養豐富的食物，以保證胎兒的營養所需；衣服也要穿得寬鬆，才會覺得舒適，衣帶不宜束緊，並做好待產的準備。孕婦要注意讓胎兒休息，不要過多地刺激他，同時要減輕緊張情緒，孕婦的緊張對胎兒是一種不良的刺激。在繼續保證全面營養的同時，要限制食鹽的攝入量，增加鐵和維生素的攝入。

胎兒的發育情況：(1)身長約 45 公分，重量約 1,800 公克。(2)長出頭髮、指甲，頭部骨骼變硬，皮膚皺褶減少。(3)大腦組織迅速發育，腦神經循環系統已連接，開始有基本的運作。(4)循環、呼吸、消化及性器官發展完成。(5)為了生產做準備，胎兒開始會把頭慢慢轉向骨盆下方，可以自己呼吸及調節體溫。

孕婦的身心狀況：(1)胃、肺、心臟備受壓迫，感覺心口悶熱、胸悶不適、呼吸困難。(2)反胃、食慾不振，頻尿、尿失禁、便秘、腰酸背痛現象更加嚴重。(3)乳腺有時會有奶汁排出，是為初乳，宜以棉花、清水擦拭保持乾淨。(4)下肢會出現浮腫、痙攣現象，妊娠斑和雀斑會增加。(5)體重會增加到約 8～13 公斤。

第十個月

〈生育病子歌〉：「一個腹肚者大咳，想著要生流目屎」、〈十月懷胎歌〉：「十月懷胎離娘身，腳穿繡鞋踏得穿，口中咬斷銅鐵釘」。這個階段就是《逐月養胎方》所述：「姙娠十月，五臟俱備，六腑齊通，納天地氣於丹田，故使關節人神皆備，但俟時而生」。〔註22〕第十個月的胎兒發育已完全成熟，五臟六腑俱備，胎頭進入母體的骨盆之中，等待降生時刻的到來，只待一朝分娩，就將邁入人世。這時候孕婦應當積極儲備體力，為胎兒分娩作準備。

胎兒的發育情況：(1)身長約 48～50 公分，重量約 2,500～3,200 公克。(2)形成大量的皮下脂肪，肺部完全發育，體重繼續增加。(3)透過各種檢查儀器，能觀察到胎兒的心跳、精神壓力程度、健康等。(4)覆蓋在胎兒身上的胎脂脫

〔註21〕同註13，頁 108。
〔註22〕同註13，頁 110。

離，胎毛也逐漸消失，擁有美麗的玫瑰色皮膚，內臟、肌肉、神經系統也充分發達，已做好出生後立即呼吸、調整體溫與喝奶的準備。

孕婦的身心狀況：(1)乳腺不斷增生，乳房變得碩大圓潤，乳頭外凸，不時有分泌物溢出。(2)體重總共增加約 10～14 公斤。(3)應隨時做好生產的萬全準備。(4)產兆：①肚子下降，胃部的壓迫感消失，產生食慾。②肚子變得緊繃、子宮收縮頻繁。③為方便胎兒通過，左右恥骨的連結部位會較為鬆開，孕媽咪會有疼痛感。④由於胎兒頭部已進入骨盆，胎動也會因此變少。⑤開始準備生產，子宮頸就會變得比較柔軟，分泌物會大量增加。

北齊著名醫學家徐之才曾提出逐月養胎的論點，他說：「妊娠一月始胚，二月始膏，三月始胞，四月形體成，五月能動，六月筋骨立，七月毛髮生，八月臟腑具，九月穀氣入胃，十月諸神備，日滿即產矣。」徐之才認為孕期的每一個月都分別由一條經脈供應營養，所以孕婦在孕期每個月的行為忌宜、飲食，皆應有所不同。

1. 客語「十月懷胎」取巧的套用月份來吟唱，例如「六月懷胎六根全」、「七月懷胎分七孔」，所謂六根指的是眼、耳、鼻、舌、身、意，眼有視神經，耳有聽神經，鼻有嗅神經，舌有味神經，身有感觸神經，意有腦神經，稱為六根，也就是生理學上的神經官能。既已六根全，何以七月才分七孔？

2. 在分男女方面，客語唱的是五月懷胎分男女；福佬語唱的是六月花胎分男女；而現在醫學則說性器官第四個月階段開始分化，從超音波即可知道胎兒性別，三者說法不一。

3. 北齊徐之才以傳統中醫五行之說創立了《逐月養胎法》，認為胎兒之成長，係因其逐月接受金、木、水、火、土等不同的精氣而發育，並強調孕婦應配合胎兒不同的成長，逐月供給嬰兒所需。這套逐月養胎法一直被沿用到現在，對於後世胎教可說起了不少作用。

洪惟仁在〈台北的民間歌謠〉，認為可定名為〈十月懷胎歌〉，並將它歸類為「雜念仔」，根據歌詞中出現的「考校成舉人」、「中進士」等字句，洪惟仁認為這是清朝時候的作品，並據此推測「雜唸仔」在清朝就有了，而不是日治以後才出現的新歌體。〔註23〕簡上仁將「一歲兩歲都手裡抱」到「十七、十八娶新婦。」稱之為〈育兒歌〉，另外又編了下面這首〈育女歌〉如下：

　　一歲兩歲手底抱　　三歲四歲土腳趖

<hr />

〔註23〕洪惟仁，〈台北的民間歌謠〉，2004，頁 57。

五歲六歲漸漸大　有時頭燒佮耳熱，

七歲八歲真賢（gâu）吵　一日顧伊兩支腳

九歲十歲教針黹（tsiam-tsí）〔註24〕　驚伊四界去庚絲（kenn-si）〔註25〕

十一十二就打罵　就去予伊學洗衫

十三十四學煮菜　一塊桌面辦會來

十五十六欲轉大　驚伊佮人去風花

十七十八做親成　一半歡喜一半驚

　　整首歌中道盡父母對女兒的擔憂與期許，傳統農業社會「男主外，女主內」與「男尊女卑」的觀念讓人一覽無遺，如果生的是男生，就要送進學校讀書、考試求取功名以便光宗耀祖；女生則必須在家洗衣服、煮飯菜、做家事、學針黹，還要會辦出一桌宴席，女子真的注定是「油麻菜籽」的命？

　　僧侶為孕婦祈福所唱的歌曲，和一般〈病子歌〉不同之處在於：（一）以不規則的長短句方式來呈現。（二）大量運用「的」、「來」、「都」、「阿」、「都會」、「於」、「啊」等襯字拉長語調。（三）每唱完一句，便念一聲佛號「南無阿彌陀佛」。（四）整首歌謠敘述的是胎兒成長的情形以及養育子女的憂心與期許，並沒有害喜食物。（五）整篇歌詞屬於福佬話白描的敘事體，雖是描寫婦女生育的艱辛以勸人行孝，卻沒有很激動的叫苦言詞以及濃厚的勸孝氣氛。

　　在父母眼中，女子是以嫁入豪門、攀龍附鳳為提升階級地位的最佳途徑。而父系社會，女子的尊貴往往是依附在丈夫或宗族的社會地位上。下面的〈搖大嫁板橋〔註26〕〉以及〈搖夠三板橋〉兩首唸謠，便成為許多期望女兒「飛上枝頭成鳳凰」的廣大父母的心聲：

〈搖大嫁板橋〉

嬰仔搖，

搖大嫁板橋，紅龜軟燒燒〔註27〕，

麵線掛過橋，豬腳雙邊撩〔註28〕。（廖漢臣，1980）〔註29〕

〔註24〕針黹（tsiam-tsí），針線活，女紅。

〔註25〕庚絲（kenn-si），目前臺語用字改為「經絲」，惹麻煩之意。

〔註26〕嫁板橋，「板橋」昔時指林本源家「林枋橋」，女嬰養大了若能嫁富戶之家如林枋橋，就有大的軟綿綿的「紅龜粿」及肥大的豬腿可吃，是多麼好的事。

〔註27〕軟燒燒，應是「軟莏莏（nńg-siô-siô）」，軟綿綿的意思。

〔註28〕撩（liô），裁開、割開。

〔註29〕廖漢臣，《臺灣兒歌》，臺中：臺灣省政府新聞處，1980，頁130。

〈搖夠三板橋〉

搖啊搖，

搖夠〔註30〕三板橋。

紅龜軟燒燒，豬腳雙爿〔註31〕撩，

大麵雙碗燒，鼓吹知達叫〔註32〕。（邱冠福，1997）〔註33〕

「豬腳」、「大餅」、「麵線」、「紅龜」、「大麵」等，以及「鼓吹知達叫」的迎親隊伍，是在「大娶」婚禮習俗中才有的禮品與陣仗，在「大娶」的儀式中，男女雙方是在慎重而公開的禮儀中，確立了彼此的倫理關係，此關係在宗族社會的認可下，特具約束力。傳統重男輕女的社會中，對女子而言，這是一份莫大的保障，〈育囡仔歌〉歌謠正反映出，傳統的婚姻觀，女子對「名媒正娶」的重視與渴望。

第二節　傳宗接代延香火

在傳統的價值觀念裡，個人的生命是祖先生命的延續，子女的生命又是個人生命的延續，家族的命脈應當綿延不斷的一脈相承下去，所以結婚生子，延續香火被視為一生中最重要的大事。於是傳統的生產觀念，從祈子到孕婦的安胎和產後保健，直接或間接反映在最接近群眾的歌謠和俗諺裡。以下分析〈病子歌〉背後的生命信仰、禮俗及其意義：

一、傳後嗣

臺灣福佬的結婚禮俗中，有很多是針對新娘出嫁之後「傳後嗣」（thn̂g-hiō-sū）而設的，例如結婚的嫁妝中，除了必備的日常用品外，也需要準備與生育有關的東西，包括十二種物品，其中有很多種是植物的種子，因為種子象徵著宗族的延續，而每種物品都有其特殊的含意。這十二種物品如下：〔註34〕

1. 黑炭—炭（thuànn）的臺語與湠同音，湠是蔓延、擴散、繁殖之意，故

〔註30〕搖夠，是「搖過」的代音字。

〔註31〕雙爿（siang-pîng），雙旁、兩邊。

〔註32〕「鼓吹知達叫」，鼓吹（kóo-tshue）就是嗩吶，樂器名。「知達叫」指的是迎親隊伍的鼓吹所發出的聲音。

〔註33〕邱冠福編，《台灣童謠》，台南：台南縣立文化中心1997，頁16。

〔註34〕參考陳瑞隆，《台灣生育冠禮壽慶禮俗》，臺南：世峰，1998，頁2～3；以及涂順從，《南瀛生命禮俗誌》，台南：南縣文化局，2001，頁25～26。

有多生子女的意思。

2. 芋仔—芋頭是植物的根，用來做為繁殖用，取其意「落地生根」。

3. 蓮蕉花—蓮蕉（liân-tsiau）和「連招」臺語同音，取「連招貴子」的意思。

4. 石榴—石榴的果實內種子非常多，取「多子多孫」之意。

5. 桂花—桂與「貴」同音，取「早生貴子」之意。

6. 鉛錢：民國以前所用的銅錢，「鉛（iân）」與「緣（iân）」的臺語同音，盼望女子嫁到夫家能得人緣。

7. 稻穀：「穀（kok）」與「覆（hok）」臺語諧音，準備了稻穀，以後懷孕後就不會覆著或動著。

8. 芧絲：是「剖臍」時用來綁肚臍用的，有預祝早生貴子之意。

9. 芙蓉花：會開白花，白花表示會生男孩。

10. 生子裙：用黑色布製成，婦女臨盆時先將裙穿上，然後生產，除了遮羞外，也因黑布染到血水較不明顯而且容易洗掉。

11. 連根帶葉的青竹：世俗以為竹可以生筍，以此占「子孫綿延」之意。

12. 冬瓜糖—賀客食冬瓜糖都會說：「食甜甜，乎你生後生（tsiàh-tinn-tinn，hōo-lí-senn-hāu-senn）」，即預祝早生貴子的意思。

客家習俗方面，認為結婚的婦女一定要能懷孕生子，才能使宗族免於絕嗣，才不會讓祖先成為無人祭拜的孤魂，所以要「求子」。客家新娘「行嫁」（hangˇ-ga，即出嫁）時，所攜帶至夫家的籃格中，一定會有紅紙包著的「五種」。所謂「五種」就是五穀（稻穀、黃豆、黑豆、綠豆、紅豆），各包著紅紙，上書「五代同堂」，表示五穀豐登，子孫繁衍之意；客家人更重視子嗣，傳統的婚姻充滿了「廣家族、繁子孫」的色彩，其中的禮品器物便帶有「多子多孫」的意涵，例如關西地區的「祖婆雞」、「帶路雞」、「蓮蕉花」、「五種」等，象徵新郎、新娘的結合能繁衍子孫、振興家世。婚宴中最常聽到的賀詞也是「早生貴子」，可見懷孕生子，傳宗接代，自古以來一直被強烈的期待著，兩族群皆然。

「帶路雞」的福佬話是「𤆬路雞（tshuā-lōo-ke）」；客家有「帶路雞（dai-lu-gieˊ）」和「祖婆雞」。習俗上祖婆雞是公母雞一雙，用九尺長的紅絲帶將兩隻雞的腳繫在一起，用雞籠裝著帶到夫家床舖底下，第二天新娘打開雞籠，看哪一隻雞先走出房門，藉以象徵頭胎將會生男或生女。又因「九」與「久」

同音，所以有長久之意，希望女兒女婿能「長久廝守」。帶路雞是隨新娘的迎親隊伍一起送抵夫家的六隻小雞，寓意子孫滿堂，另一個說法是要新娘記得回娘家的路。

二、「求子」──多子多孫多福氣

中國人的傳統非常注重家庭、家族的傳統社會結構，因此傳宗接代是一般人最普遍的觀念，繁衍子孫是婚姻的最大目的，更由於農業社會需要大量的勞動力，因此一般觀念中，認為「多子多孫多福氣」，加上「養兒防老」的心理因素，因此無不期待新生代的早日降臨。

臺灣婚嫁習俗，有很多跟生子有關的習俗，例如「食新娘茶講四句」所說的吉祥話：「茶盤圓圓，甜茶甜甜，今夜著變，冬尾雙生」〔註35〕、「兩姓來合婚，日日有錢春〔註36〕，互恁大家官，雙手抱雙孫」〔註37〕、「來食新娘一杯茶，互汝二年生三個，一個手裡抱，二個土跤跔」〔註38〕、「新娘有貌又有才，新郎會緊看緊雄，今夜兩人成夫妻，明年見打疊疊來」〔註39〕。這些祝福話都跟期待早生貴子有關。這種求子的心態，也表現在臺灣很多民間習俗中，舉例如下：

（一）元宵節「鑽燈腳」

元宵節「鑽燈腳」的習俗，有些沒有生男孩的婦女，為了早生貴子，於是利用元宵賞花燈的機會，穿梭於花燈下，叫做「鑽燈腳」，俗話說：「鑽燈腳，生卵葩（tsǹg-ting-kha，senn-lān-pha）」意味著婦女在花燈下亂鑽就會生男孩子。

（二）元宵夜偷拔竹籬

這是婦女在元宵夜去偷拔鄰家竹籬的習俗，新婚婦女或是結婚婦人如果想要生男得子，可在元宵夜去偷拔鄰家的竹籬，因為有句俗諺，「偷竹籬，得男兒（thau-tik-lî，tik-lâm-lî）」，因為「竹籬（tik-lî）」與「得兒（tik-lî）」的臺語同音，以此作為生子的吉兆。

〔註35〕涂順從，《南瀛生命禮俗誌》，臺南：台南縣文化局，2001，頁 22。
〔註36〕春，應作賰（tshun），剩餘也。例：有賰（ū-tshun）有剩餘之意。
〔註37〕同註35，頁 24。
〔註38〕同註35，頁 22。
〔註39〕劉還月，《臺灣客家族群史·民俗篇》，南投市，省文獻會，2001，頁 325。

（三）中秋節偷瓜求子

相傳有個習俗是在中秋節去偷瓜，偷瓜時卻故意讓主人知道，以惹起主人怒罵，罵得越兇越好。瓜偷來後，替它穿上衣服、畫上眉目，打扮成小孩，然後敲鑼打鼓，用竹輿抬送到無子的人家，接瓜的人就請送瓜的人吃一頓月餅，然後陪伴著瓜睡一夜，第二天早晨將瓜煮熟吃掉，因為瓜是多子的食物，取其「瓜瓞綿綿」之意，意謂從此便會懷孕。〔註40〕

（四）踏草青，生後生

有句俗諺說：「踏草青，生後生（tàh-tsháu-tshenn，senn-hāu-sinn）」一說是新嫁婦女在清明節掃墓時上祖墳祭拜，便會生男孩；另一說法是如果生了女兒，在生產滿月當天，由丈夫陪著回娘家踏青，便會生男孩。

（五）求丁獻燈

客家人在元宵節活動中則有一祈子習俗，那就是在去年元宵節後結婚的新娘子，可在今年元宵節前往伯公祠或廟宇向神祈求賜子，祈求時要送一盞小燈籠懸掛，因為「燈（den´）」與「丁（den´）」同音，而求子就是求丁，也就是「求丁獻燈」之意。〔註41〕這種「重男輕女」，祈求「早生貴子」的民俗諺語，顯示了根深蒂固的子嗣觀念。所以臺灣民間流行一首向土地婆、土地公祈求生囝的歌謠〈土地婆下願〉〔註42〕，充分流露出希望得子的心情。

第三節　有身萬事愛細膩

客家話和福佬語都把懷孕稱為「有身」，「有身」的福佬語叫（ū-sin），或是大腹肚（tuā-pak-tóo）；客語叫「有身項（iu´-siin´-hong）」、「發子（bod`zii`）」，有身一詞還見於《詩經·大雅·大明》「乃及王季，維德之行。大任有身，生此文王。」。

〔註40〕陳瑞隆，《台灣生育冠禮壽慶禮俗》，臺南市，世峰出版社，1998，頁 5～6。
〔註41〕黃榮洛，〈客家過年歌與元宵節景〉《台灣客家民俗文集》，新竹縣，新竹縣文化局，2000，頁 98。
〔註42〕吳瀛濤，《台灣諺語》，臺北：臺灣英文出版社，1975，頁 532。歌詞如下：
　　　　土地婆，土地公，恬恬聽我說，
　　　　說我今年五十八，某袂生，心真感。
　　　　盼望好花來著枝，盼望好囝來出世；
　　　　彼時亂彈布袋戲，紅龜三百二，閹雞股，五斤四。

　　甲骨文有此字🅐，像一個腹部隆凸的人形，其本義應是指「妊娠」，也就是婦女懷有身孕的意思。隸定作「身」，學者認為此字就是「孕」字，因為它的造字就像是人子在腹中之形。今日福佬及客家語都將「懷孕」說成「有身」，這確實是上古漢語的遺跡。

一、懷孕的辛苦

　　婦女懷孕稱為「有身」，顧名思義，乃是懷有身孕之意，福佬話把婦女「有身」稱為「大腹肚（tuā-pak-tóo）」或是「有囡仔（ū-gín-á）」；客家人則稱為「有身妊（iu´-siin´-im`）」、「有身項（iu´-siin´-hong）」，或俗稱「發子（bod`-zii`）」。婦女有了身孕就要開始忍受十月懷胎之苦，〈十月花胎歌〉唱道：

> 正月花胎龍眼大，父母有身大受磨，𣍐吃要吐真坐掛，真真艱苦無快活。
>
> 二月花胎肚圓圓，一粒宛然若荔枝，田螺吐子為子死，生子生命塊水墘。
>
> 三月花胎人真善，父母懷胎艱苦年，腳酸手軟歸身變，倒落眠床咳咳喘。
>
> 四月花胎分腳手，肚尾親像生肉瘤，為著生子奧得求，三分腹肚不時憂。
>
> 五月花胎分鼻嘴，好物任食卻𣍐肥，腳盤宛然若匱水，腰骨親像塊要開。
>
> 六月花胎分男女，恐驚胎神會參滋，三分若是有世事，靜符緊食結身軀。
>
> 七月花胎會煞位，一日一日大肚歸，行著有時大心愧，一個腹肚圓錐錐。
>
> 八月花胎肚凸凸〔註43〕，早暗代志著知防，這號艱苦不敢講，失頭著叫罩來摸。
>
> 九月花胎會振動，為著病子不成人，花粉減抹歸斗籠，無食腹肚亦𣍐空。
>
> 十月花胎苦憐代，一個腹肚者大咳，想著要生流目屎，求會順序生出來。

〔註43〕凸凸：（phòng-phòng），有彈性、圓鼓鼓之意。

　　一般來說，婦女的懷孕期是以四十週來計算，而古人以「四週為一月」的方法，把整個懷孕期當作是十個月，如此來看，「十月懷胎」的說法自有其道理。女子從受胎、病子害喜、懷胎到臨盆生產，十個月之間所受的折磨與煎熬，是旁人無法體會的。俗諺說：「十月懷胎，艱苦無人知」（tsa̍p-gue̍h-huâi-thai，kan-khóo-bô-lâng-tsai）、「袂生，毋值錢；要生，生命相交纏」（bē-senn，m̄-ta̍t-tsînn；beh-senn，sènn-miā-sio-kau-tînn），道盡了婦女對於生育不能自主的無奈與心酸。舊社會的婦女一定要會生育，而且要生男丁，否則就要忍受公婆鄙夷的眼光、左鄰右舍的輕視，小則飽受凌辱，大則被掃地出門，婦女淪為生產的工具，不能生或無法生出男丁，就沒有價值和尊嚴，但是有誰會將心比心來體諒生孩子是要冒著死亡的風險呢？更何況能不能生育，其原因很多，不應該將責任完全歸咎在妻子身上。

　　上面這首〈十月花胎歌〉，把婦女十月懷胎，每個月胎兒發育變化的情形大致敘述出來，從「正月花胎龍眼大」，到「二月像荔枝」、「四月分手腳」、「五月分鼻嘴」、「六月分男女」、「七月會移位」、「九月會震動」，以及孕婦十個月懷胎之間所承受的生理折磨，如「人真善〔註44〕」、「艱苦坐掛〔註45〕」、「腳酸手軟」、「生肉瘤」、「腳盤若匱水」、「大心愧〔註46〕」等，做了十分深刻的描寫。而在心理層面上，如「恐驚胎神會參滋」，但沒有解決的方法，只好把「淨符」趕緊帶在身上；懷孕期間，「這號艱苦不敢講」，只能自己默默的承受；要臨盆了，非但沒有喜悅，反而是「想著要生流目屎」，其心中的徬徨無助與身體承受的苦難，唯一解脫的辦法是「求會順序生出來」。

二、生產的危險性

　　「生贏雞酒香，生輸四片枋」，以前醫學不發達，生孩子沒有「剖腹產」的技術，所以遇到難產時只能求神明保佑或利用催生藥、催生符的效力，如果不能奏效，那就只好聽天由命，準備後事了。古代因難產而死的婦女，會被認為是「產死鬼，掠交替（sán-sí-kuí，lia̍h-kau-thè）」，屬於橫死的一種，據說死後會墮入血池地獄，必須做法事來超渡。〔註47〕

〔註44〕善，瘑（siān），疲勞、倦怠的感覺。
〔註45〕艱苦坐掛，即「艱苦罪過（kan-khóo-tsē-kuà）」，形容非常痛苦難過。
〔註46〕大心愧，應是「大心氣（tuā-sim-khuì）」，呼吸急促，喘不過氣來。
〔註47〕陳瑞隆，《台灣生育冠禮壽慶禮俗》，臺南：世峰，1998，頁43。

（一）帶流蝦（血崩）

生產會流出大量的污血，以前民間認為這是一件污穢不潔的事情，所以凡是和生產有關的產褥、胎盤、臍帶等，都必須妥善處理，以免血污而沖犯到天地神明。另外民間也相信女人生產時不可碰到水或看到紅色的物品，否則會流血不止而死亡，人們把具有這種體質的婦女稱為「帶流蝦」，臺灣人對這種情形相當忌諱，所以在生產時嚴禁把水帶到孕婦身邊，甚至於水瓶也都要用瓶蓋蓋好。以現代醫學的角度來看，所謂「帶流蝦」就是「血崩」，在醫術不發達時，遇到這種情形，只好求助於「紅頭法師[註48]」到家作法「送流蝦」，所謂「送流蝦」是請道士為「帶流蝦」的婦女祈求安產的法術，一般咸信如此作法血崩就會停止。「送流蝦」的儀式有三個步驟：[註49]

1. 請神（tshiánn-sîn），擺上飯、金紙（kim-tsuá）、小三牲（sió-sam-sing）、替身[註50]（thè-sin）等，並把「帶流蝦」孕婦的衣服和鞋子以及「活蝦」裝進盆裡，一同擺在神佛前的供桌上，並請來註生娘娘、三奶夫人、臨水夫人、媽祖等專司生產的神。

2. 制流蝦，將流蝦之魔制服。由道士做法替孕婦安產、唸咒（liām-tsiù），唸完後拿孕婦的衣服進入房間，把衣服給孕婦穿上，再把裝活蝦的盆子放在床底下，在盆裡插一把火箸（hué-tī），意思就是把活蝦燙死，接著再把鞋子拿給孕婦穿，把蝦盆及其他供物拿到門外給煞神吃，表示已經消除厄運。

3. 送神（sàng-sîn），最後進行送神儀式，把請來的神送回，整個儀式就完成。

范明煥（2010）在〈客家地區的民俗與信仰〉中提到：客家人也有與福佬人相同的「帶流蝦」。「帶流蝦」，就是指婦女在生產時，一旦動水或看到紅色物體就會休克，「蝦（haˇ）」，客語中與「霞（haˇ）」相通，意指紅色的血，所以命中「帶流霞」的婦女為了安產，事先要請道士做「送流蝦」的儀式，由

[註48] 道教在台灣有兩大派別，分別為正一派和全真派，正一派因應風俗民情而發展出紅頭法師與烏頭法師，烏頭法師專司喪禮，因為台灣人喜喪分開，碰了喪事不好再接吉慶科儀，因此演變出紅頭和烏頭法師，紅頭法師專職吉祥法事，像祝壽廟會慶典、安斗、安太歲、安公媽等；而烏頭法師工作項目單純，負責殯葬科儀。http://www.angelmind-service.com.tw/new_page_22.htm，2013.10.7。

[註49] 林明義，《台灣冠婚喪祭家禮全書》，臺北市：武陵，1995，頁71。

[註50] 依臺灣閩南語常用詞辭典解釋，替身：一種迷信用品。把紙片剪成人形，在巫術中使用。

道士搖鈴、吹牛角作法，用青竹棍在房內撲打後，將「流蝦」送至村外。

送流蝦的儀式，雖然沒有科學根據，但在早年醫學不發達的時期，如果孕婦發生血崩現象，束手無策，那是非常危險的事情，這種由於恐懼心理所衍生的心理療法，也算是一種補償作用。

俗諺說：「借儂死，毋借儂生（tsioh-lâng-sí，m̄-tsioh-lâng-senn）」。〔註51〕因為死亡是禍事，借人辦喪事，家中的災禍就會減去一部分；生育是喜事，借給他人生產，家中的福份就會被拿走一部份，所以即使是親生的女兒也不歡迎她在娘家生產，萬一不得已需要在娘家生產，女兒也要付出相當於「厝稅（tshù-suè）」的謝禮。

當產婦發生虛脫現象時，就用熱酒加童子尿飲用，或煮人參湯（jîn-sim-thng）喝。此外也有麻油煎「海螵蛸〔註52〕」（花枝蛸），泡在酒裡吃，相信如此可以止血。

民間俗信婦女生產時，如果胎衣和臍帶遲遲不出來，那麼她的家人就要趕緊手拿槌子跑到外面，用槌子搥打地面，胎衣和臍帶就會排出來。假如這樣還出不來，就要對「天公」祈禱，萬一再不靈驗時，就要請道士來家作催生祈禱。

婦女懷孕十個月而生產，臺灣話叫做「順月（sūn-gue̍h）」，順利生產叫做「順序（sūn-sī）」，難產就叫「生了無順序」。如果產期已過了數日而尚未生產叫做「縣過日（kuân-kuè-ji̍t）」，延到第二個月才生產叫做「縣過月（kuân-kuè-gue̍h）」。流產叫「落胎（làu-the）」、「加落身（ka-làuh-sin）」、「突胎（tu̍t-the）」；死產叫「生了拍損（phah-sńg）去」。今分別說明如下：

（二）早產、無夠月

早產俗稱小產，福佬俗諺說：「人，七成八敗。（lâng，tshit-sîng-peh-pāi）」〔註53〕又說：「七成八敗，九歹育飼（káu-pháinn-io-tshī）；而客家人也有「七生八死（qid`-sang´-bad`-xi`）」的說法，認為七個月的胎兒反而容易存活，八個月及九個月生下來則不容易養活。

古時候沒有保溫箱，養育早產兒並不是一件容易的事。若有早產兒，則

〔註51〕徐福全，《福全台諺語典》，臺北：徐福全，1998，頁88。
〔註52〕海螵蛸，即烏賊骨，氣味鹹、澀，微溫，主女子赤白帶下及血枯經閉。見周春才，《漫畫黃帝內經素問篇》，臺北：晶冠出版，2011，頁203。
〔註53〕陳主顯，《台灣俗諺語典》，卷五：婚姻家庭，臺北：前衛，2000，頁504。

要用熱水袋偎在嬰兒的身邊給予保溫才能存活下來。小產後產婦要吃一隻雞壓腹，並休息幾天，多吃一些補品，也要服用生化湯如同坐月子一樣，才能迅速復原。臨盆前一個月生產，稱為「試月」，未到月腹痛，視為「動胎」，要延請道士作法安胎。

（三）死產

胎兒如果一出生就死亡叫「死產」，福佬話說「生了拍損（phah-sńg）去」。以前若有這種情形，通常會把胎兒丟棄在河流中，俗諺：「死囡仔，放水流（sí-gín-á，pàng-tsuí-lâu）」，俗信如果不把死胎丟入水中餵魚，則胎兒會變成邪鬼作祟，以後母親就不能再懷孕生產。這種迷信又缺乏衛生常識的做法，如今已沒有這種陋習了。

（四）難產

有關孕婦難產的種類，除了頭下腳上的順產，以其他方式生產的，都稱為難產。難產死亡，福佬語叫「生了無順序」；客家語稱為「落月死」，在過去是常有的事。難產的種類很多，包括：

1. 手先出來叫做「坦橫生（thán-huâinn-sen）」，「討鹽生（thó-iâm-sen）」。

2. 腳先出來叫做「倒踏蓮花（tò-tàh-liân-hue）」，「倒頭生（tò-thâu-sen）」，「顛倒生（tian-tò-sen）」，俗信這種人會一輩子好命。

3. 尻川（kha-tshng）（屁股）先出來叫「坐斗（tsē-táu）」。

4. 頭偏一邊叫「坦敧生（thán-khi-sen）」，亦即側產。

5. 臍帶纏住脖子叫「揹數珠〔註54〕（phāinn-sòo-tsu）」，陳瑞隆稱之為「戴素珠」（1998.1）如果是繞一圈，則小孩將來會做大官；如果繞二圈則為大忌，將來恐會吊頭死。

6. 臍帶絆在肩上叫「背筊笥（phāinn-kà-tsi）」，「筊笥〔註55〕（kà-tsi）」就是鹹草做的提袋，俗信「背筊笥」將來會當乞丐，因為背著筊笥是早年乞丐特有的一種形象。

7. 前置胎盤叫做「衣做前（ui-tsò-tsiân）」。

當生產發生困難時，翁、姑就會去廳下或公廳的神明、祖先、門神、天

〔註54〕數珠：依教育部《臺灣閩南語常用詞辭典》解釋，數珠就是佛珠、念珠。持誦、念咒時用來集中心神和計算次數的珠串。

〔註55〕筊笥：依教育部《臺灣閩南語常用詞辭典》，正解應是「加薦仔（ka-tsì-á）」。

神處，通通燒香點燭，祈神拜佛，以求胎兒安產。俗謂「生過手，麻油芳，生不過手，四塊板」，或「生贏，雞酒芳；生輸，四片枋」，在在都說明了難產時的危險性。

　　客家另有一個習俗，若孕婦無法順利生產，也有人認為是媳婦忤逆了家娘（婆婆），所以才會遭到難產的報應，這時就要到家娘面前跪倒認罪，求她赦宥，希望能生產順遂。〔註56〕

三、懷胎（花胎）

　　上面這首歌為什麼叫做〈十月花胎歌〉呢？據陳龍廷的解釋，在〈十月花胎歌〉的傳唱之中，因屬於口耳相傳，並無文字的記載，而「懷胎」（huâi-thai）與「花胎」（hue-thai）的福佬語發音相近，久而久之，「十月懷胎」就說成「十月花胎」了。

　　據涂順從的說法〔註57〕，以前的人認為，人出生在陽間只是個過客，每個人的元神依然留存在陰曹地府，而男人的元神是「樹欉（tshiū-tsâng）」，女人的元神是「花欉（hue-tsâng）」。「花欉」如果有「花蕊（hue-luí）」，代表這個「花欉」的女人在陽間有子嗣，因此民間就把婦人懷孕稱為「有花（ū-hue）」，「花」是胎兒的意思，男胎是白花，女胎是紅花；而一般人把習慣性流產稱為「花燴 著枝」（hue-bē-tiâu-ki），因此把婦女懷胎說成「花胎」也有其道理的。

四、產婆（抾囝婆）

　　早期臺灣沒有專業的助產士，婦女生產時都由一些村子裡比較有經驗的老婦人來接生，這些幫忙接生的老婦人叫做「產婆（sán-pô）」，或叫做「抾囝母（khioh-kiánn-bú）」、「抾囝婆（khioh-kiánn-pô）」、「生婆」，又稱為「抾姐（khioh-tsiá）」、「抾姐母（khioh-tsiá-bú）」，當面則尊稱「先生媽（sian-sinn-má）」，直到日治時代才有受過專業訓練的「產婆」幫產婦接生，光復後改稱為「助產士」，不過一般鄉下大多仍由「產婆」來幫忙。

五、臨盆（落塗）

　　臺灣話把婦人生產叫做「生囝」（sén-kian），或叫做「抾囝仔」（khióh-gín-

〔註56〕張祖基，《客家舊禮俗》，眾文圖書，臺北，1994，頁135。
〔註57〕涂順從，《南瀛生命禮俗誌》，台南：南縣文化局，2001，頁68。

a），為什麼把生孩子稱為「抾囡仔」呢？因為臺灣習俗中，孩子出生稱為「落塗（lȯh-thôo）」，俗諺「落塗時，八字命（lȯh-thôo-sî, peh-jī-miā）」，「落塗」就是「出生」的意思，因此把「落塗」的孩子撿拾起來就是「抾囡仔」的意思。

　　早年婦女生孩子，有的是在地上舖稻草蹲著把嬰兒生在草上，這叫做「坐草」；另外一種是坐在「腰桶」上，將嬰兒生在裏面，這種方式就叫做「坐盆」。「腰桶（io-tháng）」是女人出嫁時隨著嫁妝從娘家帶過來的，在嫁妝中它連同「跤桶（kha-tháng）」、「溲桶、粗桶（tshoo-tháng）」三種合稱「子孫桶」，「跤桶」平時是用來洗衣服、洗澡、洗腳，生產時則用來給嬰孩洗身軀；而「腰桶」平時用來洗女人的下身，生產時用來坐盆，洗產婦內褲等，所以臺灣話俗稱女人生產叫做「臨盆」，就是從這裡來的。而「粗桶」分為「尿桶」和「屎桶」，因為都跟「生囡」有關，所以叫做「子孫桶（tsú-sun-tháng）」，含有預兆子孫繁衍之意。

　　「子孫桶」雖然是三種名稱卻有四樣桶子，所以又稱為「四色桶」，在婦女結婚入門時，必由娘家隨著嫁妝「佮（kah）」來。「子孫桶」，因為是排在迎娶隊伍的最後面，所以又叫「尾擔」，加上新娘的盥洗用具，一個紅包，再用紅布包起來。挑子孫桶的人必需具備「富、貴、才、子、壽」五福俱全，謂之具有「全福」之人，喪偶者不得擔任，否則新人不吉。此時抬子孫桶的人會唱到：「子孫桶，扛高高，生子生孫中狀元」、「子孫桶，扛震動，生子生孫做相公」、「子孫桶，過戶模（hōo-tīng）」〔註58〕，夫妻家和萬事成。」〔註59〕

第四節　燒香拜拜有保庇

　　生命肇始於懷孕，一個新生命的孕育與誕生，不但是一件喜事，也是一件極為莊嚴肅穆的事；對待生命，不論古今、不分種族，都是以歡欣、虔誠、尊重的心情來迎接。在漢人傳統「生死輪迴」的法則中，常把生與死看作一回事，生固然是個人「今生」的開始，也為整個家庭、家族延續了新生命，增添了新血輪；但也是個人前世的一個結束，是生死輪迴的一個嶄新的開始。

　　在醫學不發達的年代，「懷孕生子」是一件非常危險的事，俗諺有云：「生

〔註58〕戶模：門檻，門下所設的橫木。
〔註59〕臧汀生，《台灣閩南語歌謠研究》，臺北：商務印書館，1980，頁81。

贏雞酒芳，生輸四片枋」。意思是說如果順利分娩，產婦就天天有麻油雞酒可吃；如果難產就極可能喪失生命，因此在迷信、宗教等因素下，產生許許多多的信仰與禁忌，所謂「有燒香，有保庇」（ū-sio-hiunn，ū-pó-pì），除了遵從老祖先傳下的禁忌外，對生育之神的信仰也是一大要事。

臺灣人認為，出生和死亡都是天命，又以南斗星君掌生，北斗星君掌死，授子之神乃是「註生娘娘」，所以婦女都非常崇信「註生娘娘」，希望祂能賜與好孩子，因此生育的天命觀自然而然地反映在諺語中。俗諺云：「有囝有囝命，無囝天註定」（u-kiánn-ū-kiánn-miā，bô-kiánn-thinn-tsù-tiānn）「早早也三個囝，慢慢也三個囝」（tsá-tsá-iā-san-ê-kiánn，bān-bān-iā-sann-ê-kiánn），基本上都是在反映懷孕生子的「聽天由命」心態。

一、註生娘娘（臨水夫人）

「註生娘娘」（tsù-senn-niû-niû）俗稱「註生媽」，又作「注生娘娘」。是專司生育的神，職責是授子、保佑產婦和嬰兒，所以婦女從祈子、懷胎、生產，一直到嬰兒的成長，都和註生娘娘有關。

「註生娘娘」的由來，可說是眾說紛云。在臺灣民間的信仰中，則相信「註生娘娘」是「臨水夫人」。祂是臺灣受尊奉的生育之神，「註生娘娘」的造像，多是左手執簿本，右手持筆，象徵其記錄家家戶戶子嗣之事。臺灣許多大寺廟都有配祀「註生娘娘」，但是奉祀以「註生娘娘」為主神的祠廟並不多，大都擺在寺廟的右邊或後殿，如臺北龍山寺的後殿祀有「註生娘娘」；松山慈佑宮（即媽祖殿）內也配祀有「註生娘娘」。「註生娘娘」管人間的生男育女，如果向祂許過願未曾實現，卻以油飯還願，當然受之有愧，如俗諺說的「註生娘娘，不敢食無囝油飯」（tsù-senn-niû-niû，m̄-kánn-tsiah-bô-kiánn-iû-pn̄g）。

二、十二婆姐

在廟宇供奉「註生娘娘」的神龕兩旁，會配祀十二位女神，每位女神手中都抱著嬰兒，這就是俗稱的「十二婆姐」或「十二婆娘」，祂們和「註生娘娘」一樣，都是生育之神，分掌十二個月。民間相信懷抱嬰兒、姿態端正的婆姐是「好婆姐」，如果是歪歪斜斜的，鐵定是「惡婆姐」，若「惡婆姐」賜子，則會夭折。

臺灣的民俗遊藝中則有一種陣頭叫「十二婆姐陣」，是臺灣的神明之中，主管人間生育的「註生娘娘」與「臨水夫人」廟所衍生出來的藝陣，其成員分

別是：總管大娘、二宮黃鸞娘、三宮方四娘、四宮柳蟬娘、五宮陸九娘、六宮宋愛娘、七宮林珠娘、八宮李枝娘、九宮楊瑞娘、十宮董仙娘、十一宮何鸞娘、十二宮彭英娘，外加「婆姐囝」及「婆姐母」，及司鑼鼓的樂師。表演時自由自在，並無限制，也無隊形變化，各自隨著鑼鼓樂聲起舞，誇張的扭扭擺擺，而「婆姐囝」及「婆姐母」則穿梭在眾婆姐中製造笑料。

民間俗信婆姐有宗教上的厭勝〔註60〕作用，所以老人家都把小孩抱上去讓婆姐摸個頭，據說這樣能使「歹育飼（pháinn-io-tshī）」的孩子平安健康；若是「好育飼」（hó-io-tshī）的小孩則能錦上添花，變得更乖巧聰明。有些婦女還會把娃娃穿的衣服放到地板上讓婆姐踩過，據說也有同樣的效果。〔註61〕

三、床母

「床母」（tshn̂g-bú），福佬人多稱為「床母」，客家人則稱為「床公婆」（cong´-gung´-po´），「床母」是嬰兒的守護神，「拜床母」的風俗普遍流傳於臺灣人的家庭，從嬰兒「三朝」起到「滿月」，每三五天要拜一次，以後每逢年節、初一十五、天公生、清明節、七娘媽生、重陽節、冬至、過年，或是孩子有什麼病痛、愛哭、睡不著，都要拜床母。俗信「拜床母」要快，不能擺筷子，因為床母很忙，吃飯很快；另有一說是讓床母趕快吃完，免得耽誤時間，誤了照顧孩子的大事。而民間一般人都認為胎記就是「床母做記號」（tshn̂g-bú-tsò-kì-hō）。拜床母的禱詞：「床母公、床母婆，保庇阮子勢大漢、勢迌迌」（tshn̂g-bú-kong、tshn̂g-bú-pô、pó-pì-guán-kiánn-gâu-tuā-hàn、gâu-tshit-thô。）臺灣民間習俗中，若家有幼子，逢年過節時都要拜床母。

客家拜床母的方法也很簡單，只須備妥麻油雞酒或麻油飯一碗，擺在嬰兒床前供奉，並以石塊在床的四角輕敲即可，這樣子做也具有安床的意義。

四、七娘媽

相傳「七娘媽」（tshit-niû-má）是「牛郎織女」傳說故事中的「織女」，加了「媽」是尊敬的稱謂。「七娘媽」又稱「七星娘」、「七姑」等，是在福佬地區特別流行的生育神明。

〔註60〕厭勝：《辭海》釋義：古代方士的一種巫術，謂能以詛咒制服人或物。「厭」字此處念 ah，通「壓」，有傾覆、適合、抑制、堵塞之意。
〔註61〕陳正之，《民俗思想起：消失中的常民文化》，南投：臺灣省政府，2000，106～107頁。

農業社會時代因為勞力的需要，一般家庭都生育許多子女，為了讓每個子女都平安長大，許多父母將子女送給「七娘媽」作契子，祈求神明保佑孩子「好育飼」。「七娘媽」是兒童的保護神，特別是女孩子。當嬰兒出生滿週歲時，即由母親抱到寺廟去祈願，並用銅錢、鎖牌或銀牌，串上紅絨線為「絭」，繫在頸上，直到滿十六歲時，才在那年的七月初七日拿下。

五、胎神與安胎

（一）胎神

婦女懷孕時，更是謹遵著老一輩人的囑咐，不敢犯忌，唯恐犯了忌會有什麼差錯閃失。尤其是胎神，是大家最耳熟能詳且深信不疑的。「胎神」，就是附在胎兒靈魂上的元神，傳統民間深信胎兒的生命受到「胎神」的支配。懷孕期間，「胎神」會依附在孕婦房間內的寢具或其他器物之上，而且會依照不同的月分、日期，變更其位置，所以婦女懷孕時不能隨便移動家中任何物品，也不能隨便釘釘子，以免「胎神」剛好居其處而受到傷害。如果「胎神」受到觸犯，就會傷及胎兒，臺灣話俗稱「動著（tāng-tio̍h）」，民間相信動到「胎神」，胎兒輕則變成畸形或殘廢；重則會造成流產，即「落胎」（làu-the），是最為忌諱，此時就要趕快安胎以祈求母子平安。

一般相信「胎神」在窗戶時，如果把窗戶堵死，出生的胎兒就會瞎眼；用刀器傷到「胎神」，胎兒的形體就會有傷痕；用泥土修補房屋，那麼胎兒的肛門就會被阻塞；如果到處亂敲打，則胎兒出生必定有青紫胎記，所以婦女在懷孕期間，一舉一動都必須謹慎小心。假使不能避免，非得要搬動器物、修繕粉刷或釘釘子時，可在要搬動、修繕或釘釘子的地方先用掃帚加以拂拭，據說可使「胎神」避開而避免觸犯胎神。

客家方面，比較細心的家娘（ga´-ngiongˇ，婆婆）或老公（lo`-gung´，丈夫），在心臼（xim´-kiu´，媳婦）或餔娘（bu´-ngiongˇ，太太）有身孕時，會去廟宇向觀音佛祖、天上聖母及註生娘娘祈求保護，以免觸犯到胎神，等到嬰兒仔（o´-nga-e`）出世再去酬謝。

（二）安胎

萬一不小心觸犯了胎神或動了胎氣，孕婦最常出現的不適徵候就是肚子痛，這時就要安胎，其做法如下：

1. 趕緊到廟裏祈求神明庇佑母子平安，並請道士或先生媽（sian-sinn-má）

畫一道「安胎符」，把符燒了與鹽混合，沿著觸犯胎神的路線撒在地上。

2. 將「安胎符」貼在「動著」、「犯著」之處。

3. 將「安胎符」戴在孕婦身上、放在床上或棉被下。

4. 把「安胎符」燒了撒在蚊帳上。

5. 如果情況比較輕微，只要用掃帚在動著的地方比劃三次，口唸：「請胎神退避，庇佑母子平安。」即可。

安胎時除了使用「安胎符」在「動著」的地方進行安胎外，也可到中藥店買一帖【安胎飲】(又稱十三味〔註62〕)，相信服用後就可保胎兒平安無事。

（三）懷孕的禁忌

懷孕生子是延續家族的大事，自古以來，為了使胎兒正常，並使孕婦平安渡過懷孕期，就有許多有關孕婦禁忌、胎教等相關的習俗來規範人們，以免逾越而遭到不幸。有關懷孕的禁忌在許多生命禮俗的書籍上均有記載。在客家方面，例如陳運棟《臺灣的客家禮俗》、姜義鎮《生育禮俗》、劉還月《台灣島民的生命禮俗》、劉錦雲《客家民俗文化漫談》；在福佬方面，例如李秀娥《臺灣傳統生命禮儀》、邢莉《圖說中國誕生禮儀》、涂順從《南瀛生命禮俗誌》、陳瑞隆《台灣生育冠禮壽慶禮俗》、林明義《臺灣冠婚葬祭家禮全書》、簡榮聰《臺灣生育文化》，等，筆者參考各家的說法，將婦女懷孕時的禁忌綜合如下：

1. 避免移動家中的器物：會觸犯胎神而流產。

2. 孕婦禁止食用兔肉：會生下「兔唇」的小孩。

3. 孕婦忌入喪家或看喪家做法事：否則會流產或夭折。

4. 孕婦忌參加喜宴或婚禮：會喜沖喜而發生不幸。

5. 禁看布袋戲：會生出「軟骨」的小孩。

6. 禁跨越牽牛繩：否則孕婦產期會延長到十二個月。

7. 禁跨秤：因十六兩為一斤，孕婦跨過秤，產期會延長到十六個月。

8. 禁夾東西：會生出「沒耳朵」的小孩。

9. 忌燒烤肉類：會生出「有胎記」的小孩。

10. 孕婦忌插花：因鮮花會枯萎，會導致流產。

〔註62〕十三味即是「安胎飲」或稱「保產無憂散」，由當歸、川芎、白芍、黃耆、菟絲子、厚朴、艾葉、川貝母、羌活、荊芥、枳殼、生薑、甘草等十三味藥組成。此方藥物以理氣活血為主，適應症為氣滯血瘀。

11. 孕婦禁止使用剪刀、針、鑽子：會使嬰兒失明。

12. 孕婦禁在室內綁東西：怕生出十指不能伸直的小孩。

13. 孕婦忌食螃蟹：否則生出來的小孩，喜抓別人手腳。

14. 孕婦忌食雞爪：否則生出來的小孩，將來讀書會亂撕簿本。

15. 忌看見月蝕：否則出生兒的身體會不健全。

16. 忌拍孕婦肩膀：以免受到驚嚇而流產。

17. 孕婦不可搬粗重的東西，以免流產。

18. 孕婦不可愁眉苦臉，否則會生下一個苦瓜子。

除最後三項合乎常理外，其它的實不符合現代醫學及科學的觀點。我們把懷孕婦女的胎神禁忌歸納之後，似乎可從兩方面來解讀：

1. 因怕孕婦過度勞累傷害到胎兒所產生的禁忌：

孕產期的婦女因大肚子而體重增加、行動遲緩，本來就不宜過度的勞動或激烈的運動，所以禁忌中不准孕婦搬粗重的東西、不可爬高爬低、不要跨越障礙、不要受到驚嚇，都是為了避免孕婦過勞或跌倒。

2. 因誤解畸形胎兒產生的原因，而形成的禁忌：

以前醫藥常識較缺乏，衛生條件又差，又沒有產檢的儀器，生下畸形嬰兒的比例較高，畸形嬰兒的出現會引起大家的不安，又不知道是什麼原因所造成，只能以胎神的迷信或禁忌來解讀，依此約束懷孕中的婦女，希望她們好好休息，不要過度勞動，保持平心靜氣，好好保護腹中的胎兒，讓新生命平安降臨人世間。

第五節　跨越生命的關卡

一、出世

婦女生產（sing-sán）委實是經歷人生的一大苦難，也是家庭要面對的大關卡，產婦也許要經過漫長的陣痛才能分娩，但抱孫心切的老人家，總是著急得求告天公、祖先的協助，口中喃喃唸著「天公祖著來保庇，是男是女緊出世」的禱詞，祈望媳婦能趕快順利產下寶貝孫子。

為求孕婦能順利生產，因此客家有「催生」的習俗，在懷孕的十個月可以瓜熟蒂落時，若逢初三、十三或二十三日，親朋好友或左右鄰居會送蛋或麵線給孕婦吃，俗稱「催生」，選擇有「三」的日子，應是因為客家話的「三」

跟「生」發音相近的緣故，也顯現出客家人的溫厚人情。剛生下的嬰兒要用軟布蘸著熱水擦拭，用麻油塗身，並以舊衣包上，再用棉花蘸鹽水擦嘴，並餵以甘草水或糖水。〈註生娘媽送孩兒〉〔註63〕這首歌謠最能表現順產後的感恩心情：

> 註生娘媽送孩兒，
>
> 互阮全家轉笑意，
>
> 眉清目秀又伶俐，
>
> 揚名顯親著靠伊。

針對胎兒的出生，有其專用的術語，雙生子叫「雙生仔（siang-senn-á）」；頭胎叫「頭上仔（thâu-tsiūnn-á）」；末胎叫「屘仔（ban-á）」或〈尾仔囝（bué-á-kiánn）」；在年頭出生的叫「年頭囝仔（nî-thâu-gín-á）」；在年尾生的則叫《年尾囝仔（nî-bué gín-á）」。而十二個時辰，子、卯、午、酉四個時辰稱為「大囝時（tuā-kiánn-sî）」，若是長子不在大囝時出生，日後會「歹命」，若不是長子而在大囝時出生，會一生好命，於是有很多人爭著要在「大囝時」生囝仔。

（一）芎蕉吐囝為囝死

農業社會，醫學不發達，也缺乏醫學常識，婦女生產具有極大的危險性。俗諺「芎蕉〔註64〕吐囝為囝死」（king-tsio-thòo-kiánn-uī-kiánn-sí〔註65〕）、「田螺吐囝為囝死」（tshân-lê-thòo-kiánn-uī-kiánn-sí〔註66〕），則是形容母愛的偉大與悲壯。

香蕉吐苞，臺語叫「吐芎蕉蕾」，俗稱「吐囝」，生出來的香蕉果叫「芎蕉囝」。通常蕉苗栽種後約六到八個月就會吐子，有花有果，果實在吐子後二到四個月可採割，香蕉母株吐子，長大成熟後，母株即告枯萎死去。這個現象讓人聯想到孕婦因懷孕生子而不幸去世的情形，因此就用「芎蕉吐囝為囝死」來比喻為人母者，為了生育、養育子女而受盡辛苦折磨，甚至犧牲生命卻無怨無悔，道盡了母親的偉大與悲壯。

〔註63〕陳義弘、陳郁汝編註《臺灣四句聯》，屏東：安可出版社，2002，頁159。

〔註64〕依教育部台灣閩南語常用詞辭典解釋：香蕉，瓜果類，味道香甜。因為果實長形略為彎曲，所以稱為「弓蕉」。

〔註65〕徐福全，《福全台諺語典》，臺北：徐福全，1998，頁504。

〔註66〕陳主顯，《台灣俗諺語典》卷五：婚姻家庭，臺北：前衛，2000，頁511。

以前若懷孕的婦女去世，其家人會在墓上種一棵香蕉，讓它長大吐子，因為婦女有孕未生即死去，無法完成生子的心願，所以藉由香蕉的吐子，來表示其子已生出，完成其心願，以慰亡者在天之靈。

（二）田螺吐囝為囝死

田螺是雌雄異體。區別田螺雌、雄的方法主要是依據其右觸角形態。雄田螺的右觸角向右內彎曲（彎曲部分即雄性生殖器），此外，雌螺個體大而圓，雄螺小而長。田螺是一種卵胎生動物，它的生殖方式非常獨特，田螺的胚胎發育和仔螺發育均在母體內完成。從受精卵到仔螺的產生，大約需要在母體內孕育一年的時間。田螺為了保有後代，採取分批產卵的方式，每年 3 月～4 月開始繁殖，在產出仔螺的同時，雌、雄親螺交配受精，同時又在母體內孕育次年要生產的仔螺。一隻母螺全年約可產出 100 隻～150 隻仔螺。田螺喜歡住在水塘或湖泊中，田螺右邊觸角特化為陰莖，與母田螺行體內受精，母田螺受精後會將受精卵留在體內生殖管末段的育兒袋中，胚胎發育期間在育兒袋內度過而直接生出小田螺，故叫「卵胎生」。小田螺出生後立刻可以自由爬行。

為什麼會說「田螺吐囝為囝死」呢？因為母田螺生產時，必須將整個肉身爬離牠身上的「殼」，才能讓牠的孩子們順利的生下來，並各自爬離母體，獨立去闖各自的世界！在此同時，若水流湍急，將母田螺的殼沖走，母田螺就無法重回牠原來的家，也有可能母田螺因產子而體力耗盡，就這樣靜靜死去。這就是無怨無悔的偉大母愛。

在客家，把新生兒稱之為「嬰兒仔（ o´-nga-e`）」，在過去醫學不發達的年代，足月供（生）出的都難免會夭折，更何況是早產兒，客家人對夭折的嬰兒仔，常說是被「gau-me」（客語中的貓鬼）或「猴」抓走，聽說「gau-me」的樣子長得像貓，也有人說像猴子，范明煥說根據各種現況判斷應是石虎，其爪十分厲害，所以嬰兒仔一不注意，就被抓死，所以老一輩的說法中，還有怕嬰兒仔養不活，要抱到別的房間、鄰居家或「山肚」藏起來的說法，這也是客家人家中有人做月子時，要把「貓洞」、「狗洞」堵起來，還要注意煙囪的原因。〔註67〕

〔註67〕范明煥，〈客家地區的民俗與信仰〉，新竹縣客家語教師培訓進階研習講義，1997，頁 138。

　　客家地區把生兒子當作大事，新生兒不但家庭帶來吉祥，也給娘家及整個宗族帶來喜慶。為了把喜慶報告祖宗，所以客家有「貼新丁（dab`-xin´-den´）」的習俗，用一張一尺見方的大紅紙寫上新生兒的姓名，並註明是第幾代孫、第幾子，張貼在宗族祠堂的牆上，這不但是祭告祖先，也顯示家族的人丁興旺。

二、胞衣

　　胎兒出生後，產婦會將留在子宮內的胎盤順利排出，胎盤俗稱「胞衣」或「衣」（ui），民間俗信「胞衣」不可以亂丟，否則血汙會沖犯到天地鬼神，招來不幸；又相信嬰兒的胎盤和臍帶都是嬰兒元神的一部份，必須妥善處理。若元神走了，嬰兒就難以養育，所以當嬰兒出生後，會準備一只茶壺，底部鋪上石灰，將胎盤放入其中後，再鋪上石灰，然後由父親偷偷的將茶壺深埋在不易被人撞見的地方或床底下。保存四個月，不能移動，嬰兒才能順利成長。胞衣如果隨便丟棄，被動物吃了，將不利於嬰兒。

　　民間相信嬰兒有溢乳現象是因為胎盤埋得不夠深，此時要到埋胎盤處，重重拍踏幾下，嬰兒溢乳現象就會改善。現在已沒有埋「胞衣」的習俗，這種說法也不攻自破了。

　　至於客家人的處理方式，是把「胞衣」深埋在自家旁邊的土地下，所以客家人也稱出生地為「胞衣跡（bau´-i´-jiag`）」。

三、轉臍

　　「轉臍（tńg-tsâii）」就是「斷臍」，是產婦生產過程最重要的一道手續，一般轉臍都是請產婆來做，用剪刀剪斷，所以在產婆的工具中都少不了剪刀、苧仔線、燈心、明礬等。剪刀當然是用來剪斷臍帶，苧仔線是用來束縛產兒的肚臍，燈心則是用在生產後，以此來夾臍下股間之用，而明礬是用來消毒之用。

　　臺灣的舊習俗，轉臍用的剪刀，用完了要把它打開，然後放在床底下，據說這樣嬰兒比較好養，也就是說這樣嬰兒比較愛吃東西，大概是取其嘴巴開開的象徵意思吧！

　　依照古俗，臍落不能丟棄，要把脫落的臍帶留下來，將來考試、訴訟時攜帶可以壯膽。還有一種傳說，如果把兄弟脫落的臍帶用紅紙包在一起，那

麼兄弟間的感情會比較和好。

四、做月內

「做月內」就是一般所謂的「坐月子」，婦女從生產這一天開始，到孩子滿月為止，稱做「月內（guėh-lāi）」。在這一個月之中，產婦要待在「月內房（guėh-lāi-pâng）」裡休息，不能外出，每天要吃麻油雞酒來調養身子，這就是一般所謂的「做月內」。

婦女生產，簡直是歷經一場生死的大搏鬥，生完孩子後，身體大虛，所以要趁著月內好好補充回來，免得將來影響身子。通常婦女月內的調理，一方面從食品及藥物上來著手，一方面要嚴格遵守一些生活及飲食上的禁忌。

而坐月子的目的，不外乎是讓產婦補充體力來調養身體，多吃點營養食物以提供嬰兒充足的奶水，多休息以恢復身體的狀況，為下一次的生育做準備。

（一）窒腹（磧腹、壓腹）

產婦分娩後，因為身體虛弱，多半要喝「生化湯」，如此可以助強血氣、去淨腹內污血，將體內惡露排除，生出新血。生化湯一般以七帖為宜。根據《傅青主女科‧產後篇》云：

> 產後氣血暴虛，理應大補，但惡露未盡，用補恐滯血，惟生化行中
> 有補，能生又能化，真萬全之劑也。生化湯因藥性功用而立名也，
> 產後血塊當消，而新血亦當生。〔註68〕

生化，就是「生」新血，「化」瘀血。至於生化湯的藥方是由五味中藥組成，分別是當歸八錢、川芎三錢、桃仁十四粒、炮薑、炙甘草各五分。不過經由時空的遞嬗，到現在相傳下來的生化湯組成，因配合個人的體質，已經有許多種不同的配方。

除生化湯之外，民間習俗還有用麻油煮桔餅、陳皮、雞蛋給產婦吃，叫做「窒腹（tè-pak）」；客家人則通常會立即送上一碗熱騰騰的「卵酒」（以蛋煮酒）以簡單補充產婦的體力。

為什麼要「窒腹（tè-pak）」呢？因為懷胎十個月，分娩後肚子難免有空空的感覺，所以要趕快弄些營養品給產婦充實空空的肚子，以強壯母身。通常都是以雞蛋為主，除了營養方便外，另一個用意是希望下一胎能像雞生蛋

〔註68〕傅山，《傅青主女科‧產後篇》，臺北市：臺灣商務印書館，1966，頁 10～11。

那麼的順利。

　　另有一個習俗是產後的第三天（三朝），產婦要吃一隻全雞，這隻全雞又叫「窒腹雞」，「窒腹」就是填補肚子，同時含有以後再生育的意思，所以窒腹雞聽說是不能分給別人吃的。而吃的雞也有分別，如果生男的就吃「雞健仔（kë-nua-a），即在室母雞」；如果生女的就吃「雞角仔（kë-kak-a），即在室公雞」，至於為什麼有此分別呢？大部份的人都不知其所以然。

（二）產婦的調養

　　產婦在月內，依臺灣婦女生產的一般習俗，一定要吃由麻油、酒、薑母、雞肉等煮成的雞酒，為什麼要吃麻油雞呢？因為麻油雞可使母乳豐富，而且月內吃較補的東西，可以把營養轉移給孩子。而麻油性熱，薑母能去風，麻油雞可幫助子宮收縮，使身體早日復原。

　　除了雞以外，還可選用豬肝、腰子混合酒、麻油、麵線、紅花等物作為產婦三餐的副食。也可吃豬腰煮杜仲，可壯腎。而豬肝和豬腰中含有豐富的鐵質，對失血過多的產婦有很大的幫助。

　　產婦若吃得較營養，除了滋補身體外，也有較多的奶水哺育嬰兒；若奶水不足，就可選擇豬腳燉花生，如此奶水就會充足。

（三）洗藥澡

　　坐月子的婦女因產後身體虛冷，抵抗力較差，為免受風寒，福佬人多以平時熟知的熱性植物—老薑，來煮水洗澡；在客家地區比較特別，因客家人普遍重視生育，愛護產婦，一旦知道婦女懷孕，在秋天時便會砍下田邊地頭的布荊草（學名黃荊、五指風），曬乾捆好，讓產婦於坐月子期間洗藥澡，以達到舒筋、活血、驅趕風邪之用，這是他們世代相傳的良俗。

（四）產婦的禁忌

　　坐月子的習俗是前人經驗的累積，有些行為與規範依目前的醫學及科學觀點來看，純屬迷信，已無遵行的必要，但習俗與禁忌強調的是口耳相傳的習慣與行為，未能有明文的規範，在趨吉避凶的心理層面下，多數人仍然選擇相信這些禁忌。月內婦女有很多禁忌的行為及禁口的食物，在陳瑞隆、王灝、涂順從、簡榮聰、姜義鎮等討論生育禮俗的書中均有論述，例如：

1. 忌洗澡、洗頭，也忌碰到冷水，因為會感染到「月內風（guėh-lāi-

hong）」〔註69〕。這是因為產婦氣血弱，抵抗力差，易受風邪侵襲。

2. 忌吃鹽，因俗謂「鹽會生風，薑母會去風〔註70〕（iâm-ē-senn-hong，kiunn-bó-ē-khì-hong）」，不吃鹽也能避免造成產婦水腫，所以煮麻油雞酒都不放鹽；另一個原因，吃太鹹會口渴，產婦火氣會大，而且喝太多水，小便次數增加，起臥不方便。

3. 不吃冷性食物，冷性食物指的是食物本身的質性，和食物的溫度無關，冷性食物如大白菜、白蘿蔔、菠菜、西瓜、黃瓜、梨子、柿子等蔬果。婦女因產後失血過多，身體處於虛冷狀態，只能吃熱性或溫性食物，以取得冷、熱、虛、實間的平衡，因此產後不吃冷性食物。

4. 不吃魚類，因為產婦流血多、腥味重，所以厭惡再吃帶有腥味的魚類，還有魚都是冷性食物，對於產婦的滋養及身體的清潔都無益。

5. 不吃堅硬食物，婦女產後脾胃皆虛弱，此時如食物過於堅硬，不易消化則會損及脾胃。

6. 不喝水，一般認為平時喝的白開水是冷性的，所以就用龍眼茶等代替。

7. 月內吃東西時，一定要用坐的，不可以蹲著，也不可以站著，否則會「落生腸」（子宮脫落）或常常感冒咳嗽，身體虛弱。

8. 產婦不能縫紉、刺繡、看書或哭泣，否則視力會受損。

9. 不提重物，婦女產後虛弱，腰腎無力，子宮未復原，若提重物，年長時會引起尿失禁等症狀。

福佬客家族群的產婦除遵守以上共同的禁忌外，客家族群還有特殊的習俗：

1.「避貓精」，這是客家特有的禁忌，「貓精」並非真正的貓，對客家婦女而言是不可知的形象，卻會造成嬰兒的生命威脅，為了怕「貓精」會抓走嬰兒，會在嬰兒床上掛八角帳，並將嬰兒緊抱，七天內不離身，老一輩客家婦女對此深信不疑。〔註71〕

〔註69〕月內風，又叫產褥熱。病名。產婦在生產後產道因病菌感染而引起的疾病。主要症狀為發燒、下腹疼痛、陰道流血等。最常感染的部位為子宮內膜。亦稱為「月子病」。

〔註70〕徐福全，《福全台諺語典》，臺北：徐福全，1998，頁641。

〔註71〕傅夢嬌，《從「作月子」看閩客族群文化的異同》，國立中央大學客家研究碩士在職專班論文，2011，頁117。

2.「吃破」，所謂「吃破」就是產婦在坐月子期間的飲食「隨便吃」，其目的是為了求第二胎後的飲食禁忌能解套，意思是生第一胎時吃過的食物，以後再吃就不會有危害，俗稱「吃破」。

3.「用碗公吃飯」，客家習俗坐月子期間產婦用碗公吃飯，孩子會較聰明。

五、三朝與做膽

嬰兒出生後第三日稱為「三朝（sam-tiau）」，早期臺灣人在尚未有西醫婦產科出現之前，都是請有經驗的產婆（接生婆）到家裡幫忙接生，當然也有自己生產的。按照古禮，孩子出生時，為了使皮膚不乾燥，要用麻油擦拭身體，再用舊衣服包裹，直到第三天才洗澡。洗澡水裡要放桂花心、柑仔葉、石頭、十二枚銅錢，洗澡時，用石頭在嬰兒胸前輕拍三下，稱為「做膽（tsò-tánn）」，做膽的石頭通常都會選擇較圓的，如此性情才會圓滿有變通，若是生女兒則不做膽，因古時認為女孩免做膽也能容易養大，這又是重男輕女的另一表現。〔註72〕

福佬人「做三朝」有以下有趣的習俗，三朝祭拜神明、祖先時，充當牲禮的雞，雞腳要直伸不可內摺，代表嬰兒的腳健壯有力之意，雞腳伸長的另一含意是「有食福」；而平時敬神獻酒時，都要倒三次酒，三朝祭拜神明時，只能一次倒滿，據說如此嬰兒才不會到處撒尿，才會有規矩。〔註73〕

客家人在嬰兒誕生三天時遵照古禮為嬰兒洗澡，稱做「洗三朝」，請親友喝鹹茶，稱為「吃三朝茶」〔註74〕。客家家庭在嬰兒三朝時，也有「做膽（zo-dam`）」的習俗，通常也是挑選較圓潤的石頭，洗澡時先將嬰兒放進溫水澡盆中，大人一邊洗嬰兒身體，一邊拿石頭，從嬰兒頭上、身上做出滾動的動作，一邊唸道：「膽膽大，做公太（dam`dam`tai，zo gung´tai）」；若是為女孩做膽，就要唸：「膽膽大，做婆太（dam`dam`tai，zo po˘tai）」等祈求的話，有的甚至會在盆中放入鴨卵、雞卵各一粒，洗澡時拿它在嬰兒身上輕輕滾過，希望孩子能像卵一樣圓潤光滑，代表母親對嬰兒的祝福以及期盼。

幫嬰兒洗過澡後，就要準備供品祭拜神明以及祖先，祈求庇佑。這天還

〔註72〕陳瑞隆，《台灣生育冠禮壽慶禮俗》，臺南市，世峰出版社，1998，頁77。

〔註73〕涂順從，《南瀛生命禮俗誌》，臺南：南縣文化局，2001，頁96。

〔註74〕楊越凱，〈客家喜慶喪葬舊禮俗述略〉，《臺灣文獻》，第32卷第4期，1981年12月。

要帶著油飯以及雞酒到娘家報告好消息，稱為「報喜（pò-hí）」或「報酒（pò-tsiú）」，而娘家則要在十二天內回贈補品給女兒坐月子，作為娘家的祝福；若是生男孩，還要準備油飯、雞酒來答謝媒人。

在「三朝」之禮俗上，福佬人大多是祭拜神明，而客家人則大多是祭拜祖先及床公婆，這種信仰對象的不同，取決於不同的生活環境。福佬人大多居住於福建沿海，為了生意與生活所需，常往來於危機四伏，號稱「黑水溝」的臺灣海峽，選擇媽祖信仰作為保鄉佑民的精神寄託是非常普遍之事；客家人在移墾山林的過程中，選擇與生活環境相同的神明「三山國王」，作為守護族群的信仰神明也是意料中事。而客家人除了多神信仰外，天性的吃苦耐勞、宗族團結，讓客家人真正的信仰是以血緣關係為中心的祖先崇拜。也因此，福佬人多為公領域的信仰，家中常會供奉神明；而客家人偏向私領域的信仰，家裡的公廳、宗族的祠堂供奉的對養多為祖先，少見神明。〔註75〕

新生兒的禮俗，是為了讓所有親朋好友、街坊鄰居分享家有新生兒的喜悅，藉此往來聯絡大家的感情，非常富有人情味。現代產婦多在醫院生產，出生三日，大多尚未出院，開刀生產的婦女住院時間更久，所以「三朝」、「做膽」日愈少見。

六、十二朝

（一）開醋醒、送庚

一般習俗，產婦生產後第十二日，親朋好友才可以去探望嬰兒和產婦。為什麼要等到十二朝才讓親友探訪呢？因為婦女生產後身體較虛弱，所以宜先讓產婦得到充分的休息，避免干擾，也避免產婦激動影響情緒，並減少走動，使傷口能快速癒合。

在嬰兒出生的第十二天，外婆會購置一身嬰兒的衣物，到嬰兒家探望。當天也要讓嬰兒祭拜祖先，並以薑醋分贈親友，稱為「開醋醒」。由於婦女生產後有傷口及惡露等問題，所以不宜過早吃薑醋，到了第十二天，產婦的身體已大致康復，於是一方面向祖先祭拜；另一方面也可放心讓親友溝通往來。

客家習俗，十二朝要以雞酒、麵線、糯飯等祭品祭告祖先，並報喜親家

〔註75〕傅夢嬌，《從作月子看閩客族群文化的異同》，國立中央大學碩士論文，2011，頁56。

及媒人，外婆與媒人回贈禮物，稱為「送庚」。親友也要送來整隻雞、腰子及豬肉到產婦家道賀。

（二）洗腺

在十二朝當天，傳統習俗要替嬰兒「洗腺」，為什麼要「洗腺」呢？俗信嬰兒喝媽媽的奶，身上都帶有奶腺味，所以會在嬰兒出生的第十二天，用柚子葉煲水為嬰兒洗腺，意即洗去初生孩子身上的腺味，洗腺一般會在拜完祖先後舉行。嬰兒在十二朝完成這個儀式之後，嚴重的危險期已經過去，就可以接受親朋好友的祝賀，也可以出來見人了！

七、剃頭（剃頭毛）

在孩子出生第二十四天或滿月（有一說二十四天是取二十四孝之意），要為孩子剃胎髮。剃髮前要先準備雙數或十二個染紅的熟雞蛋和熟鴨蛋（代表紅頂、升官之意）、小石子（希望孩子「頭殼硬」，頭殼硬表示好育飼）、十二文銅錢（富有之意）、一根蔥（聰明之意），以煮蛋水加退火的雞屎藤（臭青藤）煮沸、放涼後給孩子洗頭、剃髮。

剃髮時要用紅蛋在孩子的頭頂滾三次，有預祝孩子將來頂官帽升官之意，也有將紅色雞蛋殼去掉，將黃色蛋黃塗在小孩臉上，象徵將來會有如雞蛋般的美麗；還有以蔥混合蛋黃塗抹孩子的頭髮，這有去污、聰明之意，剃髮的人通常都是由理髮師擔任，但若有長輩會剃髮，則由長輩擔任，此時剃頭師傅會對孩子說祝福的話：「鴨卵身、雞卵面，好親情，來相伨（thīn）〔註76〕。」或是「鴨卵身、雞卵面，剃頭莫變面，娶某得好做親。」都是預祝孩子將來臉像雞蛋一樣漂亮，身體像鴨蛋一樣健壯，將來也會有一門好親事來相配，而剃髮完成後，要包紅包給剃頭師傅。剃髮後會取壁上的土在孩子頭上作勢塗抹，並念道：「抹壁土，不驚風，不驚雨，不驚唇邊頭尾大腹肚」〔註77〕（buah-piah-thóo，m̄-kiann-hong，m̄-kiann-hōo m̄-kiann-tshù-pinn-thâu-bué-tuā-pak-tóo），藉此祛除日後可能遇到的沖剋。另外有些人家會將孩子剃下的胎髮收集，請人製成胎毛筆，再刻上嬰兒姓名以作紀念。

〔註76〕伨（thīn）：婚配。例：姑表相伨（koo-piáu-sio-thīn），姑表之間的婚配。古人認為這樣是親上加親。

〔註77〕國史館臺灣文獻館，台灣民俗文物辭典，辭條編號002353。http://dict.th.gov.tw/term/view/2353，104.10.23。

剃胎髮是孩子出生後第一次的理髮儀式，意在除穢氣，以及希望孩子的頭髮能長得又濃又密，不過現代的年輕父母會遵循此禮俗，大都是希望孩子的頭髮能長得漂亮濃密。

八、做滿月

臺灣的習俗在嬰兒滿月時，會以油飯、雞酒祭拜祖先和神明，以及準備菜、飯拜床母；娘家會送「頭尾」來給外孫做滿月，「頭尾」就是嬰兒從頭到腳穿戴的全部衣物；親友也會贈送衣飾、紅包來慶賀滿月，主人家則要用雞酒、油飯、紅桃來答謝，甚至會準備酒席款待親友。大部分人也會到廟宇燒香向註生娘娘感謝，祭拜完後會將油飯、紅圓仔送給街坊鄰居，受禮者都會用白米做回禮。

滿月還有一件重要的行事，就是要在當日上午，備妥牲禮，到祖先墳前報告家族得子，並當場放鞭炮、發送銅板給所有路過的行人，一起分享喜事。嬰兒的姓名、出生年月日也記載於家譜中，正式成為宗族的一員。

滿月慶還有另一習俗，稱為「喊鴟鴞（hiàm-bā-hio̍h）」，這一天，是由長輩將孩子抱至戶外繞行房屋一圈，用趕雞的竹篊邊敲地邊唱，也有的是讓一個男孩背著嬰兒，手拿一枝趕雞鴨的雞篊，一邊打著地面，一邊唱著：「鴟鴞（bā-hio̍h）飛高高，生子生孫中狀元，鴟鴞飛低低，較緊（khah-kín）做老爸」，〔註78〕繞行屋子一圈後將嬰兒背進門去換一支雞腿吃。喊鴟鴞的歌「鴟鴞飛上山、囡仔緊作官，鴟鴞飛高高、囡仔中狀元，鴟鴞飛低低，囡仔緊做父。」〔註79〕，大多是為小孩祈福，期待孩子將來有所成就，且限於生男孩的時候；如果是生女孩，就不唱鴟鴞的歌，僅僅會說「鴟鴞，鴟鴞，快來喔！」。不過現代都市林立，不可能有老鷹出現，甚至在鄉村也很少見了，「喊鴟鴞」的習俗只有年老的長輩知道，現代已漸漸消失。

嬰兒出生一個月，福佬人稱「滿月」，客家人除稱「滿月」外，也有稱為「出月」、「彌月」的。當天產婦可抱嬰孩出房見天，同時將嬰孩剃去胎髮，並以紅紙包藏胎髮。家人要以雞酒敬神，做糖圓子贈送親友和四鄰，受贈者以一碗大米或紅包祝賀。

〔註78〕池田敏雄，《臺灣の家庭生活》，頁249～250。摘自陳志昌〈臺灣人民生活史（二）──生命禮俗〉，2011。

〔註79〕李秀娥，《臺灣傳統生命禮儀》，臺中市：晨星，2003，頁81。

做滿月或彌月時，福佬人分贈親友「油飯」與「紅蛋」，油飯以糯米加上香菇、蝦仁、瘦肉煮成，紅蛋則是水煮蛋塗上紅色食用色素而成；客家人除送這些東西，有的還送「雞酒」與「豬腳」，家裡還要擺喜席，客家話叫「請羹」〔註80〕，是因為席中的鴨松羹（用木薯粉和薑末、紅糖、雞油等做成的甜食）而名之；若新生兒為女兒，則分贈「紅龜仔粿」。外祖父母則贈送兔耳帽、虎頭帽、銀飾、甜餅、麵線。滿月這一天，主人擺設宴席宴請親友，福佬人稱「滿月酒」，客家人稱做「湯餅會」。〔註81〕

以前男尊女卑的社會，只有生男孩才有油飯、雞酒慶賀；而現在生男生女都令人喜悅，主人家都會以油飯致贈親友慶賀；但因忙於上班，沒時間也沒技術製作油飯，所以大部分都會花錢請人製作，現在想再看見全家人為了慶賀滿月製作油飯而忙得人仰馬翻的景象已經很少了。

九、號名

早期臺灣是農業社會，生活困難，醫藥常識缺乏，加上普遍迷信，這些都一一反映在「號名（hō-miâ）」（命名）上。當時的幼兒，會因衛生條件不佳、醫藥缺乏、傳染病流行等因素導致不幸死亡，但長輩卻認為是被惡物妒忌而將命取走。所以家中有幼兒出世，就故意將家中的小孩取名：「豬屎、狗屎、垃圾」等，比喻他們生命低賤毫無貴氣，不會被邪魔惡物看中而沒命。有的人反其道而行，將男孩命名為「查某（tsa-bóo）」，讓人家以為是查某囝仔以逃避厄運。

有的人希望兒子為他帶來財富，便為兒子取名叫「來富、進財」；希望兒子帶來福壽，因此命名為「有福、添福、添壽」；比較講究的人會將孩子的生辰八字拿去請人占卜，若五行缺火、缺金、缺水，則以名字來填補，因此，「金木、金水、火旺、水土、火木」等名字，也隨處可見。

一般人的觀念，認為女孩子是賠錢貨，養大了遲早要嫁人。所以女孩子是討人厭，而且多餘的。窮人家生了女兒，更是窮上加窮，因此只好咬緊牙根，勉強養她。臺語就取名叫「罔市（bóng-tshī）、罔腰（bóng-io）」（姑且餵養的意思）」。有的人家接連生下幾個女兒，滿心盼望能生個男丁，就將女嬰

〔註80〕劉錦雲，〈客家人生育繁衍意識初探〉，《客家民俗文化漫談》，臺北：武陵，1998，頁136。

〔註81〕楊越凱，〈客家喜慶喪葬舊禮俗述略〉，《臺灣文獻》，第32卷第4期，1981年12月。

取名為「招治」、「招弟」，意思是希望下一胎能生男嬰。

以前客家人為女嬰命名，常有「妹」字，如「平妹」、「芳妹」、「梅妹」等，現在客家人這種命名方式，已經不多見了。近來嬰兒的命名，愈來愈講究，整體而言，命名的原則大多朝向典雅有含義的方向。

十、過關與收驚

在孩童成長的過程當中，難免會遇到一些危險及急難，這些危險急難，宛如生命關卡。民間相信，因小兒出生之時辰不同，會沖犯不同關煞，孩子需要渡過種種關卡，始能順利成長。每一關都可能有災厄，諸如各種疾病、或流年中諸如天狗之類。一般相信命底過硬的人會剋夫（或妻）、剋父（或母），或命帶災煞，父母須請人為其施法，使其通過「囝仔關（gín-á-kuan）」，如此不但相關之人可免遭剋，孩童也可順利成長，安度終身。〔註82〕

> 過關的儀式多由紅頭法師〔註83〕主持，在廟埕上安設紙紮的關限，上書度厄關、疾病關、保童關等，即由法師吹角、持劍前導，以法仔調吟唱，先淨壇請神，並請造橋仙人造橋，乃用木板或板凳搭橋，下置七盆火以象七星，然後孩童或自己或由家人攜帶過橋過關，即表示過十二元辰及諸災厄關等。一般也將這種「進錢補運」，稱為「過囝仔關」。〔註84〕

民間對於小兒關煞數量與沖犯關煞之條件說法不一，據簡榮聰《台灣生育文化》〔註85〕所載，將「囝仔關」關卡（計26關）之忌諱說明如下：

閻王關：不入陰廟及城隍廟。

校吊關三：小兒不安寧，忌過山、過河及行夜路。

四季關：一歲前不可出入凶喜事。

〔註82〕張瑞光，〈台灣信仰習俗中的語言文化研究〉，國立臺灣師範大學臺灣文化及語言文學研究所，2008年2月，頁67。

〔註83〕道教在台灣有兩大派別，分別為正一派和全真派，正一派因應風俗民情而發展出紅頭法師與烏頭法師，烏頭法師專司喪禮，因為台灣人喜喪分開，碰了喪事不好再接吉慶科儀，因此演變出紅頭和烏頭法師，紅頭法師專職吉祥法事，像祝壽廟會慶典、安斗、安太歲、安公媽等；而烏頭法師工作項目單純，負責殯葬科儀。http://www.angelmind-service.com.tw/new_page_22.htm2013.10.

〔註84〕葉鈞培、許志仁、王建成：《歲時節俗與生命禮儀》，金門縣：金門縣立文化中心，2000，頁101。

〔註85〕簡榮聰：《台灣生育文化》，南投市：臺灣省文獻委員會，1994年6月，頁151～152。

　　和尚關：忌入庵廟，忌見僧尼。

　　金銀關四：忌金銀飾器。

　　落井觀：不要走近水、井、泉、塘。

　　將軍關：多傷、忌用刀刃。

　　鐵蛇關：有麻痘之災。

　　雞飛關：怕看殺生，忌見雞啼叫。

　　鬼門關：忌夜出，亦忌入陰廟。

　　夜啼關：夜間見燈光則多啼哭。

　　水火關：易生膿瘡，注意燙傷。

　　下情關：不可聽刀斧聲。

　　急腳關：容易跌倒。

　　深水關：勿近水邊。

　　五鬼關：普渡不可近，否則易生病。

　　百日關：出生百日內可出門。

　　白虎關：多血光之災。

　　湯火關：易生麻疹。

　　天狗關：不可看日蝕，不可走夜路。

　　浴盆關：不可沐浴太早。

　　四柱關：忌太早坐竹椅。

　　雷公關：忌打雷式鑼鼓聲。

　　短命關：多夜啼之患。

　　斷橋關：過橋遇水要小心。

　　千日：三歲以前難養要小心。

　　收驚方面，俗諺「囝仔無收過驚，飼袂大漢。（gín-á-bô-siu-kuè-kiann，tshī-buē-tāi-hàn。），說的是每個小孩都有收驚的經驗。當孩子在成長過程中，無緣無故「愛哭」，或是身體不舒服，吃藥都醫不好時，一般母親都會聯想到：小孩是不是受到驚嚇？尤其是小孩睡覺時，無緣無故會驚醒，十之八、九是受了驚嚇，受了驚就要請人來收驚。所以如果小孩夜哭、拉青屎或受到驚嚇，收驚（siu-kiann）是極普遍的民俗療法。收驚儀式來自於驅邪、壓煞的信仰層次，也可說是父母無助或心慌意亂的求安行為，卻真實的反應出天下父母的真摯情懷，可算是另類的心理治療。

　　據筆者的經驗，一般民間比較常見的收驚方式，不是以道士為主，而是以婦人居多，所以一般將之稱為「收驚婆」或「收驚媽」。她們用「米」及「衣服」來收驚，收驚時，事先燒三炷香請神明，再把米用碗盛滿，包覆以小孩的衣服，口中念念有詞，並在嬰孩額頭點觸，胸前背後上下不斷來回比劃，作收魂狀，然後打開衣服，若小孩受到驚嚇，則碗裡的米會有高低缺陷，以判定是受何驚嚇？然後再添加少許白米於碗裡，再用衣服覆蓋住，依上述的方式再收驚一次，如此反覆，直到碗中的米，平整沒有缺角，至此收驚即告完成。

　　有的民眾則會自己收驚，當小孩受驚嚇時，大人就會牽他的耳朵，口唸咒語：「鼠驚、牛驚、虎驚，十二生相驚了了，干但（kan-na）〔註86〕阮孫無驚。」人們普遍相信這則咒語有「收驚」的效果。

十一、做契囝

　　以前嬰兒成長過程若多病痛，稱為「歹育飼（pháinn-io-tshī）」。對於這樣的小孩，習俗上多半會讓孩子認個契父母（乾爹、乾媽），有的是契神為父母，有的是契人為父母。其目的是在祈求小孩身體健康、長命百歲，而契父子的關係在法律上並無任何約束力。

　　依照習俗，如果是拜神明為契父母，就要到廟裡許願，分一點香火，將香灰或紙灰包在紅色袋子裡，掛在小孩頸上，然後每年要去廟裡換一次香火。如果是契父子之禮，先由契父贈送契子龍眼及其他牲醴，契子收到以後，要供在神明前，焚香燒金帛膜拜，向神明報告結為契父子的事情。〔註87〕

十二、揹絭、脫絭

　　「絭（kǹg）」是臺灣民間給幼兒配戴的護身符，凡是幼童的身體欠安、或父母許願孩童能順利平安的長大，就要到所奉祀的神明前（諸如七娘媽、媽祖或其他神明，通常以娘娘神居多），備辦牲醴供品祭拜後，填寫一張文疏，成為該神的契子，然後即可戴上一串絭牌，其上印有神像，或刻上八卦及相關的護符，先在香爐上過一下，即可帶在頸項上或手腕上，叫「揹絭（kuānn-kǹg）」。

〔註86〕干但（kan-na）：只有、僅僅、偏偏的意思，同意詞有「干焦、乾焦、干單」等。
〔註87〕王灝，《臺灣人的生命之禮：成長的喜悅》，臺北：臺原出版社，1992，頁126。

到十六歲時，因為已經成大成人了，不再掛䌶牌，就到神前謝恩，將䌶脫下，叫做「脫䌶（thuat-kǹg）」。

小結

　　新生命的誕生是家族中的大事，代表家族永續的繁衍與希望，臺灣人對宗族制度的重視，認為無後嗣時會家絕祭斷。而家族制度即建築在生子觀念上，這含有兩種意義：一為生子防窮，目的在求自我的生存；一為生子防絕，目的在求家族的綿延。所以「防窮」、「防絕」，為男女生子觀念發生的動機。這一觀念支配幾千年來廣大民眾的生活，臺灣習俗也沒有例外。〔註88〕

　　家族因而扮演著綿延子孫、增加生產等功能，更有保護、教養等義務和責任，換言之，家族中的每一份子必須共同承擔禍福和喜慶，也就是說，家族是最親密的生命共同體，每一個家族成員的生長、茁壯甚至死亡，都是家族中的大事，其他成員莫不以各種方式來表達對這些事情的悲喜態度，而這些所有因人的生老病死而衍生的各種禮儀和風俗，就是所謂的生命禮俗。

　　片岡巖版的〈僧侶歌〉，是和尚專為懷胎婦女祈願所唱，歌詞中較特別的是沒有想吃的食物，整首歌謠敘述的是胎兒成長的情形以及養育子女的憂心與期許；其用意是使子孫瞭解父母生兒育女的艱苦過程，並勸人行孝道。

　　農業時代有「多子多孫多福氣」的觀念，所以女子出嫁的十二種物品都和生育有關，具有特殊的含意，而最大目的就是要維持宗族香火的延續；婦女若有身孕，萬事就要小心謹慎，一點也不能馬虎，我們可從從懷孕的辛苦、生產的危險性中，了解早期農業社會婦女懷孕、生產所面臨的困難，體會到「生囝性命在溝垱」、「生囝得平安，親像重出世」的心境，以及徬徨無助之下的應對之策。

　　俗話說：「有燒香有保庇」，求子心切的婦女，對註生娘娘、十二婆姐、床母、七娘媽，都有非常虔誠的信仰；而在「寧信其有，不信其無」的觀念下，對胎神的畏忌、安胎的方法與懷孕期間應遵守的禁忌，也都會徹底的遵行；最後探究嬰兒跨越生命的關卡，那是嬰兒從出生到滿月，大人為他提供種種約定俗成的協助的「生命禮俗」。相關禮俗是基於生命的尊重，從出生、成長、婚嫁、懷孕、生子，每一個生命的重要關卡，都有其別具的意義。從比

〔註88〕何聯奎、衛惠林《臺灣風土志》（上篇），臺北：中華書局，1956，頁65。

較嚴謹的角度來看，生命禮俗是人們針對每一個生命週期和成長階段，鄭重其事的設定一些儀式來處理，藉由這些儀式，來強化生命的價值與神聖。

　　生命禮俗讓我們在成長的階段中面對生命的一些關卡時，有規可循，有約定而成的習俗可以禮奉遵行〔註89〕，也讓我們體認到生命的可貴，與生命共同體的重要。透過這樣的生命共同體，讓人與人之間的關係更加親密，讓生存的條件更加方便，也促使了人類的文明更加進步。

〔註89〕參閱阮昌銳，〈生命禮俗〉，臺北市政府民政局禮俗網站，102.10.7。

第四章　病子歌的飲食文化意涵

　　飲食是人類的自然本能，更是生存與繁衍的基本要件，無論君王、百姓；不分貧富、貴賤，每個人都需要飲食，差別只在食物的好與壞而已。自古以來，民生問題一直是人類歷史上最重要的課題，而「食」的議題更是排在首位，所謂「衣食足而後知榮辱，倉廩實而後知禮義。」〔註1〕，饑餓足以使人喪失人性，導致爭奪與戰爭，所以無疑的，「飲食」是生命的根本。

　　飲食的特徵可說是族群的重要標誌之一，不同的族群往往因為生活方式的差異而發展出族群特有的飲食風味。例如客家族群的「粄」、「桔子醬」都相當有名，這種別具風味的美食與沾料是福佬族群所沒有的。飲食課題既然如此重要，庶民們勞心勞力、念茲在茲的無非就是為了滿足口腹之慾，因此當經濟能力所及，便不只要吃飽，更要吃出藝術、吃出地位。所以飲食歷經幾千年的發展，已不僅僅是為了填飽肚皮，更是蘊含了豐富的社會文化意涵，從飲食中我們可以瞭解每個族群的特性與生活習慣，認知它的居住環境與歷史發展，看出它的風土民情與價值觀念。總而言之，飲食貫穿了一個民族的歷史、地理、政治、經濟與人文社會，因此可以說：飲食文化就是整個民族文化的縮影〔註2〕。

〔註1〕語出《管子》〈牧民第一〉。
〔註2〕游素錦，《臺灣閩南語諺語中飲食文化與健康觀之研究》，國立臺北教育大學生命教育與健康促進研究所碩士論文，2006，頁1。

第一節　病子歌的異同

　　一隻雞公喔喔啼，一個媳婦早早起，入大廳洗桌椅，入房間作針黹，入灶腳洗碗箸。呵咾（o-ló）兄，呵咾（o-ló）弟，呵咾（o-ló）親家勢（gâu）教示。煩惱豬無糠，煩惱鴨無卵，煩惱小姑要嫁無嫁妝，煩惱小叔要娶無眠床。〔註3〕

　　臺灣傳統婦女婚後的生活寫照，不外是黎明即起，上侍公婆、下撫子女、照料小姑小叔、內外灑掃、三餐烹煮、修補全家衣衫等，若遇上逢年過節、節日喜慶更是忙得不可開交，偶有農閒時更需兼差補貼家中經濟，全心全力的投入家庭照料，從而成為「賢妻良母」。無論其勞務負擔多麼沉重，仍然是依附在男性之下，且必須聽從婆婆，甚至是小姑的差遣，幾乎沒有人身的價值與地位可言。女人如想在夫家擁有一片天，唯有靠著生育才能「母憑子貴」，取得權力和地位。

　　俗諺說「好歹瓜著會甜，好歹查某著會生〔註4〕」（hó-pháinn-kue-tiòh-ē-tinn, hó-pháinn-tsa-bóo-tiòh-ē-senn），在臺灣人的觀念裡，男子是宗族命脈的繼承者，負有傳承香火的重責大任，「傳宗接代」、「早生貴子」因而成為眾人約定俗成的規範與期盼。因此，對傳統女性來說，除了侍奉公婆、操持家務外，還有一個重責大任，那就是為夫家生下傳宗接代的子嗣。為人媳婦者若沒有完成這個責任、盡到這個義務，就會產生罪惡感，而認為無顏見祖宗，因此才會有上面這句俗諺產生。

　　為了傳遞夫家的血脈，當新生命在腹中成長茁壯時，成為女性一生當中最受呵護的時光。如黃秋芳說：

　　　　〈病子歌〉，讓一向佔在勞動位置上的婦女角色，只能利用「母以子貴」的準媽媽身分，經由懷孕生產，來享有一段溫馨的甜美時光。〔註5〕

　　「大家有喙，新婦無喙（ta-ke-ū-tshuì，sin-pū-bô-tshuì）」，在父權文化下，以前的婦女是沒有發言權的。然而在病子歌謠裡，我們發現向來只能任勞任

〔註3〕吳瀛濤，《臺灣諺語》〈民歌〉，臺灣英文出版社，台北市：1996，12版，頁526。
〔註4〕陳主顯，《台灣俗諺語典》，〈卷五・婚姻家庭〉，台北：前衛，2000，頁493。
〔註5〕黃秋芳，〈病子的滋味〉《台灣客家生活記事》，台北：臺原出版社，1993，頁66。

怨的準媽媽，卻在此時難得的能夠以「頭昏昏、面青青、心艱難、餓斷腸」取得了發言權，自怨自憐，急得讓陪伴在旁的丈夫溫柔地問她，「要什麼？想吃什麼？」手忙腳亂，忙得不亦樂乎。妻子的嬌恣與任性，丈夫的溫柔與呵護，讓長久以來流傳廣遠的〈病子歌〉，組合成一首嫵媚的愛情篇章。

一、福佬歌謠疼某情

與懷孕有關的福佬歌謠如〈病子歌〉、〈最新病子歌〉、〈思食病子歌〉、〈改良思食病子歌〉、〈最新思食病子歌〉、〈十月懷胎歌〉、〈十月花胎歌〉、〈花胎病子歌〉等，大抵由歌名便能略知其內容。

例如鄭恆隆的福佬〈病子歌〉〔註6〕（歌謠詳見附錄一第七首，）以「正月桃仔開花，二月田草青，三月人播田…，五月人扒船，六月六毒天，七月秋風來，…十月人收冬」的男女對唱方式，配合節令或農作物的生長來唱唸，而主要的內容是敘述孕婦十月懷胎的辛苦與飲食口味的改變，以及丈夫幫妻子張羅食物時溫馨的對唱，表現出夫妻之間的濃情蜜意。整首歌不只符合節令，符合孕婦心思，也符合食物產期；加上男女對唱，在臺灣民間歌謠中，是一首很逗趣、很溫馨，難得一見的以夫妻閨房情趣為題材的歌謠。有的版本是這樣唱的：

> 正月正月新…，二月百花開…，三月是清明…，五月人縛粽…，六月蓮花美…，七月人普渡…，八月是中秋…，九月日頭短…」〔註7〕

有的版本則是：

> 正月算來桃花開…，二月算來人播田…，三月算來田草青…，四月算來日頭長…，五月算來扒龍船…，六月算來碌碡〔註8〕時…，七月算來人普渡…，八月算來是中秋…，九月算來九葡萄…，十月算來人收冬〔註9〕。

〈病子歌〉各版本的文字稍微有些不同，但懷孕所帶來的身心不適，歌詞中大多有誇大的形容，例如「面青青、心艱難、面帶黃、目箍烏、心憂悶、無張遲（持）、心礙礙、面憂憂、心焦燥」等。而等到懷孕的第十個月，胎兒

〔註6〕鄭恆隆，《臺灣民間歌謠》，台北：南海圖書，1989，頁36～38。
〔註7〕《最新病子歌》，臺北：光明社，中研院「閩南語俗曲唱本歌仔冊」編號266。
〔註8〕碌碡：農具。
〔註9〕〈病子歌〉，胡萬川編輯，《大甲鎮閩南歌謠（二）》，臺中縣政府編印，1995，頁140。

已經出生，所以就以「娘今病子腹肉（內）空」（有的作「腹空空」）完整的結束，夫妻恩愛之情表露無遺。

在〈病子歌〉的溫情對唱中，丈夫體貼地唱：「君今問娘囉，要食什麼？」妻子則溫柔的答以「要食山東香水梨、（生蚵來打生、老酒即大瓶、仙草滴白糖、五香雙羔潤、新出紅荔枝、豬肺炒鳳梨、麻豆文旦柚、羊肉炒黑棗）」等各種不同的食物來回應。接著夫妻倆打情罵俏，以「（男唱）要食我來去買，（女唱）你買給我食，（合唱）噯唷俺某喂。」來作結。

整首〈病子歌〉藉由夫妻間的問答對唱，描述孕婦因害喜而在丈夫面前訴苦、撒嬌，體貼的丈夫主動關懷，於是衍生出每個月份都有一種想吃的果品或菜餚。綜合各版本的內容，大體而言有幾個特色：

（一）想吃的食物皆配合該葩（pha）〔註10〕首句來押韻；

（二）大致上符合時令，如夏天的荔枝、秋天的文旦、冬天的水梨；

（三）大多是臺灣本土的物產，如生蚵、老酒、仙草、荔枝、鳳梨、麻豆文旦、羊肉，只有「山東香水梨」、「五香雙羔潤」是外來品。

（四）孕婦想吃的食物除了「仙草滴白糖」、「豬肺炒鳳梨」比較平常外，其他的多半是高貴的食材，例如烏參、香菇、烏鰍、高麗蔘、豬肝、月鴿、蟶干等，應驗了福佬「憑囝食，憑囝睏，憑囝領雙份」這句俗諺。

（五）歌謠中第十個月想吃的食物是「麻油炒雞公」，剛好配合婦女做月子時的飲食，是婦女做月子時的共同滋養食譜。

（六）有些版本唱到十月，應是以懷胎十月之期為依據；有些版本唱到孩子出生後再加兩個月，湊足十二月，應是依循「十二月調」的形式。

（七）有些版本唱到第十二個月，第十一個月想吃的食物大多為「羊肉炒薑絲」，是比較燥熱的食物，適合產婦來食用。第十二個月配合過新年，改以「要穿綾羅（新衣）來過年」，也符合傳統過新年習俗。〔註11〕

孕婦在懷孕期間的口味說變就變，想吃的食物變化非常大，如有的版本是「香水梨、酸楊梅、紅荔枝、文旦柚」；有的版本是「生蚵來拍生、蓮子燉豬肚、酸筍群鯝鰡」；有的版本是「雞卵冰、鳳梨、綠豆、甘蔗、菜鴨煮毛孤、烏醋炒魚鰍、豬肚朕補藥」。菜單可說是五花八門，從一月到十二月，在不同

〔註10〕葩（pha），根據陳龍廷《臺灣北海岸的褒歌考察》中解釋：褒歌的創作形式，大多四句為一韻，稱為一葩。

〔註11〕參考鍾珮煖〈田螺吐囝為囝死──閩南孕產文學內容探析〉，2006。

的月令節候裡，透露出妻子的吃食口味，然而不管妻子是如何的驕縱任性，丈夫還是會想盡辦法滿足妻子的慾望，整首歌呈現的是輕鬆活潑的氣氛，可說是福佬歌謠中最能表現夫妻鶼鰈情深的作品。

二、客家歌謠傳愛意

在客家民俗中，亦有〈病子歌〉的傳唱。賴碧霞女士曾經演唱由羅微嬌記譜的客語〈病子歌〉，在客語的〈病子歌〉版本中，客籍孕婦想吃的食物，有不少是客家的傳統名菜。

客家人以「懷胎」、「病子」為題材的歌謠相當豐富，例如楊寶蓮《臺灣客語勸世文之研究—以〈娘親渡子〉為例》及黃菊芳《〈渡子歌〉研究》的論文中，便列舉出許多客家的〈病子歌〉、〈懷喜歌〉、〈十月懷胎歌〉，近代也有音樂人如謝宇威努力傳承客家傳統歌曲並發行唱片。而賴碧霞的客語〈病子歌〉〔註12〕（歌謠詳見附錄二第七首）與福佬的〈病子歌〉形式上幾乎一樣，但是喜歡的食物不同。其不同的原因，胡紅波認為：

> 充份反應了客族居處近山，生活條件明顯不同，因此詞中沒有「生蚵來打生」、「荸薺炒海參」等海產，更不見「山東香水梨」、「唐山烏樹梅」等早期來自大陸的舶來品，代之以「酸澀虎頭柑」、「楊梅口裡酸」等山產土產。〔註13〕

當獲知妻子身懷六甲時，無疑是夫妻最衷心期盼的喜訊。但妻子在「害喜」之際，會嘔吐、會不適、會減低食慾，此時丈夫如何去體貼太太，如何讓太太在「病子」期間得到最好的照顧，便成為最重要的課題。客語〈病子歌〉歌詞分為十二葩，將每個月孕婦所表現出來的生理及心理現象，做了很好的鋪陳：

（一）歌詞每一葩的第一句大多配合農民曆的時令節氣作開頭，例如「正月是新年」、「二月是春分」、「五月是端陽」、「七月是立秋」、「八月月團圓」、「九月是重陽」、「十月是立冬」、「十二月是過年」，充分表現出農業文化色調。

（二）「三月裡來三月三」這句話在客家的月令聯章歌謠裡幾乎都會出

〔註12〕賴碧霞，《臺灣客家山歌——一個民間藝人的自述》，臺北：百科文化，1983，頁 30～31。

〔註13〕胡紅波〈臺灣月令格聯章歌曲〉，《臺灣民間文學學術研討會論文集》，頁 100。

現，在福佬歌謠中卻不曾看到，這其中有特別的含義。原來傳統節日「上巳節」，俗稱「三月三」，就是農曆的三月三日，又稱為女兒節。「上巳節」是古代舉行「祓除畔浴」活動中最重要的節日。《論語》：「暮春者，春服既成，冠者五六人，童子六七人，浴乎沂，風乎舞雩，詠而歸。」〔註14〕寫的就是當時的情形。當時人們都會在這一天春遊踏青，也是青年男女談情說愛的大好時機。杜甫《麗人行》：「三月三日天氣新，長安水邊多麗人。」〔註15〕，而從客家歌謠屢次提到「三月裡來三月三」，可見以前的客家人有過「三月節」的習俗，而這也可以再次證明〈病子歌〉是從大陸流傳過來臺灣的說法。

（三）孕婦的心理，第一葩第二句唱到：「娘今病子無人知。」一開頭就唱出婦女懷孕的心聲，又撒嬌又埋怨粗心的丈夫，怎麼連朝夕相處的太太懷孕了都不知道。其實在早期的農業社會，客家婦女給人的形象是吃苦耐勞、獨立自主，常常是丈夫在外面打拼，客家婦女一肩擔起養家活口的重責大任，所以剛懷孕時沒有明顯病子徵兆，粗心的丈夫不知道太太害喜也是可以理解的。但這樣的開場白，必定讓丈夫又欣喜又愧疚，導致接下來一連串體貼的慰藉補償動作，讓這首〈病子歌〉得以溫馨感性的順利鋪展下去。

（四）初次懷孕的徬徨害怕，在二～四葩寫得很實際，如「娘今病子亂紛紛」、「娘今病子心頭淡」、「娘今病子心裡茫」，意在抒發憂悶、惶恐與無助；接下來是陳述懷孕期間生理上的折磨，如「病子面皮黃」、「病子苦難當」、「病子真無修」、「病子真可憐」、「病子餓斷腸」等，前面曾提過客家婦女生性堅忍、吃苦、耐勞，所以雖然訴說著孕婦身體上的改變與不適，但並沒有福佬〈病子歌〉的誇大形容，反而帶點撒嬌的成分。

（五）傳統社會視女人的子宮為生產的工具，因此母身為大，女性唯在懷孕時可能受到家庭的重視和期待而具有些微的自主性。在懷孕的過程中，客家〈病子歌〉透過孕婦口味的改變，將客家人的常民飲食文化，像是「豬腸炒薑絲」、「果子煎鴨春」、「酸澀虎頭柑」、「楊梅口裡酸」、「鹹粽搵白糖」、「仙草泡糖霜」、「竹筍煲蜊鰍」、「豬肉剁肉圓」、「豬肝煮粉腸」、「米酒炒雞公」等一道道食物菜單鋪展開來。

勤儉惜物是客家人的天性，這種天性在客語〈病子歌〉中表露無遺。〈病子歌」第三葩：

〔註14〕語出《論語》先進篇，第廿五章。
〔註15〕語出《新譯唐詩三百首・七古樂府》，臺北市：三民，1973，頁223。

（男）三月裡來三月三　　（女）娘今病子心頭淡
（男）阿哥問娘食麼介　　（女）愛食酸澀虎頭柑

「虎頭柑」整粒看起來彷彿巨無霸般，由於皮厚、水分多，加上紅橙橙的外表，看來是很討喜。不過，虎頭柑與食用為主的桶柑或椪柑不同，果肉奇酸無比，根本沒人能嚥得下去，明顯地「中看不中吃」。但懷孕的客家婦女，卻拿來當作害喜的果品，捨不得花錢再去買「鹹酸甜」。

細數客語〈病子歌〉中的食物，幾乎都是日常生活中就地取材的簡單食品，例如「豬腸」、「薑絲」、「鴨春（鴨蛋）」、「楊梅」、「基粽（鹼粽）」、「仙草」、「竹筍」、「泥鰍」、「豬肝」、「肉圓」、「粉腸」等，比起福佬的「山東香水梨」、「五香雙羔潤」、「生蚵」、「老酒」、「新出紅荔枝」、「麻豆文旦柚」、「羊肉」、「黑棗」等昂貴或進口食物，實在有很大的差別。

（六）客語〈病子歌〉的最後二葩所描述的是嬰兒平安生下後，產婦抱著嬰兒流露出歡喜滿足的神情，例如「手抱孩兒笑容容」、「手抱孩兒笑連連」，這時丈夫問妻子需要什麼？妻子已不再需要食物了，而是答以「愛你冬衫背帶裙」、「愛你絲線來串錢」，揮別了十月所承受的「病子」苦痛，代之而起的是「有子萬事足」的喜悅，苦盡甘來的笑容容景象，為整首〈病子歌〉畫上完美的句點。

有些版本最後唱到女人生下兒子、也拿到了紅包，女人的家庭地位或許從此大大的提升。但是，令筆者疑惑的是，在「傳宗接代，延續香火」的背後，如果這個女人生下的是女兒，不知道會是什麼樣的結果呢？

總之，不管是福佬語的「君來問娘愛食什麼？」，還是客家話的「阿哥問娘愛麼介？」這一句看似平常的話，卻含有無限的愛意和無盡的關懷；所謂「一人吃，兩人補」，即將為人父的喜悅，讓丈夫歡天喜地的為妻子張羅一切。無可置疑地，〈病子歌〉值得流傳，因它不僅是傳統傳宗接代觀念的流風遺韻，而且是增進婆媳良好互動、夫妻溫馨情感的催化劑。

第二節　病子歌中的食物

民以食為天，開門七件事：柴、米、油、鹽、醬、醋、茶，每一件都和飲食相關聯。農業社會日出而作，日入而息，千辛萬苦就是為了填飽肚子，所以有「先顧腹肚，才顧佛祖。」（sing-kòo-pak-tóo，tsiah-kòoPùt-tsóo）這句話。

而「吃飽沒？」成為最普遍的問候語。客家話「食飽盲？（siid-bau`-mang˅）」，福佬話「食飽未？（tsiàh-pá-buē）」，這是一句很親切很普通的招呼語，這句昔日鄉間的招呼、問候語，字句淺白，讓受話的人即時會意，又因為語言親切，一下子就把彼此間的距離拉近了，看似平淡無奇，卻散發著濃濃的人情味。

　　早期臺灣福佬及客家族群的祖先，因為從原鄉的福建、廣東相約移民來到臺灣討生活，原本滿懷著無窮的希望，得到的結果卻是「唐山過臺灣，心肝結歸丸」（tn̂g-suann-kè-tâi-uân，sim-kuann-kiat-kui--uân）。到臺灣後，雖然有耕作的田園，卻需要看老天爺的臉色吃飯，臺灣常有颱風、乾旱等天災，有時一整年的辛苦付諸流水，只好借錢度日，生活過得並不輕鬆。所以過去鄉親見面的時候，都會用「食飽未？」來關心對方的生活，久而久之就變成打招呼的常用語。諺語說：「有通食穿好了了，百般為著腹肚枵」〔註16〕（ū-thang-tsiàh-tshīng-hó-liáu-liáu，pah-puann-uī-tiòh-pak-tóo-iau），「食三頓」、「顧腹肚」是過去臺灣人生活中最重要的事，因此就有「食飯皇帝大」的說法，這是臺灣人獨有的民俗風情。

一、病子歌中的食物比較

　　福佬及客家版本的〈病子歌〉，每葩的第四句都提到孕婦想吃的食物，由這五種版本的食物比較看來，可以發現福佬及客家〈病子歌〉中，所提到的飲食種類頗有差異，這應該與族群文化及其所居住之地理環境有關（表 4-1）。

表 4-1 〈病子歌〉的食譜

版本 月份	福—— 片岡巖版	福—— 鄭恆隆版	福—— 蕊翠新歌	客—— 賴仁政版	客—— 懷喜歌版
一月	唐山香水梨	山東香水梨	新炙腳車藤	豬腸炒薑絲	豬腸炒薑絲
二月	枝尾檨仔青	生蚵來打生	生蚵煞烟簽	果子煎鴨春	羔子食鴨春
三月	老酒一大瓶	老酒即大瓶	冷冷雞蛋冰	酸澀虎頭柑	酸酸虎頭柑
四月	唐山烏樹梅	仙草滴白糖	王萊較清香	楊梅口裡酸	楊梅鳳梨乾
五月	海頂雙糕軟	五香雙羔潤	綠豆較輕鬆	鹹粽沾白糖	粽子混白糖
六月	王萊炒豬肝	新出紅荔枝	甘蔗隨匜剃	仙草泡糖霜	仙草泡冰糖
七月	枝尾酸楊桃	豬肺炒鳳梨	菜鴨煮毛孤	竹筍煲鰗鰍	竹笋煲胡鰌

〔註16〕徐福全，《福全台諺語典》，臺北：徐福全，1998，頁 329。

八月	蕭壠文旦柚	麻豆文旦柚	烏醋炒魚鰍	月鴿剉肉圓	月鴿剉肉圓
九月	老酒脿鴨母	羊肉炒黑棗	雞爛脿高麗	豬肝並粉腸	豬肝煲粉腸
十月	老酒脿雞公	麻油炒雞公	豬肚脿補藥	麻油炒雞公	麻油炒雞公
十一月	羊肉炒薑絲			冬衫背帶裙	皮襖好過冬
十二月	穿綾羅過年			絲線來串錢	新衫好過年

表 4-2 〈病子歌〉的食物整合

月份	福佬〈病子歌〉中的食物	客家〈病子歌〉中的食物
正月	山東香水梨、唐山香水梨、新炙腳車藤	豬腸炒薑絲、
二月	樣仔青、桃仔青、生蚵來打生、老酒、生蚵煞烟簑、生蠔來打生、白糖泡藕粉	果子煎鴨春、酸菜
三月	老酒、李鹹、紅酒、珠螺來打青、冷冷雞蛋冰、樹梅鹹七珍	酸澀虎頭柑、楊梅
四月	唐山烏樹梅、仙草滴白糖、酸樹梅、王萊、白蜜酸楊梅、竹筍煮鯉干	楊梅、楊梅鳳梨干、黃梨
五月	海澄双糕潤、新竹雙糕軟、鹹菜煮豬肚、綠豆、鴨母煮烏參、仙查恰油柑	基粽搵白糖、粽子混白糖、楊梅健
六月	王萊炒豬肝、烏葉紅荔枝、甘蔗、包仔甲水餃、菜鴨滾姜絲	仙草泡糖霜
七月	酸楊桃、羊肉炒薑絲、豬肺炒鳳梨、菜鴨煮毛孤、漳州鹽酸甜、海底丁鮋肚	竹筍煲鯸鰍、文旦柚
八月	浦南文旦柚、蕭壠文旦柚、烏醋炒魚鰍、馬薯炒香菇	豬肉剉肉圓、月鴿剉肉圓
九月	老酒脿鴨母、馬薯炒海參、羊肉炒黑棗、雞爛脿高麗、鴨母煮烏參、一鼎麋、醬瓜焄肉	豬肝煮粉腸
十月	老酒脿雞公、老酒焄雞角、麻油炒雞公、豬肚脿補藥	禾酒炒雞公、麻油炒雞公
十一月	羊肉炒薑絲、滿月圓、羊肉煮炙其、羊肉焄薑絲	揹帶同衫裙、皮襖好過冬、冬衫背帶裙
十二月	綾羅來過年、麻油甜土豆、青衣來過年、綾羅甲網絲	紅紙來袋錢、新衫好過年、絲線來串錢

藉食物分類、整合表來比較，我們從中可以發現：

　　（一）福佬與客家孕婦所吃的食物大相逕庭：在客家歌謠的〈病子歌〉中，呈現的是一種特殊的飲食形態。客家婦女在懷孕期間，喜歡吃「豬腸炒薑絲、果子煎鴨春、梅子口裡酸、酸澀虎頭柑、竹筍煲鰗鰍」等食物，這些重口味且帶酸性的菜餚，特別能解除孕婦生理上的不適與撫慰心靈上的不安。「果子」、「梅子」、「虎頭柑」、「竹筍」均屬於山產，似乎可說明了客家人「靠山吃山」的飲食形態。

　　相對的，福佬的〈病子歌〉中，提到的是「生蚵煞烟簑、海頂雙糕軟、馬薯炒海參、菜鴨煮毛孤、生蚵來打生」等食物，可以看出福佬人是「靠海吃海」的族群；由此可知兩族群因為地形的差異，飲食習慣也南轅北轍。客家人多食山產，福佬人多食海味，兩者的飲食形態差異頗大。這也證實客家人的飲食範圍，總脫離不了山城的環境與就地取材的原則；縱使有吃魚的時候，也以在地的河鮮、鹹魚或魚乾類居多，此與福佬人靠海近，嗜食海產的習慣，形成強烈的對比。

　　（二）客家版本〈病子歌〉中的食物幾乎相同，推測其原因，可能是客家族群的節儉天性與所處地域環境的關係。

　　（三）第十個月分除〈蕊翠新歌〉的食物是「豬肚朕補藥」外，其種版本的食物都是「麻油酒炒雞公」，推測是孕婦此時已生產完畢，「坐月子」中以麻油雞酒補身，正符合「生贏雞酒香」這句諺語。

　　（四）〈蕊翠新歌〉版的食物與其他版本的差異比較大，可能是〈蕊翠新歌〉版本的時代較早（1932年），跟它的時代背景有關係。

　　比較起來，差別最大的在於她們各自的吃食慾望。在福佬〈病子歌〉裡，桃花開的正月，想吃的是舶來品的「山東香水梨」；桃花才開過的二月，就想吃「桃仔青」；三月乍暖還寒時節想要喝「老酒」；四月日頭長，要吃的是清涼退火的「仙草滴白糖」；五月要吃「五香雙羔潤」；六月可吃新出的「紅荔枝」；七月吃「豬肺炒鳳梨」；八月是應景的「麻豆文旦柚」；九降風起的時節要吃「羊肉炒黑棗」補冬；十月吃「麻油炒雞公」，熱熱鬧鬧、幸幸福福的「坐月子」。

　　從這些想吃的食物裡，似乎可以看出當時生活條件的富庶方便，真是母以子貴，正符合俗諺所說：「憑囝食，憑囝睏，憑囝領雙份」（pîn-kiánn-tsiàh, pîn-kiánn-khùn, pîn-kiánn-niá-siang-hūn〔註17〕）。傳統農業社會，一生辛勞的

〔註17〕陳主顯，《台灣俗諺語典》〈卷五·婚姻家庭〉，臺北：前衛，2000，頁517。

產婦也只有在懷孕以及「坐月子」當中，確實擁有一段生命中最幸福的時光；而重視家族的延續，認為「多子多孫多福氣」，尤其過去以農業為主的社會，家庭中更需要多一點人手來幫忙，但生產過程是辛苦且危險的，因此婦女產後便有個不成文的假期，就是透過「坐月子」的時候儘量多休息、調養身子。因此「坐月子」不僅有慰勞母體的意義，同時也隱含著希望能再接再厲，為繁衍家族的血脈再努力打拼的意思。

反觀客家〈病子歌〉中的食物，正月要吃的是「豬腸炒薑絲」；二月要吃「果子煎鴨春」；三月是「虎頭柑」；四月是「楊梅鳳梨干」；五月吃「粽子混白糖」；六月吃「仙草泡冰糖」；七月立秋了，愛吃「竹筍煲胡鰡」；八月吃「月鴿剁肉圓」；九月吃「豬肝炒粉腸」；只有十月「坐月子」時，和福佬習俗一樣，吃的是比較昂貴的「麻油炒雞公」。

看起來，客家婦女這一生中最恣意的時光，所能吃得到的，不過就是「豬腸、豬肝」這些家傳的客家菜，以及便宜的「虎頭柑、仙草、粽子、楊梅鳳梨干」。不過，因為生活上的儉樸，她們很少去奢求過於遙遠的慾望，多半平實本分的，把日常的滋味咀嚼個透，也把一般人都不敢吃的「虎頭柑」，吞進肚裡去感覺酸澀後的特有滋味。其實，不只是「病子」的婦女，大部分的客家子民，或多或少都承襲了這樣的特質。這種特質，有的人說是「硬頸」，有的人說是「固執」，也許這就是客家人特有的堅持吧！

二、病子歌中的食物烹調方法

長、短篇的病子歌，可以看到農業時代福佬及客家飲食的傳統烹調方式，例如：炒、朕（燖 tīm）、炁、煮、煞、煲、煎等方法。傳統農業社會，福佬人將烹調的場所稱為「灶跤」（tsàu-kha），客家人稱之為「灶下」（zo-ha´），灶是家庭主婦每天耗費時間最多的場所。灶跤（灶下）最重要的設備便是那口體積龐大的灶。記得小時候，為了應付那口大灶，每三、兩天就要用稻草或甘蔗葉摺成一大堆的「草絪（tsháu-in）」，「草絪」不耐燒，一下子就燒光。因此，「絪柴（in-tshâ）」是筆者小時候例行性的工作。

在臺灣人的習俗中，灶是有神明掌管的，每年農曆的十二月廿四日，是送「灶神」升天述職的日子，這一天家家戶戶皆慎重虔誠，燒香跪拜並供奉五穀、甜糕、麥芽糖、水果、湯圓等為「灶神」餞行，以祈求灶神上天在玉皇大帝面前美言幾句。用五穀是要灶神多言五穀收成，麥芽糖有黏性，恐灶神

言多必失，用麥芽糖黏住祂的嘴，暗示祂少說話。〔註18〕拜灶神時，手持三支香，嘴巴唸：「三杯清茶三支香，恭送灶君升天堂；上天言好事，回家降吉祥。」然後燒金紙放爆竹，即告結束。

　　福佬俗諺：「大目新娘無看見灶〔註19〕」（tuā-ba̍k sin-niû-bô-khuànn-kìnn-tsàu）指剛嫁進門的新娘，找不到廚房或煮食的用具。廚房是每天進出的場所，與我們的生活息息相關。形容人對明顯可見的東西卻看不見或視而不見，就以這句話來揶揄他。至於「鱟桸飯篱，煎匙鼎擦」（hāu-hia-pn̄g-lē，tsian-sî-tiánn-tshè）則是指廚房常見的烹調清洗工具。客家俗諺「能管千軍萬馬，難管廚房灶下〔註20〕」（nenˇ-gonˋ-qienˊ-giunˊ-van-maˊ，nanˇ-gonˋ-cuˇ-fongˇ-zo-haˊ）說明了主婦在廚房裡角色的重要。在農業社會，男人從軍耕田於外，亦不敢輕視婦女廚房灶下之職，畢竟所司各有不同，也說出了廚房裡的事物並不是容易打發的，非得有兩把刷子才行。

　　烹調方法，和食物數量有很大關係，「大碗飯，細鼎菜」〔註21〕（tuā-kńg-pn̄g，sè-tiánn-tshài）「相合米煮較有額〔註22〕」（siong-ha̍p-bí-tsú-khah-iú-gia̍h）根據烹調的經驗法則：煮飯的時候，飯越大鍋越好做；炒菜的時候，菜量少炒起來會比較好吃。老祖宗累積下來的智慧，何嘗不是告訴我們：人要懂得變通，有些事要分工，有些事要合作。

（一）福佬的飲食烹調法

　　傳統的臺灣菜餚，強調的是熱食、熟食，菜餚的烹調有其基本的方法，再經由組合、演化以及其他因素如配料、刀工，可變化出千百種的顏色、香氣及味道。徐福全提到傳統臺灣菜有十種基本的烹調方式，就是（煠、煮、焄、煎、炒、炸、滷、炕、炊、封）〔註23〕。俗諺「三頓食封、炕、滷〔註24〕」

〔註18〕古木廓，〈台灣客家春節風俗〉《中原文化叢書》，苗栗：中原雜誌社，1969，頁18。

〔註19〕徐福全，《福全臺諺語典》，臺北市：徐福全，1998，頁186。

〔註20〕教育部臺灣客家語常用詞辭典，http://hakka.dict.edu.tw/hakkadict/index.htm，104.10.8。

〔註21〕徐福全，《福全台諺語典》，臺北市：徐福全，1998，頁184。

〔註22〕同上，頁449。

〔註23〕徐福全，〈與飲食有關的臺灣諺語──兼論臺灣的飲食文化（上）〉，臺北市：《台北文獻》直字115期，1996，頁185。

〔註24〕徐福全，《福全台諺語典》，臺北市：徐福全，1998，頁40。

（sann-tǹg-tsiàh-hong、khòng、lóo），指富貴人家生活極其奢華，三餐所食用的都是用「封、炕、滷」做出來的食物；「封、炕、滷」就是傳統十種烹調法中的其中三種，而且是用來烹調高貴食材的煮法。

煠（sàh），是指用水來清煮食物，把食物放入滾水中、不加其他佐料的一種烹飪法，烹煮的時間比「燙」稍微久一點；將水煮開後，把食物放進鍋內，等它熟了即盛出，加上調味料即可食用，是既省柴火又省油的烹調法，往日許多窮人家都是用這種方法烹煮，例如「煠番麥 sàh-huan-beh」、「煠卵 sàh-nñg」等，這種方法也常用在雞、鴨、豬肉上，所謂的白斬雞、白斬鴨、蒜泥白肉就是例子，而煠雞、鴨、豬的肉湯還可以用來燉煮其他菜餚（如蘿蔔、竹筍等），真是一舉兩得。

煮（tsú），是把食物放入湯水中，升柴火使湯水沸滾來煮熟食物。煮與煠之區別在於煠是食物一熟便撈起來，而煮則是食物一直放在鍋裡與水一塊加熱，熟了也一道盛起。一般都用在菜湯的烹調上，「一粒田螺煮九碗公湯（tsit-liàp-tshân-lê-tsú-káu-uánn-kong-thng）」，是昔日窮人生活的寫照，也道出臺菜煮法「湯湯水水」特別多的特色。

焜（焄 kûn），是將食物放在水裡面長時間熬煮，而且煮熟之後仍須用小火慢慢熬，直到食物本身出味、鬆軟為止。俗諺「豬跤箍，焄爛爛，枵鬼囡仔流喙瀾」（ti-kha-khoo，kûn-nuā-nuā，iau-kuí-gín-á-lâu-tshuì-nuā）指豬腳添加花生、菱角等烹調佳餚。

煎（tsian）、炒（tshá）、炸（tsìnn）三種料理法是以油的溫度而使材料致熟的烹調方法，而油溫也就是俗稱的「火候」，它是料理一道菜的成敗關鍵，火候的掌握就是油溫的調節和運用方法，這三種烹調方式是用油比較多的烹調法，尤其是炸的，不但油要多，而且炸的過程當中又會損耗掉很多油，是屬於比較奢侈浪費的烹調方法，因此，大概只有過年過節、請客辦桌時才會用到。

煎，是用少量的油乾煮食物，用油比炸的省，而且也較省柴火，因此家常烹調時，常用此法來煎魚、肉或者「煎菜脯卵」（tsian-tshài-póo-nñg）。

炒（tshá）是將鍋中的油加熱之後，再下菜料翻攪煮熟，是煎、炸、炒三者當中最省油的一種烹調方法。由於省油、省柴，速度又快，因此不論辦桌或家常菜，都少不了它，是最常用於烹調蔬菜的方式。諺語「無閒刺刺，煎蟳

炒蜅〔註25〕，煮雞煠鱉〔註26〕」（bô-îng-tshì-tshì，tsian-tsîm-tshá-tshih，kûn-kue-sảh-pih）一句話即道出煎、炒、焄、煠四種常見的烹調方法。

滷（lóo）與炕（khòng）二者的烹調方式大致相同，是指用適量的醬油及調味品（如胡椒、辣椒、八角、五香、冰糖、蔥薑蒜等），將大塊的肉用快火煮熟，再用慢火久熬，熬到入味為止，一般而言，炕的時間要比滷稍微久一點。俗諺「滷豬腳」（lóo-ti-kha）、「炕猴膠」（khòng-kâu-ka）係昔人常掛在嘴邊的話語。

炊（tshue）和封（hong）是將食物放入蒸鍋內，開大火讓水滾，利用水蒸氣的熱力使其成熟的方法。用炊的方式，食物不必加蓋，只要裝在容器內，再置於蒸籠或鍋子內去蒸即可，過年過節的甜粿、米糕、紅龜等常用此法蒸熟。封是將食物加上佐料放在密閉的烹飪器具裡久煮悶爛。因為要烹調高貴的食物，所以要裝入有蓋的容器去蒸，以防其氣味外溢，成分流失，一般常用在雞、鴨、蹄膀、魚翅、燕窩之烹調上。

（二）客家的飲食烹調法

至於客家人的烹調方式，在客家諺語中有提到「炸」的烹調方法，例如：「隔夜個油炸粿」，由此得知，客家人的粿可以用炸的，且炸後酥軟好吃。

「炸」的客語叫做「烰（poˇ）」，是用熱油將食物炸至熟的烹調方式。「烰菜（poˇ-coi）」要用到很多油，平常的日子是不會使用的，因為客家人早期物資匱乏，生活儉約，而養成愛用油卻不浪費油的習慣，也由於油炸會耗掉大量的油，實屬浪費，因此油炸食物很難出現在客家菜餚中，一般只用於逢年過節、中元普渡或廟會的重要場合。此外，「煮」也是客家族群最常用的方式，例如「大火煮飯（粥），細火溫（煲）肉」（Tai-foˋ-zuˋ-fan，se-foˋ-vunˊ-ngiugˋ）明白告訴我們煮飯、燜肉所需要的火候不同，也藉以比喻做事需要訣竅。「冷水煮冷飯，任煮毋會爛〔註27〕」（langˊ-suiˋ-zuˋ-langˊ-fan，im-zuˋ-mˇ-voi-lan），煮雖是最簡單的烹調方式，只需將食物放入水或湯中加熱烹熟即可，但從這句話可看出煮也有訣竅，火候的控制也要得宜，即使是剩飯的

〔註25〕蜅，正字為「蟳」，甲殼類動物。殼兩端尖，狀如梭子，顧名「梭子蟹」，螯較為細長，有鋸齒。棲息於海底，可食用，肉質鮮美。
〔註26〕徐福全，《福全臺諺語典》，臺北市：徐福全，1998，頁405。
〔註27〕教育部臺灣客家語常用詞辭典，http://hakka.dict.edu.tw/hakkadict/index.htm，104.10.8。

處理也不可馬虎，得用熱水才能將剩飯熬煮成粥；這是客家婦女的經驗之談。

「煠（sab）」就是以水燙煮。早期物資缺乏的年代，家庭用油很省，大都用煠的方式煮熟食物，只要用水煮沸，加入食材即可食用。例如煠豬肉，就是用水煮豬肉。也有煠豬菜、煠卵、煠雞仔或煠鴨仔。〔註28〕煠就是用水煮，加熱的時間很短，可以減少柴火使用量，而且不用添加任何調味料，沾醬即可食用，較為下飯。

「熻（hib`）」是將菜燜煮到熟。其優點是可以讓菜容易熟成，而且保持菜的甜度，養分不會流失。熻是在烹煮時將菜加入蒜、薑後，用蓋子密蓋好，菜會收斂、收縮的煮食方式。像是熻菜瓜仔、熻吊菜仔〔註29〕。〔註30〕

「封」，客家烹調方式所使用的封，有密閉之意。封的做法是先把三層肉或雞肉放入油鍋稍微炸過，等到肉表面成了金黃色就可以熄火，然後找一隻大鍋子，放入炸好的肉，再加入酒、蒜頭、醬油、冰糖或二砂糖、調味料一起煮。待水滾後，火轉小。大約半小時之後，放入冬瓜、高麗菜來封。〔註31〕

另外，也有人用苦瓜或白蘿蔔來進行封的烹煮，「客家封肉」就是如此費心，因而成為一道膾炙人口的菜餚。除此之外，客家的烹調方法還有「燉」、「煲」和「炆」、「炒」的方式。「木耳燉豬尾，墨斗煲豬腳〔註32〕」（mug`-mi`-dun´-zu´-mi´，med-deu`-bo´-zu´-giog`），「燉」，是將食物加水煮到爛熟，或放入器皿中隔水以慢火熬煮。「煲」則是用小火熬煮。這兩樣菜譜客家人視為有食療作用。據傳「木耳燉豬尾」可以治療腰骨折傷，舉凡腰酸背痛，吃了均有效益；至於「墨斗煲豬腳」是可以滋潤筋絡關節的妙品，只是「煲」時不可先放鹽，須「煲」上兩三個小時以上才可放鹽，因為此時放鹽，香味才會四溢。〔註33〕

〔註28〕王碧雲，《苗栗客家女性飲食文化的實踐》，國立聯合大學經濟與社會研究所碩士論文，2013，頁114。

〔註29〕吊菜仔，客家話「茄子」的稱法。見「教育部臺灣客家語常用詞辭典」。http://hakka.dict.edu.tw/hakkadict/index.htm。

〔註30〕王碧雲，《苗栗客家女性飲食文化的實踐》，國立聯合大學經濟與社會研究所碩士論文，2013，頁113。

〔註31〕同註26，頁114。

〔註32〕黃永達，《祖先的智慧——臺灣客家俚諺語語典》，臺北市：全威創意媒體，2005，頁79。

〔註33〕黃庭芬，〈台灣閩客諺語的比較研究——從飲食諺語談閩客族群的文化與思維及其在國小鄉土語言教學的應用〉，碩士論文，2005，頁62。

「炆」,從客家經典菜餚「四炆四炒」中,可知道「炆」與「炒」是客家菜的兩大特色。「炆」也就是燜,是指將食物用大鍋燜煮、燜熟,其做法是將食物先處理至半熟,再加湯汁及調味料,蓋緊鍋蓋用中小火長時間加熱,使食物熟爛,湯汁濃厚黏稠。燜與燉最大的不同在於加水量的不同,燉所需的水量較多,大多用來烹煮湯菜;燜則加水量少,煮成帶少許湯汁的菜餚。

「炒」,是指在烹調時,先將食物切成小塊,加少量的油熱鍋,再將食物放入鍋中翻炒拌勻調味,讓食物在炊具中迅速翻動,在較短的時間內完成由生到熟的過程,講求快速、均勻受熱,以保存食物中的各種營養成分,從而達到鮮嫩甘香的目的。客家經典名菜四炆四炒,其中以炒名聞中外。在以前物資缺乏的年代,豬油是拿來炒菜用的,炸豬油剩下的豬油渣客家人也不會浪費,通常會拿來和青菜一起炒,或是加入豆豉變成一道菜。

「四炆」指酸菜炆豬肚、炆爌肉、排骨炆菜頭、肥湯炆筍乾;「四炒」則為:客家炒肉、豬腸炒薑絲、鴨血炒韭菜、豬肺黃梨炒木耳(俗稱鹹酸甜),這八道菜色,無論菜質與菜量、烹調與煮法,絕不鋪張奢華,不僅色、香、味一應俱全,菜色也都具有易保存及方便多次食用的特性,而且食材多保有客家人的節儉美德。客家菜的典型,源自過去客家人在婚喪喜慶及酬神宴客時的八道標準菜色,客家人勤儉刻苦,平時省吃儉用,只在年節宰殺豬、雞、鴨祭拜神明,或於農曆初一、十五準備三牲(豬、雞、魷魚)拜土地公,為了在不浪費食材的考量下,並創造出口感美味的料理,將妥善運用全豬、全雞之所有食材變成各式桌上佳餚,因而有四炆四炒的產生。

(三)飲食烹調方法的比較

總結上述,筆者將福佬及客家的烹調方法表列如下:

表 4-3 福佬及客家的烹調方法

烹調法	福佬的做法	客家的做法
煠(sàh)(sab)	用水來清煮食物,把食物放入滾水中、不加佐料的一種烹飪法。	將水煮沸,放入食材燙煮。
煎	用少量的油乾煮食物	將食物放入少量的油中,並加熱至表面使成金黃色。
煮	食物放入沸滾湯水中來煮熟食物。	將食物放入水或湯中加熱以烹熟。
炒	將鍋中的油加熱之後,再下菜料翻攪煮熟,省油、省柴,速度又快	將食物切成小塊,加少量的油熱鍋,再將食物放入鍋中翻炒拌勻調

		味，讓食物在炊具中迅速翻動，在較短的時間內完成
炸	將食物浸在高溫的油中，透過油的高溫讓食物加熱到熟。	烰（poˇ）用熱油將食物炸至熟
熻（hib`）	密蓋著使不透氣、將食物燜熟。	將菜加入蒜、薑後，用蓋子密封，燜煮到熟。
滷（福）炆（客）	用適量的醬油及調味品，將大塊的肉用快火煮熟，再用慢火久熬，熬到入味為止。	將食物先處理至半熟，再加湯汁及調味料，放入大鍋蓋緊鍋蓋，用中小火長時間加熱，使食物熟爛，湯汁濃厚黏稠。
焐（福）燉（客）	燉煮、熬煮。以小火慢慢熬煮食物。	將食物加水煮到爛熟，或放入器皿中隔水以慢火熬煮。
煲	無	用小火熬煮，不可先放鹽。
煮	食物放在水裡面長時間熬煮，而且煮熟之後仍須用慢火去燒，直到食物本身出味，組織鬆軟為主	無
炕	方法同滷，時間比滷久一點。	無
炊	食物放入蒸鍋，不必加蓋，開大火讓水滾，利用水蒸氣的熱力使食物成熟的方法。	用火燒煮食物。
封	將食物加上佐料放在密閉的容器裡久煮燜爛。大多是烹調高貴的食物，所以要裝入有蓋的容器，以防氣味外溢。	肉放入油鍋稍微炸過，然後用大鍋放入炸好的肉，再加入酒、蒜頭、醬油、冰糖、調味料一起煮。待水滾後，火轉小。大約半小時之後，放入冬瓜、高麗菜來封。

　　福佬及客家的飲食烹調方法其實大同小異，雖然有些烹調法的用詞不同，但是做法卻相當類似，而從我們實際的飲食經驗去印證，也大抵如此，所不同的只是調味料的多寡與口味上的輕重而已。羅肇錦認為：「燉煮煠燙」是用開水加熱使食物變熟的烹飪法；「煎炸浮炆」是用熱油使食物變熟的烹飪法；「炒燴焅」是用油和水加熱使食物變熟的烹飪法；「煠溜蒸煴」是用濕的熱氣使食物變熟的烹飪法；「焙煏烤炙煨」是用乾的熱氣使食物變熟的烹飪法；「熻封炕燜」是用密閉燉器使食物變熟的烹飪法；「滷浸泡」是用浸泡方法使食物變熟的烹飪法。〔註34〕

〔註34〕羅肇錦，〈客家人的「山食」與「山言」〉《飯碗中的雷聲》，臺北市，二魚文化，2010，頁176。

總括來說，福佬的飲食烹調方法較多樣且多變化，對於烹調得宜與否較講究；而客家的飲食烹調方法比較單純傳統，由於生性節儉，對於吃的要求不多，只要能夠糊口即心滿意足。最重要的是，不論福佬客家都與漢族的歷史有著一脈傳承的關係，這是我們不可否認，也無法抹滅的。

第三節　懷孕前期的食物調理

傳統醫學上認為女性生理上有不同的經歷，比如月經、妊娠、分娩、哺育嬰兒、更年期等變化，因此容易「氣血失調」，而導致身體失衡，易使疾病侵入。特別是產婦在生產過程中，因為體力的消耗、血液的流失，使得婦女身心俱疲，因此透過「坐月子」來使分娩後的婦女恢復體力、改善虛弱的身體。中醫師認為婦女生產後只適合「輕補」，半個月後才能食用十全大補之類的湯劑，否則體質過虛將「虛不勝補」。

〈病子歌〉中逐月敘述孕、產婦所喜歡吃的食物，包括懷孕十個月期間，以及產後坐月子的調養，有的寫到十月，有的寫到十二月。筆者將蒐集到的〈病子歌〉中的食物依「前期、後期、產後」分類。本節先針對懷孕前期的食物做說明：

表 4-4　懷孕前期的〈病子歌〉食譜

月份	福　佬	客　家
正月	水梨、新炙腳車藤	豬腸炒薑絲
二月	檨仔青、桃仔青、生蚵來打生、老酒、生蚵煞烟簑、生蠔來打生、白糖泡藕粉	果子煎鴨春、酸菜
三月	老酒、李鹹、紅酒、珠螺來打青 冷冷雞蛋冰、樹梅鹹七珍	酸澀虎頭柑、楊梅
四月	烏樹梅、仙草滴白糖、酸樹梅、王萊 白蜜酸楊梅、竹筍煮鯉干	楊梅、楊梅鳳梨干、黃梨
五月	海澄、新竹雙糕軟、鹹菜煮豬肚 綠豆、鴨母煮烏參、仙查佮油柑	基粽搵白糖、粽子混白糖 楊梅健

據李敏醫師所述，懷孕前期孕婦因害喜而會嘔吐，進食明顯減少，這可能會導致電解質失衡、無機鹽及微量元素明顯減少和蛋白質缺乏等，必須大

量補充高熱量、高電解質、高維生素、易消化的均衡飲食〔註35〕。

以下分析〈病子歌〉所提的懷孕前期大約可分為三類食物：

一、鹹酸甜

婦女在懷孕初期會因為害喜，常有嘔吐、噁心和胃口不佳等症狀，為減輕孕吐的不適，孕婦會愛吃「鹹酸甜」，例如：酸澀的蜜餞、鳳梨、楊桃、鹹菜、梅子、仙楂、油柑等來對抗孕吐。

但從現代醫學的角度來看，其實這樣做並不能緩解孕吐。孕吐是因為胃酸分泌不足、胃腸功能下降失調才出現的。雖然酸辣口味的食物可以刺激胃酸分泌，但如果長期大量食用，有可能損害腸胃的功能。

（一）山楂：山楂性味酸冷，能消食積，但脾胃虛弱、胃酸過多者須慎服，平常人亦不可食用太多。〔註36〕山楂雖然有防治便秘、開胃消食等功效，但卻是不適合孕婦食用的食物之一。因為山楂對子宮有收縮的作用，懷孕期間，尤其是懷孕初期的孕婦常吃山楂，會促進子宮收縮，容易誘發流產症狀。

（二）油柑（油甘）：近年來，攸關健康的議題總是特別吸引人，使得能夠抗氧化的保健食品非常熱門，有生技業者推出「油甘」系列產品，聲稱「油甘」富含人體所需的八種胺基酸及十六種微量元素！然而，鮮少人知的油甘其實早在五千年前的印度就有栽種，且有聖果之美譽。油甘又稱為餘甘子，其肉質硬脆，味道酸澀，食後可回甘，口感舒爽，故又稱餘甘子。油甘原產於印度、大陸及中南半島，台灣也有栽種，由於口感酸澀，有助消除懷孕時的不適，在臺灣歌謠中的〈生育病子歌〉中就有「五月病子者悽慘，愛食仙楂甲油柑」。油甘的果實含有豐富的營養素，包括維他命C含量是柑橘的100倍，蘋果的160倍；抗氧化能力是藍莓的28倍、蘋果的65倍、柳橙的98倍。近年來，有關抗氧化的食品越來越多，有關油甘的文獻也漸漸增多，聯合國衛生組織甚至將油甘納入值得推廣種植的保健植物。〔註37〕新光醫院營養師夏子雯表示，油甘的相關研究主要就是在可以抗氧化，能清除自由基，其所含

〔註35〕李敏，《最完整的孕期飲食宜忌》，新北市：漢宇國際文化有限公司，2014，頁9。
〔註36〕李時珍原著‧臧俊岐審訂《圖解本草綱目‧百草養生治百病》，新北市：華威國際，2011，頁127。
〔註37〕健康醫療網／記者關嘉慶報導，2014/06/20，http://www.healthnews.com.tw/blog/health/15577.htm。

成分包括維他命 C 與微量元素硒，以及含有豐富的 SOD（超氧化物歧化酶）和粗纖維；衛福部並已公告油甘可做為食品原物料，但由於在臺灣的產量較少，而主要種植產地在苗栗地區。

（三）楊梅：楊梅性味酸、甘、溫，鹽藏食之，止渴，去痰止嘔噦，消食下酒，除煩憒惡氣；但能滌腸胃，損齒及筋，切不可多食。〔註38〕

（四）虎頭柑：虎頭柑的果實甚為碩大，故名虎頭，它的果肉有柚子的風味，性味苦、酸、微寒；但味道很酸，不宜食用，果皮厚，可供藥用。〔註39〕

（五）桃：桃性味辛、酸、甘、熱，微毒，做成果脯食，可養顏色。另肺病者應食桃。〔註40〕桃子的營養價值豐富，含有鈣、磷、蛋白質、脂肪、糖、鐵、鋅等成分，其中的含鐵量很高，可以預防貧血，同時桃子中含有大量的維生素 B 和維生素 C，可以補充孕婦體內缺少的維生素。桃含鉀多，含鈉少，適合水腫孕婦食用。

（六）檨仔（芒果）：性味甘、酸，涼，具有清熱作用，有益胃止嘔、生津解渴及止暈眩等功效，甚至可治胃熱煩渴、嘔吐不適及暈車、暈船等症。古時漂洋過海者多購買檨仔以備旅途急用，食後不暈船、不噁心，堪稱果中神品。但芒果不利腎臟，患有急性或慢性腎炎的病人應忌食芒果。〔註41〕

（七）鳳梨：福佬話稱之為王萊（ông-lâi），在潮汕地區稱之番梨，客家話稱為黃梨（vongˇ-liˇ），富含維他命 B1，可消除疲勞、增進食慾，加強代謝功能。但鳳梨含有蛋白分解酵素，所以吃鳳梨時會有咬舌頭的感覺，這種強力的蛋白分解酵素，能幫助肉類消化，所以對消化吸收非常有幫助，但也容易使胃壁受損，有胃潰瘍的人不適合吃鳳梨。

二、清熱食物

婦女懷孕後，在「害喜」期間會很怕冷，等到肚子慢慢大起來之後，卻又很怕熱。俗諺「病囝寒，大肚熱〔註42〕」（pēnn-kiánn-gân, tuā-tōo-jia̍t）形

〔註38〕同註35，頁141。

〔註39〕見臺灣樹木解說 http://subject.forest.gov.tw/species/twtrees/book4/190.htm，2014/4/20。

〔註40〕同註35，頁120。

〔註41〕見維基百科 http://zh.wikipedia.org/zh-tw/%E8%8A%92%E6%9E%9C#.E8.8D.AF.E7.94.A8.E4.BB.B7.E5.80.BC，2014/4/20。

〔註42〕陳主顯，《臺灣俗諺語典》卷五：婚姻家庭，臺北：前衛，2000，頁501。

容得非常貼切，其意思就是婦女懷孕的身體虛寒或燥熱等辛苦，是別人無法替代的，所以為人丈夫及公婆者，只能在生活飲食上給予較好的照顧。懷孕期間，孕婦會因母子二人的體溫而感到燥熱，有時就想吃清涼的飲食，例如：藕粉、竹筍、仙草、綠豆等。

（一）蓮藕：性味涼，甘（熟品性溫）。生品清熱生津，涼血止血；熟用補益脾胃，益血生肌。〔註43〕蓮藕可紓緩腸胃不適、潤肺寧神、促進消化、減壓、消除緊張，有安定精神的功效。若加入熱性食物一同燉煮，可補血。飲鮮藕湯，可健脾開胃、養血生肌。

（二）竹筍：性味甘，微寒，無毒，主治消渴，利水道，益氣可久食，利嗝下氣散熱消痰。〔註44〕竹筍富含豐富蛋白質、人體所需的各種胺基酸。洗淨後切片，煮汁，睡前飲用，可治療失眠。竹筍味甘、性微寒，具有滋陰涼血、和中潤腸、清熱化痰、解渴除煩、清熱益氣、利隔爽胃、利尿通便、解毒透疹、養肝明目、消食的功效，主治食欲不振、胃口不開、脘痞胸悶、大便秘結等病癥。〔註45〕

（三）仙草：甘、淡，性寒。清熱利濕，涼血解暑，解毒。〔註46〕中藥大辭典云：「仙草具有清熱、解暑、除熱毒之功。治中暑、消渴、高血壓、肌肉及關節疼痛」。

（四）綠豆：甘、寒、無毒。綠豆粉：甘、涼、平、無毒。豆皮：甘、寒、無毒，能解熱毒。〔註47〕而中醫師也認為綠豆味甘性涼，有清熱去火的功效。

（五）豬肚：性味甘，微溫，無毒。功效主治：補中益氣止渴，斷暴痢虛弱，補虛損。〔註48〕而醫學百科記載：「根據清代食醫王孟英的經驗，懷孕婦女若胎氣不足，或屢患小產以及娩後虛贏者，用豬肚煨煮爛熟如糜，頻頻服食，最為適宜。」

（六）生蚵（牡蠣）：性味鹹、平，微寒，無毒。功效主治：消除筋脈痙

〔註43〕李時珍原著‧臧俊岐審訂《圖解本草綱目‧百草養生治百病》，新北市：華威國際，2011頁179。
〔註44〕同上，頁91。
〔註45〕http://big5.wiki8.com/zhusun_110525/#11，2014/3/28。
〔註46〕http://zh.wikipedia.org/zh-tw/%E4%BB%99%E8%8D%89#.E8.97.A5.E7.94.A8。
〔註47〕李時珍原著‧臧俊岐審訂《圖解本草綱目：常見病五行漢方調養圖典》，新北市：華威國際，2012，頁566。
〔註48〕李時珍原著‧臧俊岐審訂《圖解本草綱目‧百草養生治百病》，新北市：華威國際，2011，頁498。

攣弛緩，祛除邪熱，有止汗止渴、澀腸止瀉、補腎安神等功效。〔註49〕不過，因為海水污染和保存不當的問題，孕婦要謹慎，切記不可生食，否則有可能將污染物和寄生蟲吃入體內，影響胎兒。

三、罕見食物

在〈病子歌〉中有提到一些臺灣罕見的食物，例如：進口的山東（或唐山）香水梨、唐山烏樹梅、海澄雙糕軟、蟶干、浦南文旦柚、唐山紅荔枝、漳州鹽酸甜等，能夠享用這些罕見的食物，是懷孕及坐月子的媳婦特享的權利，同時這也是丈夫疼愛妻子的表現，一向據在勞動位置上的婦女角色，只有「母以子貴」地經由懷孕，才能享有一段短短的、縱恣的甜美時光〔註50〕，如俗諺「憑囝食，憑囝睏，憑囝領雙份」（pîn-kiánn-tsiah，pîn-kiánn-khùn，pîn-kiánn-niá-siang-hūn）。

（一）梨：果、皮均可入藥。實可解熱、止咳。【性味】果：甘、微酸、涼；梨皮：甘、澀、涼；根：甘、淡、平。【效用】果：生津潤燥，清熱化痰。治熱病，津傷煩渴，痰熱，便秘；葉：治小兒疝氣；梨皮：清心潤肺，降火生津，治暑熱煩渴。〔註51〕梨子的果肉質脆多汁，清甜爽口，醇香宜人。其性甘寒微酸，有清熱利尿、潤喉降壓、清心潤肺、鎮咳怯痰、止渴生津的作用，孕婦吃梨可以治療妊娠水腫及妊娠高血壓。

（二）蟶干：竹蟶是珍貴稀有的海產，而蟶干是竹蟶的乾製品，肉味鮮美，蛋白質含量高，營養豐富。明李中梓《本草徵要》〈第四卷·食療〉：「蟶干，具有補陰，清熱，除煩等功效；去胸中邪熱煩悶，治婦人產后虛損。作湯頗為鮮美，寓藥于食，能消疾病于無形。」而《圖解本草綱目·百草養生治百病》也說蟶干性味甘溫，無毒。功效補虛，去胸中邪熱煩悶，治婦人虛損。〔註52〕

（三）海澄雙糕軟：海澄雙糕潤，產於福建漳州龍海海澄，是傳統的名牌糕點，已經有 170 多年的歷史，用白糖、糯米粉、豬油加冬瓜、栗子肉、

〔註49〕李時珍原著·臧俊岐審訂《圖解本草綱目·百草養生治百病》，新北市：華威國際，2011 頁 451。

〔註50〕黃秋芳，《臺灣客家生活紀事》，臺北市：臺原出版，1993 年，頁 65～69。

〔註51〕李時珍原著·臧俊岐審訂《圖解本草綱目·百草養生治百病》，新北市：華威國際，2011，頁 124。

〔註52〕同上，頁 457。

油蔥精製而成。其特點是：糕如樹膠，氣味芳香，甘甜適口，質純不粘。

第四節　懷孕後期的食物調理

表 4-5　懷孕後期的〈病子歌〉食譜

月份	福　佬	客　家
五月	海澄、新竹雙糕軟、鹹菜煮豬肚 綠豆、鴨母煮烏參、仙查佮油柑	基粽搵白糖、粽子混白糖 楊梅健
六月	王萊炒豬肝、荔枝、甘蔗、包仔甲水餃 菜鴨滾姜絲	仙草泡糖霜
七月	酸楊桃、羊肉炒薑絲、豬肺炒鳳梨 菜鴨煮毛孤、漳州鹽酸甜、海底丁鮠肚	竹筍煲鯒鰍、文旦柚
八月	文旦柚、烏醋炒魚鰍、馬薯炒香菇	豬肉剁肉圓、月鴿剁肉圓
九月	老酒朕鴨母、馬薯炒海參、羊肉炒黑棗 雞爛朕高麗、鴨母焜烏參、一鼎麋 醬瓜焄肉	豬肝煮粉腸

懷孕後期胎兒的發育快速，孕婦在每天保持自身代謝所需的同時，也需要補充大量的營養來供給胎兒生長所需要的高熱量、高蛋白營養以及多種維生素、微量元素。〈病子歌〉中提到懷孕後期的食物包括荸薺、香菇、楊桃、荔枝、文旦柚、豬肝、豬腸炒薑絲、羊肉炒黑棗、鹹菜煮豬肚、鴨母煮烏參、菜鴨煮毛孤、雞爛朕高麗等多項食材，依其食性可將之分類如下：

一、消腫、除濕的食物

約百分之六、七十以上的女性懷孕後，都會出現陰血偏虛，內熱較重的情況。因此在懷孕的各個階段，孕婦吃水果是有講究的，並不是所有的水果都適合吃，有些水果應少吃或者不能吃，因為有些水果可能導致孕婦上火、便秘，甚至會導致孕婦流產或早產。

中醫師認為：「產前宜涼，產後宜溫。」在懷孕初期，孕婦最好不要吃性熱的水果。比如像桂圓、荔枝或是熱帶的進口水果，都是熱性的，孕婦吃了很容易「火上加火」。如果孕婦一次吃太多荔枝，就會有上火的危險，嘴巴乾、起泡，甚至流鼻血，這都是上火的表現。嚴重一點的孕婦，還會出現漏紅、小腹墜脹等先兆流產症狀。另外，桂圓也是熱性水果，孕婦吃了桂圓之後，容

易造成大便乾燥，口乾舌燥。所以，每天吃兩三個荔枝、桂圓不要緊，一不小心吃多了，就喝點金銀花茶來降降火，可以起到緩解的作用。

〈病子歌〉中有一句唱到「愛吃馬薯炒香菇」，「馬薯」就是「荸薺」；「香菇」就是「香菇」。

（一）荸薺：《全國中草藥匯編》記載，荸薺味甘、性寒；清熱止渴，利濕化痰，降血壓。主治熱病傷津煩渴，咽喉腫痛，口腔炎，濕熱黃疸，高血壓病，小便不利，麻疹，肺熱咳嗽等病癥。荸薺具有「消積、除濕、解毒」的功效，可以補充體力、促進排泄。

（二）香菇：《本草綱目》中記載香菇「益氣、不饑、治風破血」，香菇是具有高蛋白、低脂肪、多醣、多種氨基酸和多種維生素的真菌類食物。周中一說香菇具有提高機體免疫功能、延緩衰老、防癌抗癌、降血壓、降血脂、降膽固醇、幫助幼兒骨骼發育、健腦益智、利肝益胃、治療功能性子宮出血等功效。〔註53〕

（三）楊桃：楊桃在藥用植物學上被稱為「五斂子」。《圖解本草綱目·百草養生治百病》指出：五斂子，實去風熱、生津止渴。葉敷腫毒、拔膿生肌。花能治心病、根治中毒、樹皮治紅色粟粒疹。但楊桃含有一種神經毒素，一般人食用可代謝，但腎病患者無法將此毒素排出體外，導致中毒。

（四）荔枝：《圖解本草綱目·百草養生治百病》指出，荔枝性味甘、平，無毒。功效止煩渴，益人顏色，治頭重心躁，背膊煩悶，通神益智健氣。但特別提示荔枝火氣很大，吃多會嘴爛或流鼻血，所以孕婦食用要小心，不宜多吃。

（五）柚子：《圖解本草綱目·百草養生治百病》頁137記載：柚，性味酸寒，主治消食、去腸中惡氣、療姙婦不思食、口淡。由於柚子含有各種豐富的維生素，適合孕婦補充各種維生素食用；另外柚子含有類似胰島素的成份，對於患有糖尿病的孕媽媽來說，柚子是最好不過的水果。貧血是孕期比較常見的現象，柚子有預防貧血症狀發生和促進胎兒正常發育的功效。同時柚子還能增強體質，幫助身體更容易吸收鈣及鐵質。如果孕婦感冒是比較麻煩的事情，因為怕用藥對胎兒有不良影響！此時食用柚子可以有效治療感冒、緩解咽喉疼痛。在氣候乾燥的秋冬季節，孕婦不妨食用一些柚子，可以降火氣、抑制口腔潰瘍。

〔註53〕周中一，《左手黃帝內經·右手本草綱目》，臺北市：文經社，2009，頁285。

（六）甘蔗：【性味】甘，平，澀，無毒。【功效主治】下氣和中，助脾氣，利大小腸，消痰止渴，除心胸煩熱。〔註54〕

醫學百科記載：甘蔗具有清熱解毒、生津止渴、和胃止嘔、滋陰潤燥等功效；主治口乾舌燥，津液不足，小便不利，大便燥結，消化不良，反胃嘔吐，呃逆，高熱煩渴等。

二、進補的食物

福佬有句諺語說：

有燒香有保庇，有食藥有行氣。〔註55〕

ū-sio-hiunn-ū-pó-pì；ū-tsiah-ioh-ū-kiânn-khì

又說：「補胎，較好做月內」，意思是說產前補養比產後補養來得重要有效。關於補胎，〈病子歌〉中提到了「豬腸炒薑絲、羊肉炒黑棗、菜鴨滾姜絲、菜鴨煮毛孤、老酒朕鴨母、雞爛朕高麗、鴨母焜烏參、馬薯炒海參」等多種進補料理。

（一）豬腸：《圖解本草綱目・百草養生治百病》頁498記載，豬腸性味甘，微寒；主治虛渴、頻尿、補下焦虛竭、潤腸治燥。

「豬腸炒薑絲」這道食材，西醫認為豬大腸含有豐富的維他命（A、B1、B2、C、E）、鈣、鎂、蛋白質、鐵、碳水化合物、鋅等，能滋潤補腸，而薑具有活血、暖身、刺激血液循環、止嘔、溫胃止痛的功效。

（二）豬肝：《圖解本草綱目・百草養生治百病》頁495記載，豬肝性味苦，溫，無毒；主治小兒驚癇、冷勞臟虛、乳婦赤白帶下。醫學百科記載豬肝功能主治：補肝，養血，明目。治血虛萎黃，夜盲，目赤，浮腫，腳氣。

（三）羊肉：《圖解本草綱目・百草養生治百病》記載，「羊肉能暖中補虛，補中益氣，開胃健身，益腎氣，養膽明目，治虛勞寒冷，五勞七傷」。羊肉在《本草綱目》中被稱為元陽、有益氣血的溫熱補品，可以去濕氣、避寒冷、暖心胃，還具有補腎壯陽的作用，用於腎虛腰疼、陽痿精衰、性瘦怕冷、病後虛寒、產婦產後大虛或腹痛的輔助食療。

（四）黑棗：棗味甘、性平，有補益脾胃，滋養陰血，養心安神，緩和藥

〔註54〕李時珍原著・臧俊岐審訂《圖解本草綱目・百草養生治百病》，新北市：華威國際，2011，頁177。

〔註55〕徐福全，《福全台諺語典》，台北：徐福全，1998，頁328。

性的功效；用於治療脾氣虛所致的食少、泄瀉，陰血虛所致的婦女臟躁症，病後體虛的人食用大棗也有良好的滋補作用；本品甘溫益氣，質潤養血，味甘又能緩和藥性，用於氣血虧虛及緩解藥物的毒烈之性。據《臺灣風俗誌》之記載，「羊肉炒黑棗」可以「補冬」，〈病子歌〉或許因此將之歸入孕婦進補的食材。

（五）參：《神農本草經》中記載烏參：『補五臟、安精神、定魂魄、止驚悸、除邪氣、明目、開心、益智、久服輕身延年』。傳統中醫認為高麗參有益智健腦、防癌和抗癌、增強免疫力、抗氧化及抗衰老、大補元氣、生津安神、美容等功效。

（六）海參：據《本草綱目拾遺》中記載：海參，味甘鹹，補腎，益精髓，攝小便，壯陽療痿，其性溫補，足敵人參，故名海參。

（七）魚鰍、鰗鰍：《圖解本草綱目‧百草養生治百病》頁432記載，鱃魚，泥鰍。性味甘、平，無毒。【功效主治】暖中益氣，醒酒，解消渴。同米粉煮羹食，調中收痔。醫學百科亦記載：泥鰍【功能主治】補中益氣，利尿除濕。用於急、慢性傳染性肝炎，水腫，皮膚搔癢，痔瘡下墜。

（八）鴿：《圖解本草綱目‧百草養生治百病》頁473記載，鴿肉性味鹹、平，無毒。【功效主治】能解諸藥毒，治療人、馬經久不癒的疥瘡。能調經益氣，治惡瘡疥癬，風疹搔癢。醫學百科記載：鴿，【功能主治】治婦女乾血癆，閉經，癆疾，腸風下血。

〈病子歌〉中所提到的進補食物，恐怕不是一般民眾所吃得起，加上農家婦女多產，怎麼能夠每一胎都補得齊全呢？因此大膽推測歌謠中的如此之作，可能只是有所寄託的美好理想罷了。

第五節　產後進補的食物調理

表 4-6　產後進補的〈病子歌〉食譜

月份	福　佬	客　家
十月	老酒朕雞公、麻油炒雞公、豬肚朕補藥	禾酒炒雞公、麻油炒雞公
十一月	羊肉炒薑絲、滿月圓、羊肉煮炙其	無
十二月	麻油甜土豆、青衣來過年	無

　　俗諺說「生贏雞酒芳，生輸四片〔六片〕枋」，孕婦生產無異是與死神拔河，贏了可以「坐月子」吃到麻油雞酒；輸了就只有進棺材（四片枋）了。

　　產後一個月內稱做「月內」。臺灣「坐月子」的基本食補是「麻油雞酒」。麻油含有高蛋白質，可以幫助乳腺分泌乳汁，並將營養從中轉移給嬰兒；此外能夠排出腹內的脹氣，以免種下疾病的惡因，並能讓身材恢復緊實。

一、坐月子三寶

　　「坐月子」的食材種類眾多，而其中人人所稱的「坐月子三寶」，則是指「米酒、麻油、薑」，以這三種材料來搭配雞、鴨、豬，就可演變出多樣化的食譜。

　　（一）米酒：米酒是以白米做原料發酵而成的，除了酒精與水的成分外，也包含了米製品發酵後的營養成分，其性味甘、苦、辛，溫。以米酒烹調料理，可幫助食物的鮮味散發出來，尤其是肉類及魚類的食材，添加米酒則可去腥。米酒能促進血液循環、新陳代謝，對產婦的血瘀、腰痠背痛、體質衰弱、缺奶、貧血等症狀有療效。

　　（二）麻油：黑麻油是從黑芝麻中提煉而成，顏色呈深褐色，屬性較熱，常用來作為進補使用，可滋補、調養、強身，是產後「坐月子」養身的一大補品。以中醫的角度來看，芝麻具有滋補、黑髮、通便、解毒等功效。《圖解本草綱目：常見病五行漢方調養圖典》記載，芝麻味甘、性平，無毒，【功效主治】補肝益腎，潤發五臟，填精益髓，補血扶贏，營養肌膚。〔註56〕黑芝麻的效用，漢代的《神農本草經》提到：「芝麻補五內，益氣力，長肌肉，填髓腦。久服，輕身不老。」；明代李時珍的《本草綱目》記載：「芝麻味甘、性平，是屬於強壯滋養藥物，有潤膚、補血、明目、補益精血、潤燥滑腸、生津等作用。久服芝麻可以明眼、身輕、不老。」；此外，清代汪昂《本草備要》也提到「胡麻補肺氣，益肝腎，潤五臟，堅筋骨，明耳目，耐飢渴，烏髭髮，利大小腸，逐風濕氣，涼血解毒。」芝麻的營養成份主要為脂肪、蛋白質、醣類，並含有豐富的膳食纖維、維生素 B 群、E 與鎂、鉀、鋅及多種微量礦物質。

　　麻油雞主要由黑麻油、米酒、薑及雞肉煮成，麻油雞的補益作用極大，

〔註56〕李時珍原著・臧俊岐審訂《圖解本草綱目：常見病五行漢方調養圖典》，新北市：華威國際，2012。

對產婦而言，麻油雞是最耳熟能詳的補品，這也和麻油中的亞麻油酸有關，它能幫助產婦子宮的收縮，惡露的排除。當然，麻油雞這種高熱量高蛋白質的食物，也能幫助婦女產後的恢復。

（三）薑：「坐月子」料理中，薑為重要的配料之一，它能輔助藥效發揮，以及促進新陳代謝，亦可使身體保持溫暖，驅逐風寒。《本草綱目》中認為薑：「生用發散，熟用和中。」薑在中草藥中，佔有重要的地位，一般是將嫩薑加以醃漬後食用；而老薑則多入藥或是用來與補品熬燉，所謂：「薑是老的辣」，主要是說老薑比較燥熱，可促進血液循環，驅逐體內寒氣，在產後料理中也常用來搭配麻油料理及藥燉湯頭一起食用，溫熱的薑亦能驅除食物的寒性。

二、進補的食材

（一）雞肉：《圖解本草綱目：百草養生治百病》記載，雞：【性味】甘、平，無毒，【功效主治】能補虛強身，治一切虛衰疾病，又治消渴及噤口痢，也能治產後虛損、崩中帶下。根據《中國傳統飲食宜忌全書》記載，雞肉味甘、性溫，有益五臟、補虛損、健脾胃及強筋骨的功用對虛勞、消瘦、水腫、病後虛弱、久病體虛、健康調理、產婦補養等皆有顯著效益。現代醫學研究提到，雞肉中含有豐富的蛋白質、鈣、磷、鐵，以及維生素 A、C、E 等，含脂量低，是虛弱者理想的蛋白質食材，對產後具有明顯的補益作用。

因此麻油雞不僅為產婦補身聖品，也是天冷時節一般人益氣血、健脾胃、強筋骨的傳統補品。

（二）豬肚：《圖解本草綱目・百草養生治百病》記載：豬肚，性味甘，溫。功效主治：補中益氣，止渴、斷暴痢虛弱、溫養胎氣。

（三）炙其（黃耆）：《圖解本草綱目：常見病五行漢方對症調養圖典》記載：黃耆，性味甘，微溫，無毒。功效主治：能補虛，排膿止痛，可益氣，補男女虛損，療婦人宮冷。

（四）土豆（花生）：《本草綱目》記載：「花生悅脾和胃，潤肺化痰，滋養補氣，清咽止癢。」周中一稱花生是名副其實的「長生果」，可抗老防癌、預防心血管疾病，適用於一般人、孕婦、手術後調養；〔註57〕凡貧血、營養不良、腳氣、水腫等症狀，均可用花生作食療，煮食時最好連豆衣（豆仁的外表薄膜）食用。〈醫學百科〉亦記載：花生，性平，味甘。食療功效：潤肺、

〔註57〕周中一，《左手黃帝內經・右手本草綱目》，臺北市：文經社，2009，頁190。

和胃、補脾。治燥咳，反胃，浮腫，腳氣，乳婦奶少，潤肺化痰，滋養調氣，清咽止咳之功效。

第六節　飲食有忌情不變——孕、產婦飲食的禁忌

懷孕到生產期間，孕婦的心理、生理變化極大，常會出現頭暈目眩、嘔吐、對氣味敏感、情緒低落、胃腸蠕動減慢、出現胃脹及便秘等現象，對食物的好惡也隨之改變，比如特別喜歡吃酸的食物，這種現象俗稱「害喜」，福佬人稱為「病子」，客家人則稱為「發子」，但這些新奇特殊的食物，可能對孕婦及胎兒有所妨礙，於是前人就留下許多禁忌。孕婦的飲食禁忌，歷朝傳統醫書均有記載，自唐代以迄明、清，並無太大的變動。這些禁忌的來源可分為兩部份，一部份來自於民間的習俗，在民智未開的時代，婦女懷孕生產好像在和死神打交道，因孕產而死亡的例子很多，使孕婦產生極大的恐懼，為了能順利生下孩子，她們就會去遵守許多的禁忌；另一部份則站在中醫學的觀點，食物有寒性、熱性之分，不同的食物混合會產生不同的變化，而對母體及胎兒產生不良的後果，因而有食物相生相剋的說法。雖然有些禁忌也許是無稽之談，但在「傳宗接代」的重要前提之下，許多的飲食禁忌仍然流傳下來。

有關「懷孕婦女的飲食禁忌」論述甚多，在唐代孫思邈的《孫真人備急千金要方》，以及元代忽思慧的《飲膳正要》中均有提及；至於近代如高賢治的《客家舊禮俗》、簡榮聰的《臺灣生育文化》、林明義的《臺灣冠婚葬祭家禮全書》、陳瑞隆的《台灣生育冠禮壽慶禮俗》、涂順從的《南瀛生命禮俗誌》、姜義鎮的《生育禮俗》諸書中也均有論述；至於現代醫學書籍方面，對孕婦飲食的禁忌，則是採行科學論證的說法，比較沒有爭議性。

一、傳統福佬的孕婦飲食禁忌

在早期社會，科學並不發達，民間對孕婦流產、難產、生出殘缺兒等，難以作出解釋，於是穿鑿附會出種種迷信及禁忌，以此規範孕婦及旁人共同遵守。這些孕產禁忌，大多保留在傳統中醫婦科典籍裡，例如《飲膳正要》〔註58〕所載：

〔註58〕忽思慧，《飲膳正要》，台灣商務，台北市：1993。

食兔肉令子無聲，缺唇；食山羊肉令子多疾；食雞子、乾魚，令子多瘡；食桑椹、鴨子，令子倒生；食雀肉、飲酒，令子心淫、情亂、不顧羞 ；食雞肉、糯米，令子生寸白蟲；食雀肉、豆醬，令子面生黑干黯；食鱉肉令子頸短；食驢肉令子延月；食冰漿絕產；食騾肉令子難產。

這些飲食上的禁忌，萬建中認為是一種心理層面上的民俗信仰，觸犯禁忌所遭致的不幸，是根據巫術的「相似律〔註59〕」和「接觸律〔註60〕」而來〔註61〕，而謝玉萍認為禁忌大多屬於「同類相感」的附會〔註62〕，其實並無科學上的根據，但人們基於一種恐懼遭到不幸的心理，仍然採取「寧可信其有，不可信其無」的態度。

（一）忌吃兔肉：孕婦吃了兔肉，會生下患裂唇的孩子。此乃基於兔嘴中缺的聯想。

（二）忌吃山羊肉：孕婦吃了山羊肉，將來所生的子女會和山羊一樣「肚大骨瘦」，容易生病。

（三）忌吃山雞、乾魚：孕婦吃了山雞、乾魚，會使孩子患皮膚病。

（四）忌吃桑椹、鴨子：會在生產時胎位不正；會生出搖頭晃腦的孩子。

（五）忌吃雞肉、糯米：會使孩子患寄生蟲

（六）忌吃麻雀肉、豆瓣醬：因麻雀身上多斑點，豆瓣醬多用黑豆為原料，吃了會使孩子顏面生暗斑、雀斑。

（七）忌吃鱉：吃鱉會令脖子過短；孩子長大後個性畏縮，容易「吃鱉」。

（八）忌吃驢肉：孕婦吃驢肉，將來孩子會有「驢性」（不聽話），孩子脾氣易暴躁，不會成才；食了驢或騾的肉，也得懷胎十二個月。

（九）忌吃雞爪：孕婦吃雞爪會生出手腳捲曲如雞爪的孩子；孩子長大讀書時愛撕書本，俗語：「食雞腳，撕破冊」。

（十）忌吃螃蟹：孕婦吃螃蟹將來孩子易流口水，這是基於螃蟹吐泡沫

〔註59〕弗雷澤對〈交感巫術〉的解釋，例如利用插小人（紙人、布偶）來詛咒他人的巫術即屬之。

〔註60〕弗雷澤對〈交感巫術〉的解釋，例如偷拿他人的貼身物品（衣物、頭髮）來詛咒他人的巫術即屬之。

〔註61〕萬建中，《解讀禁忌——中國神話、傳說和故事中的禁忌主題》〈緒論〉，頁10～12。

〔註62〕謝玉萍，〈金門傳統生育禮俗之探討〉，頁69。

的聯想；臺灣民間相信螃蟹多腳，孕婦吃了蟹肉，所生子女以後會像螃蟹一樣喜歡抓人手腳。

（十一）忌吃青菜：民間俗信青菜性涼，吃多了易生痰。

（十二）忌吃柿子、芒果、茄子、南瓜：民間俗信柿子、芒果、茄子、南瓜都是毒性比較強的食物，孕婦最好少吃。

（十三）忌吃梨子、木瓜、西瓜：民間俗信梨子性寒，孕婦吃了易引發流產；也相信木瓜、西瓜等瓜類水果，多屬於寒涼性食物，不宜多食。

（十四）忌生冷、冰水：民間俗信食冰漿絕胎；也認為喝冰水易腹瀉，會影響胎兒。

（十五）忌吃醬油：孕婦吃醬油，會生出皮膚黝黑的孩子。

二、傳統客家的孕婦飲食禁忌〔註63〕

（一）忌食薑：由於薑狀如手掌，而薑尾多歧如指，孕婦食薑後，胎兒將會多生手指；

（二）忌吃螃蟹：螃蟹的特徵是多腳橫行，這是基於螃蟹橫著行走的聯想，認為孕婦吃了螃蟹，將來胎兒出生時，也會橫著出生導致難產。

（三）忌吃兔肉：因兔子為三瓣嘴，吃兔肉會生出「兔唇」的小孩。

（四）忌吃狗肉：客家人認為狗肉不潔，吃了會難產。

（五）忌吃鴨頭：吃鴨頭，生下的孩子會搖頭。

（六）忌吃胡椒：吃胡椒生下的孩子不長頭髮。

（七）忌吃龜鱉：吃龜鱉，生下的孩子會縮頭。

（八）忌吃酒：吃酒生下的孩子會呆傻。

（九）忌食鴨肉：吃鴨肉生下的小孩聲音會粗啞。

（十）忌吃公雞：吃公雞，生下的小孩會喜歡夜啼。

（十一）忌吃蝦米、鱔魚：吃蝦米、鱔魚，會生出啞巴的小孩。

三、現代醫學的孕婦飲食禁忌

以現代醫學而言，傳統民間或醫書上流傳的飲食禁忌，大多沒有醫學上的根據，現在的婦產科、中醫科醫生及營養學專家，會根據孕婦及胎兒的發

〔註63〕參考姜義鎮《生育禮俗》，竹東鎮：竹東鎮樹杞林客家文化協會，2011，頁131～132。

育需求，擬定膳食的安排原則。

（一）供給足夠的熱量和營養素：按照熱量和營養素供給標準來調配，尤其注意補充孕婦較易缺乏的鈣、鐵、維生素 D 和 B 群。

（二）選擇食物多樣化：應包括糧穀、動物性食物、蔬菜水果、牛奶及乳製品，既可使膳食多樣化，又可達到互補作用。

（三）適量的進食：讓每餐有飽足感，並避免胃腸負擔過重，最好兼具粗糙和精緻、固體和液體，讓不同的營養吸收均衡。

（四）合理的膳食安排：把食物定質、定量、定時的分配。如果由於消化道功能降低，可適當減少餐次和調整進食數量。

（五）注意膳食的感官狀態：適宜的烹調以減少營養素的流失，盡量做到膳食的色、香、味、形俱全，以刺激食慾，促進食物的消化與吸收。

現代醫學針對孕婦的飲食忌諱，整理如下：

（一）懷孕初期（一至三個月）忌吃的食物〔註64〕

1. 忌龍眼：雖然龍眼具有豐富的營養成分，中醫也認為龍眼有補心安神、養血益脾的功能，但因其屬於大熱食物，而女性懷孕後大多陰血偏虛，陰虛則產生內熱，因此孕婦往往有大便乾燥、口乾、胎熱等症狀。此時吃龍眼不僅不能保胎，反而容易導致漏紅、腹痛等先兆流產症狀。

2. 忌益母草：中醫認為益母草具有活血化瘀、利尿消腫的功效，對女性子宮有明顯的興奮作用，會使子宮強有力的收縮，對胎兒危害十分大，因此孕婦一定要禁用益母草及其相關藥物。

3. 忌山楂：女性懷孕後會出現食慾減退、噁心、嘔吐等早孕反應，所以孕婦常常要透過吃酸味食物來彌補胃酸的不足，以緩解早孕症狀。但是，山楂會刺激子宮收縮，引發流產，因此孕期應禁食山楂。

4. 忌西瓜：中醫認為西瓜屬於寒涼食品，孕婦食用後會刺激子宮，使其收縮頻率加快，對胎兒有嚴重影響，還會引起孕婦頭暈、心悸、嘔吐等症狀，因此不宜。另外，西瓜含糖量高，妊娠合併糖尿病患者一定要禁食。

5. 忌甲魚：甲魚屬於鹹寒食物，有很強的通血活絡、消結散瘀的作用，孕婦食用後可能導致流產，尤其是甲魚的殼，因此孕婦一定要禁食。

〔註64〕參考李敏，《最完整的孕期飲食宜忌》，新北市：漢宇國際文化，2014，頁 56～59。

6. 忌酸性食物：維生素 C、阿斯匹靈等屬於酸性藥物，會使體內鹼度下降，引起身體疲乏、無力。長時間的酸性體質，不僅容易使孕婦生病，而且會影響胎兒正常、健康的生長發育。

7. 忌酒：懷孕期間孕婦即使飲少量酒，也會對胎兒的生長發育產生影響；如果飲酒過量，則會使胎兒畸變，影響胎兒智力及生理的發展，因此孕期應當避免飲酒。

8. 忌海帶：海帶中富含碘，孕婦如果過量食用海帶，攝取碘過量會引起胎兒甲狀腺發育障礙，影響胎兒的正常發育，嬰兒出生後可能出現甲狀腺功能下降的症狀。

（二）懷孕中期（四至六個月）忌吃的食物〔註65〕

1. 忌螃蟹：中醫認為，螃蟹性質極度寒涼，有活血化瘀的作用，脾胃虛寒的人吃了會導致腹痛、腹瀉，而體質虛弱的孕婦食用後，可能導致流產，尤其是蟹爪，有明顯的墮胎作用。

2. 忌蜜餞：在製作蜜餞的過程中，往往會添加大量的人造色素和防腐劑，而孕婦的新陳代謝一般比常人要慢，不可能很快的將這些有害化學物質排出體外，因而會損害母體中胎兒的健康。

3. 忌咖啡：長期大量飲用咖啡，大多數人會罹患失眠症，增加胰腺癌的發病率；也會使血壓升高，易患心臟病。咖啡中的咖啡鹼會破壞維生素 B1，使人出現煩躁、容易疲勞、記憶力減退、食慾下降、便祕等症狀。如果孕婦攝取過量咖啡因，會影響胎兒的骨骼發育，導致手指、腳趾畸形，也會增加流產、早產、嬰兒體重過輕等症狀的可能性。

4. 忌油條：製作油條的過程中需要加入明礬，明礬是含鋁的無機物，如果孕婦每天吃油條，鋁元素的攝取量就相當多，這些鋁元素會經由胎盤侵入胎兒的大腦，造成胎兒大腦發育障礙。

5. 忌糖精及含糖精的食物：孕婦如果長時間食用過量糖精或飲用含糖精的飲料，會對胃腸道黏膜產生強烈的刺激，影響某些消化酶的功能，導致消化不良，營養吸收不足，對母體和胎兒造成很大的損害。

6. 忌花椒、芥末、胡椒、辣椒：這些食物都屬於熱性食物，具有很強的

〔註65〕參考李敏，《最完整的孕期飲食宜忌》，新北市：漢宇國際文化，2014，頁102～107。

刺激性，容易消耗腸道水分，造成腸道乾燥。腸道祕結後孕婦必須用力屏氣排便，引起腹壓增大，壓迫子宮內的胎兒，易造成胎動不安、胎兒發育畸形、羊水早破、自然流產、早產等不良後果。

7. 忌生冷食品：寒涼食物易損傷脾胃，影響消化功能，並導致瘀血滯留，會引起產後腹痛、產後惡露不絕等。各種冷飲、涼拌菜等低溫食品應忌食。在懷孕期食用冰淇淋、雪糕等，會導致身體疲乏無力、精神不振，因為冷飲中大多含磷酸鹽，會同人體內的鐵質產生化學反應，使鐵質難以吸收。另外過量飲用汽水會因碳酸氫鈉和胃液中和，降低胃酸的消化能力及殺菌作用，影響食慾。

8. 忌鹹魚：鹹魚含有大量的有害物質，而這些有害物質進入人體後會轉化為致癌物質，並會經由胎盤對胎兒產生作用，是一種危害性很大的食物，因此懷孕期一定不要吃鹹魚。

9. 忌生雞蛋：生雞蛋中含有一種對人體有害的鹼性蛋白質—抗生物蛋白，大量攝取這種蛋白質，會阻礙人體對生物素的吸收，使人全身乏力、食慾不振、噁心、嘔吐等；食用生雞蛋也容易導致胃腸炎，使人畏寒、噁心、嘔吐、腹痛、腹瀉。

（三）懷孕後期（七至十個月）忌吃的食物〔註66〕

1. 忌薏仁：中醫認為薏仁性質滑利，對子宮有興奮作用，會促使子宮收縮，引發流產。

2. 忌莧菜：莧菜也是寒涼、滑利的食物，對於子宮有明顯的興奮作用，會增加子宮的收縮次數，並使其收縮強度增大，容易導致流產或早產。

3. 忌罐頭食品：罐頭食品在製作過程中，滅菌與密封如果不嚴格，罐頭可能會被致病微生物汙染，孕婦食用此種罐頭食品，就會發生食物中毒，進而影響到正在發育的胎兒，另外罐頭在製作過程中常常會添加一些防腐劑，而防腐劑對胎兒的正常發育也有不良影響。

4. 忌泡麵等速食品：孕婦在懷孕期，尤其是懷孕後期經常吃泡麵等速食品，會出現營養嚴重不良的症狀，缺乏蛋白質、脂肪、維生素、微量元素等胎兒發育所必需的營養素，使胎兒的發育受到極大的影響，可能成為發育遲緩

〔註66〕參考李敏，《最完整的孕期飲食宜忌》，新北市：漢宇國際文化，2014，頁136～139。

的瘦弱胎兒，出生後會顯得先天不足。

5. 忌大補食品：補品吃得過量，會影響正常飲食營養的攝取和吸收，引起內分泌系統紊亂與功能失調，甚至引發妊娠高血壓和出血症狀。且許多補品含有較多的激素，孕婦濫用這些補品會影響胚胎的正常成熟期，干擾胎兒的生長發育，可能導致胎兒性早熟。

6. 忌豬肝：現在的食用豬大多是用飼料，飼料中一般會添加大量的催肥劑，含有相當多的維生素 A，並在豬肝中大量蓄積。孕婦在懷孕後期常吃豬肝，過量的維生素 A 會嚴重影響胎兒的正常發育，甚至導致胎兒畸形。

7. 忌高脂肪食物：如果孕婦長期吃高脂肪食物（如：肥豬肉、豬肝等），會使大腸內的膽酸和中性膽固醇濃度增加，誘發結腸癌。同時，高脂肪食物會增加催乳激素的合成，使孕婦罹患乳腺癌。

8. 忌高蛋白食物：懷孕後期攝取高蛋白質不僅會影響孕婦的食慾，增加胃腸的負擔，而且會影響其他營養物質的攝取，使飲食營養失去平衡性。過量攝取蛋白質，人體內會產生大量的硫化氫、組織胺等有害物質，容易引起腹脹、食慾減退、頭暈、疲倦等症狀；還容易導致膽固醇增高，加重腎臟腎小球過濾的壓力。

四、傳統與現代孕婦飲食的禁忌比較

從表 4-7 看來，對於孕婦飲食的禁忌，傳統與現代對於植物性的蔬果禁忌，看法的差異性比較大，推究其原因，應是食物冷、熱屬性的關係。

中醫的理論基礎是陰、陽，中醫將所有的東西也用陰、陽來區分，溫、熱為陽，寒、涼為陰。我們所吃的任何一種食物也有陰、陽之分，也有溫、熱、寒、涼之分。溫、熱與寒、涼屬於兩類不同的性質，寒、涼食物有清熱、去火、解毒的作用，溫、熱食物有健脾、開胃、補腎、補益的作用。一般人，尤其是老一輩的人，多多少少都有一些「某種食物是涼的、某種食物是熱的」的模糊概念，食物的「冷、熱屬性」主要是依人體吃了這種食物後所產生的反應來決定。例如喝下一杯烈酒後，馬上就感到全身都熱烘烘起來，由身體的感覺可知酒是屬於熱性的；基於類似的反應，辛辣食物也是屬於熱性的。

表4-7 傳統與現代孕婦飲食的禁忌

禁忌	傳統說法	現代理論
忌吃羊肉	吃了山羊肉，將來所生的子女會和山羊一樣「肚大骨瘦」，容易生病。	羊肉性溫，是助元陽、補精血、療肺虛、益勞損之妙品，鐵的含量是豬肉的6倍，是一種良好的滋補強壯食物。
忌吃螃蟹	基於螃蟹橫著走的聯想，認為吃蟹肉，將來胎兒出生也會橫著出生，導致難產。	螃蟹性偏寒涼，有活血化瘀的作用，脾胃虛寒的人吃了會導致腹痛、腹瀉，尤其是蟹爪，會導致流產。
忌吃鴨肉	民間認為吃鴨肉生下的小孩聲音會粗啞，鴨肉有毒，因此禁止孕婦食用鴨肉。	鴨肉富含蛋白質、維生素，性甘寒，有滋養身體、益氣養神、調胃和中的作用。民間常用鴨肉滋陰補虛、利尿消腫。
忌吃魚	魚肉多腥味，吃了孩子易得皮膚病	魚肉大多味甘性平，含有鈣、磷、鐵及各種維生素，可治氣血虧虛、孕婦水腫、筋骨痿軟等症狀。
忌吃薑	由於薑的形狀像人的手掌，而且薑尾分歧如手指，因此人們認為經常吃薑，胎兒將會多出手指頭。	生薑是傳統治療噁心、嘔吐的食物，對緩解孕婦晨吐十分有效，還有促進血液循環、驅散寒邪的效用。
忌吃白蘿蔔	民間俗信白蘿蔔性寒，孕婦不宜食用；又認為白蘿蔔會消耗能量，因此不宜與補藥共服，容易降低療效。	白蘿蔔性味辛、甘、涼，有清熱解毒、利尿通便、健胃消食、化痰止咳及解酒等功效，富含多種營養素，具有減少癌變等藥理作用。
忌吃木瓜	民間俗信木瓜、西瓜等瓜類水果，多屬於寒涼性食物，不宜多食。	中醫認為木瓜有健脾胃、助消化、清暑解渴、降血壓、解毒消腫、通乳、驅蟲等功效，也是一種天然的抗氧化劑。
忌吃糯米	吃糯米會使孩子患寄生蟲。	糯米性溫、味甘，富含澱粉、磷、鈣、鐵、維生素B1、B2，有溫胃、補中益氣、補肺健脾及增強胃腸等功能，對頻尿也有很好的效果。
忌吃青菜	民間俗信青菜性涼，吃多了易生痰。	青菜富有纖維質，而菠菜、大白菜、芹菜均含多種維生素，胡蘿蔔素、礦物質、蛋白質、微量元素，營養豐富，不可或缺。
忌吃芒果	民間普遍認為芒果有毒，若孕婦多吃有顏色多水果，則胎兒皮膚會變黃。	根據中醫食療性味的分析，芒果性平味甘、解渴生津。生食能止嘔、治暈船，效果與話梅一樣，因此孕婦懷孕期間若有作悶作嘔，也可吃芒果肉或以芒果煎水進食。

| 忌吃梨子 | 民間俗信梨子性寒，孕婦吃了易引發流產。 | 梨子性甘寒微酸，有清熱利尿、潤喉降壓、清心潤肺、鎮咳袪痰、止渴生津的作用，孕婦吃梨可以治療妊娠水腫及妊娠高血壓。 |

從上表中可以發現傳統的孕婦飲食禁忌，都屬於寒、涼性食物，如鴨肉、蛋白、蟹、蚌、蚵、蛤蜊、蜆、鱉、海帶、紫菜、西瓜、香蕉、梨、甘蔗、柿子、奇異果、楊桃、竹筍、冬瓜、黃瓜、絲瓜、苦瓜、黃豆、豆腐、芹菜、菠菜、金針、茄子、蓮藕、筊白筍、薏仁、茶葉、綠豆、綠豆芽、鹽、醬油、白糖等，即一般民間所說的冷、涼或退火的食物即是寒、涼性食物。

屬於涼、寒屬性的食物，以蔬果類及海鮮類居多，禽畜肉類比較少。不過在〈病子歌〉中所提到的食物，例如：水梨、生蚵、生蠔、白糖、雞蛋冰、鴨春、仙草、竹筍、荸薺、鱉、鴨肉、柚子、楊桃、甘蔗等，卻都屬於涼、寒性的食物，可見〈病子歌〉中的飲食，並沒有受到傳統飲食禁忌的影響。

五、產婦「坐月子」的飲食禁忌

產婦「坐月子」的禁忌食物，傳統與現代並沒有太大的差異，因此筆者將之合併來敘述：

（一）忌吃生冷食物

婦女產後由於失血過多，身體處於虛冷狀態，應以溫補為主，忌食生冷食物；隋代巢元方《諸病源候論》即云：「新產血露未盡，而取風涼，留冷搏于血，血則壅滯不宣消，蓄積在內。」冷性食物容易損傷脾胃，影響血液循環，易使體內淤血滯留，而引起日後腹痛或惡露排不乾淨，故產後宜食用溫性、熱性食物來調養。

生冷食物指食材本身屬性為寒涼的食物，與食物的溫度無關，一般常見食材中，屬冷性的有植物性的瓜類蔬果，如西瓜、香瓜、菜瓜、小黃瓜、絲瓜、胡瓜、茄子、白蘿蔔、橘子、梨子、柿子、甘蔗、綠豆等食材；海鮮類如蚌、蚵、蛤蜊、蜆、鱉、螃蟹；以及禽類的鴨肉、鴨蛋等。至於未經烹調的食物如涼拌菜餚、生菜沙拉等生冷食品因未經過高溫殺菌，可能帶有細菌，食用過後恐導致腸胃炎。此外，果汁及清涼的飲料，亦被視為冷食，避免在月子期間食用。民間俗信生冷食物會「去補」，亦即減低補藥的功能，故「坐月

子」期間忌吃生冷食物。

（二）不喝白開水

一般產婦在懷孕末期大多會有水腫現象，而產後坐月子正是身體恢復的黃金時期，這段期間應讓身體囤積的水分盡量排出，如果又喝進太多水，會使身材變形，小腹突出。此期間可以龍眼茶代替，或者以米酒加觀音串熬煮來喝，但也不要一次喝進太多水，以免造成水分囤積，在調理食物時也以酒代水，保持身體血液循環暢通。

（三）忌油炸、辛辣、酸鹹、燥熱、刺激性食品

油炸、辛辣的食物，易使產婦上火，傷津耗液，導致口乾、便秘、痔瘡、甚至減少乳汁分泌，產婦生產過後，體內器官尚未完全恢復，腸胃蠕動較慢，不應食用過於油膩或刺激的食物而造成腸胃的負擔。酸鹹食物也應避免食用，因為酸鹹食物易使水分囤積，影響身體的水分排除，可能使小腹凸出；而酸性食物較具有收斂性，多食會使惡露不易排盡。咖啡中含有咖啡因成分，容易造成失眠、興奮、呼吸急促等現象，坐月子期間的產婦需要大量的休息，若飲用咖啡，不但有礙睡眠，也影響腸胃消化，對哺乳的品質也大有影響。

（四）忌吃堅硬食物

因產後脾胃尚虛，消化系統未恢復產前狀態，若食用堅硬食物，較難消化，有損脾胃。此外，生產之初，牙齒較為脆弱，容易因食用堅硬的食物，而造成損傷。若以現代醫學觀點來看，因婦女懷孕階段，身體荷爾蒙產生變化，牙齦容易腫脹出血，加上鈣質被胎兒所吸收，產後造成牙齒較容易鬆動，若在此時食用堅硬食物，可能造成牙齒疼痛，甚至鬆脫，因此，在月子期間，避免食用太過堅硬的食物，除了保護牙齒外，也可避免腸胃消化的負擔。

（五）不吃毒性食物

在中醫的養生觀念中，每種食物都有其性味。一般人的觀念中，鴨肉、鴨蛋，有腥味的海鮮，如魚、蝦、蟹、貝殼、花枝、魷魚等均有毒性，不宜多食。究其原因，應是此類食物大多性寒，食之對傷口癒合有不良的影響。

（六）忌多鹽巴或較鹹食物

「鹽會生風，薑母會去風」（iâm-ē-senn-hong，kiunn-bó-ē-khì-hong）〔註67〕，意謂產婦坐月子忌吃鹽，以免生「月內風」，多吃老薑則可以去風。清汪昂所著的《本草備要》中，描述鹽對人體水分代謝有關，鹽的性味鹹甘辛寒，副作用會走血、滲津、發渴，是水腫消渴人的大忌，故月內婦女應限制鹽的攝取量，鹽分攝取過多易使體內水分難代謝，可能增加心血管或泌尿系統的負擔。

小結

　　對傳統女性來說，除了侍奉公婆、操持家務外，還有一個重責大任，那就是為夫家生下傳宗接代的子嗣。所謂「母以子貴」，當新生命在腹中成長茁壯時，成為女性一生當中最受呵護的時光。〈病子歌〉就是溫馨描述孕婦的口味改變，唱出孕婦的嬌恣和任性的一首嫵媚的愛情篇章。不管是福佬語的「君來問娘愛食什麼？」，還是客家話的「阿哥問娘愛麼介？」這一句看似平常的話，含有無限的愛意和無盡的關懷，而且是增進婆媳良好互動、夫妻溫馨情感的催化劑。

　　福佬及客家〈病子歌〉的表現方式，差別最大的在於她們各自的吃食慾望。福佬〈病子歌〉的食物裡，不但可以看到山東的「香水梨」、新出的「紅荔枝」，其它食物如「海頂雙糕軟、羊肉炒黑棗、馬薯炒海參、麻豆文旦、生蚵老酒」，也一一出現，真是「母以子貴」；至於客家〈病子歌〉的食物，就只是「豬腸炒薑絲、果子煎鴨春、梅子口裡酸、酸澀虎頭柑、竹筍煲鰗鰍」等，脫離不了山居的環境與就地取材的原則，此與福佬人靠海近，嗜食海產的習慣，形成強烈的對比。而在烹調方法上，福佬及客家其實大同小異，雖然有些烹調法的用詞不同，但是做法卻相當類似，所不同的只是調味料的多寡與口味上的輕重而已。

　　婦女懷孕之後，有所謂「養胎」之說，其實就是婦女在懷孕期間要正確的飲食。所謂「一人吃，兩人補」，傳統觀念上認為，在生產前先強化母體的健康，產後也能比較快恢復到產前的狀態。因此，在懷孕的階段應該給予較好的飲食，而產後「坐月子」期間，也要以麻油雞酒來燉補。不管產前或產

〔註67〕徐福全，《福全臺諺語典》，臺北市：徐福全，1998，頁641。

後，傳統孕產婦女均會遵行「陰陽五行」、「均衡和諧」的原則，並遵守傳統飲食的禁忌，以達到理想的健康狀態。

　　至於現代醫學，則採用科學的理論與健康養生的概念，結合婦產科、中醫科醫生及營養學專家，根據孕、產婦及胎兒的發育需求，擬定膳食的安排原則，全方位照顧準媽媽與新生兒的健康。

第五章 結 論

　　本論文以〈病子歌〉為主軸分析版本及其背後的文化意涵。首先將短篇病子歌版本做基本分類及介紹，進而探究中長篇的歌仔冊及表演類型的病子歌，探討傳統女性妊娠期間的身心狀況及飲食，並採用傳統及現代醫學上的解釋來說明孕、產婦的飲食禁忌，接著從生命禮俗的角度來檢視婦女懷孕、生產及新生兒的種種生命禮俗，這些飲食禁忌、生命禮俗也許被視為迷信，甚至是無稽之談，但在從前醫學不發達、醫學常識欠缺的情形下，為了孕、產婦及新生兒的安全及成長，這些傳統用來呵護孕、產婦及新生兒的方法仍得以流傳下來，這無疑是我們研究臺灣文化的重要資產。最後再從〈病子歌〉中出現的食物及烹調法，連結到孕期的食物調理及坐月子的飲食，從中比較兩個族群的飲食差異，探討福佬及客家的飲食文化。

　　「病子非真的病，害喜真的是喜」，農業時代有「多子多孫多福氣」的觀念，所以女子出嫁的陪嫁物品都具有特殊的含意，而最大目的就是要維持宗族香火的延續。在傳宗接代的傳統觀念下，生育自有一套繁瑣的禮俗，雖然在現今的觀點看來，有些是迷信的成分，但是所蘊含的親情，卻令人覺得溫馨無比。我們可從懷孕的辛苦、生產的危險性中，了解早期農業社會婦女懷孕、生產所面臨的困難，體會到「生囝性命在溝墘」、「生囝得平安，親像重出世」的心境，以及徬徨無助之下的應對之策。傳統的臺灣社會，婦女一直長期承受父權的壓制，也一再扮演弱勢、被加害者的角色，他們的一生就像鹹菜的醃漬過程，在不斷的被踐踏之下，造就出堅忍節儉與刻苦耐勞的性格。「鹹」，化為福佬客家族群婦女的文化符碼，卻也道出傳統婦女在家中的地位，常處於勞動被剝削的角色，大部份的臺灣婦女，是無法自省、自覺的；縱

然有自覺的意識，在莫可奈何之下，只好如「鹹菜」般的認命。

　　俗諺說：「查某人，三世無厝」，這樣的觀念，一直深深殘害女性的社會
地位。傳統習俗上，出嫁的女兒不能回家祭拜祖先，不能傳承娘家的香火。
然而當今的社會，很多家庭沒有男丁，依此傳統觀念，很多的宗族就會斷絕
香火。女性地位的提升，應是值得大家深思檢討的課題。

參考文獻

一、專書

1. 片岡巖著・陳金田譯《臺灣風俗誌》，臺北：眾文出版社，1921。

2. 呂訴上，《台灣電影戲劇史》，台北：銀華，1961。

3. 謝樹新，《中原文化叢書（三）》，台北：中原苗友雜誌社，1969。

4. 楊兆禎，《客家民謠・九腔十八調的研究》，台北：育英，1974。

5. 吳瀛濤，《臺灣諺語》，台北：臺灣英文出版社，1975。

6. 林二・簡上仁，《臺灣民俗歌謠》，台北：眾文，1979。

7. 臧汀生，《臺灣閩南語歌謠研究》，台北：臺灣商務印書館，1980。

8. 許常惠，《臺灣福佬系民歌》，台北：百科文化，1982。

9. 楊兆禎，《臺灣客家系民歌》，台北：百科文化，1982。

10. 賴碧霞，《臺灣客家山歌——一個民間藝人的自述》，台北：百科文化，1983。

11. 孫真人，《孫真人備急千金要方》，台北：金逸圖書，1985。

12. 溫隆信，《台灣鄉土歌曲全集》，高雄：獅谷出版社，1985。

13. 高賢治，《客家舊禮俗》，台北：眾文，1986。

14. 劉祥文，《彩色本草備要》，台北：立得出版社，1987。

15. 洪惟仁，《臺灣禮俗語典》，台北：自立晚報，1988。

16. 鄭恆隆，《臺灣民間歌謠》，台北：南海圖書，1989。

17. 舒蘭，《中國地方歌謠集成》3，台北：渤海堂文化，1989。

18. 舒蘭，《中國地方歌謠集成》13，台北：渤海堂文化，1989。

19. 舒蘭，《中國地方歌謠集成》14，台北：渤海堂文化，1989。

20. 舒蘭，《中國地方歌謠集成》16，台北：渤海堂文化，1989。

21. 莊永明，《台灣諺語淺釋》，台北：時報文化，1989。

22. 王仁湘，《民以食為天Ⅱ：中國飲食文化》，台北：中華書局，1990。

23. 簡上仁，《台灣福佬系民歌的淵源及發展》，台北：自立晚報，1991。

24. 陳運棟，《臺灣的客家禮俗》，臺北：臺原出版社，1991。

25. 吳瀛濤，《臺灣民俗》，臺北：眾文，1992。

26. 簡上仁，《臺灣民謠》，臺北：眾文，1992。

27. 王灝，《臺灣人的生命之禮：成長的喜悅》，台北：臺原出版社，1992。

28. 賴碧霞，《台灣客家民謠薪傳》，台北：樂韻，1993。

29. 洪惟仁，《台灣哲諺典》，台北：台語文摘雜誌社，1993。

30. 惠西成、石子，《中國民俗大觀》，台北：漢欣文化，1993。

31. 杜文靖，《大家來唱臺灣歌》，板橋市：北縣文化，1993。

32. 簡榮聰，《臺灣生育文化》，南投市：省文獻會，1994。

33. 鈴木清一郎著・馮作民譯，《增訂臺灣舊慣習俗信仰》，台北：眾文，1994。

34. 劉錦雲《客家民俗文化漫談》，台北：武陵出版社，1995。

35. 徐運德，《客家諺語》，苗栗：中原週刊社，1995。

36. 陳運棟，《台灣的客家禮俗》，台北市：臺原出版社，1995。

37. 林明義，《臺灣冠婚葬祭家禮全書》，台北：武陵出版社，1995。

38. 申士垚・傅美琳主編《中國風俗大辭典》，台北：國家出版社，1996。

39. 鄧景衡，《黑飲・金食・鏽島──台灣飲食文化系譜》，台北：田園城市文化，1997。

40. 簡上仁，《台灣福佬系民謠──老祖先的台灣歌》，台北：漢光文化，1998。

41. 徐福全，《福全台灣語典》，北市：徐福全，1998。

42. 陳正之，《智慧的語珠──臺灣的傳統諺語》，臺中市：省新聞處，1998。

43. 陳瑞隆，《台灣生育冠禮壽慶禮俗》，台南：世峰，1998。

44. 莫光華，《台灣各類型地方戲曲》，台北：南天，1999。

45. 陳正之，《民俗思想起——消失中的常民文化》，南投：台灣省政府，2000。

46. 陳主顯，《台灣俗諺語典——卷五·婚姻家庭》，台北：前衛，2000。

47. 簡上仁編，《福爾摩沙之美——臺灣的傳統音樂》，台北：文建會，2001。

48. 劉還月，《臺灣客家族群史》，南投市：省文獻會，2001。

49. 黃勁連，《乞食·藝旦歌》，台南縣新營市：南縣文化局，2001。

50. 黃勁連編註，《台灣歌詩集》，台南縣新營市：南縣文化局，2001。

51. 涂順從，《南瀛生命禮俗誌》，台南縣新營市：南縣文化局，2001。

52. 黃玲玉，《臺灣傳統音樂》，台北市：國立臺灣藝術館，2001。

53. 劉敬魯，《中國古代的醫學》，台北：文津，2001。

54. 何石松，《客諺100首》，臺北市：五南圖書出版社，2001。

55. 郭月英，《健康優生懷孕食譜》，臺北市：傳統色事業有限公司，2001。

56. 藍雪霏，《閩台閩南語民歌研究》，福州：福建人民出版社，2002。

57. 楊麗祝，《歌謠與生活——日治時期臺灣的歌謠採集及其時代意義》，台北：稻鄉出版社，2003。

58. 胡泉雄，《臺灣客家民謠精華》，桃園：吉聲影視音有限公司，2003。

59. 劉還月，《台灣島民的生命禮俗》，台北：常民文化，2003。

60. 李秀娥，《臺灣傳統生命禮儀》，台中：晨星，2003。

61. 金文男，《民俗文化趣談·壽誕》，香港：萬里書店，2004。

62. 鄭榮興，《台灣客家音樂——客家音樂的風格展現與戲曲歌謠的演變》，台中：晨星，2004。

63. 黃永達，《祖先的智慧——台灣「客家俚諺語」語典》，台北：行政院客委會，2005。

64. 楊寶蓮，《臺灣客語說唱》，新竹：新竹縣文化局，2006。

65. 陳麗華，《台灣辦桌食譜》，台北：玉山社，2006。

66. 歐瑞雲《細說義·美人生——關於你我的生命禮俗書》，台北：典藏藝術

家庭，2007。

67. 杜建坊《歌仔冊起鼓──語言、文學與文化》，台北：台灣書店，2008。

68. 施炳華《台灣歌仔冊欣賞》，台南：開朗雜誌事業有限公司，2008。

69. 卓克華《台灣舊慣生活與飲食文化》，台北：蘭臺出版社，2008。

70. 曾彩金，《六堆俗諺語》，屏東市：屏縣六堆文化研究學會，2008。

71. 莊永明《1930 年代絕版臺語流行歌》，台北：北市文化局，2009。

72. 周中一《左手黃帝內經‧右手本草綱目》，台北：文經社，2009。

73. 黃克武主編《民以食為天：地方飲食文化二》，台北：中華飲食文化基金會，2009。

74. 王秋桂主編《飲食文化綜論》，台北：中華飲食文化基金會，2009。

75. 詹益宏，《從懷孕到分娩：最完整的一本準媽媽必備書》，臺北市：臺視文化，2010。

76. 邢莉《圖說中國誕生禮儀》，台北：世界書局，2010。

77. 陳龍廷《發現布袋戲：文化生態‧表演文本‧方法論》，高雄：春暉，2010。

78. 陳龍廷《庶民生活與歌謠：臺灣北海岸的褒歌考察》，高雄：春暉，2010。

79. 焦桐《飯碗中的雷聲》，台北：二魚文化，2010。

80. 黃婉玲《百年臺灣古早味：尋訪真實老味道》，台北：健行文化，2011。

81. 周春才《漫畫黃帝內經：素問篇》，新北市：晶冠，2011。

82. 姜義鎮《生育禮俗》，新竹縣竹東鎮：竹東鎮樹杞林客家文化協會，2011。

83. 陳文榮《古早味》，台北：二魚文化，2012。

84. 黃子堯主編《當代客家文學‧2012》，新北市：臺灣客家筆會，2012。

85. 李時珍編著‧臧俊岐審定，《圖解本草綱目：常見病五行漢方對正調養圖典》，新北市：華威國際事業，2012。

86. 鄭如玲，《坐月子特效食譜》，新北市：人類智庫數位科技，2012。

87. 徐慧茵，《坐月子體質調教聖經》，新北市：臺灣廣廈，2013。

88. 李敏，《最完整的孕期飲食宜忌》，新北市：漢宇國際文化，2014。

二、學位論文

1. 黃筱玲，《作月子習俗之研究》，國立臺灣師範大學家政研究所碩士論文，1999。

2. 黃菊芳《〈渡子歌〉研究》，國立政治大學中國文學研究所碩士論文，1999。

3. 徐子晴，《客家諺語的取材和修辭研究》，國立新竹師範學院台灣語言與語文教育研究所碩士論文，2000。

4. 許蓓苓，《台灣諺語反映的婚姻文化》，東吳大學中文系碩士論文，2000。

5. 李婉君，《台灣河洛話有關查某人諺語之研究》，彰師大國文系教學研究碩士論文，2003。

6. 黃久華，《產婦執行坐月子習俗遵循度與產後健康狀態之相關性研究》，國立陽明大學社區護理研究碩士論文，2003。

7. 鍾珮煖《傳統孕產民俗及文學作品之研究》，國立花蓮教育大學民間文學研究所博士論文，2007。

8. 楊淑玲，《生育習俗對中老年婦女保健觀念之影響》，高雄醫學大學護理學研究碩士論文，2004。

9. 黃庭芬，《台灣閩客諺語的比較研究——從飲食諺語談閩客族群的文化思維及其在國小鄉土語言教學的應用》，高雄師範大學台灣語言及教學研究所碩士論文，2005。

10. 游素錦，《臺灣閩南語諺語中飲食文化與健康觀之研究》，國立臺北教育大學生命教育與健康促進研究所碩士論文，2006。

11. 林昭惠《玉珍漢書部《最新病子歌》研究》，國立臺灣師範大學國文學系在職進修碩士班碩士論文，2008。

12. 林恬如，《坐月子飲食文化——飲食禁忌與飲食規範綜論研究》，輔仁大學食品營養學系研究所碩士論文，2006。

13. 李姿慧，《民以食為天——閩南語烹調詞彙研究》，高雄師範大學臺灣文化及語言研究所碩士論文，2006。

14. 林子傑，《臺灣閩南客家小戲的互動滲透——以桃花過渡、十八摸、病子歌為主的考察》，銘傳大學應用中國文學系碩士在職專班碩士論文，2007。

15. 于佩玉，《臺灣客家節令及其食俗文化之研究》，淡江大學漢語文化季文獻資源研究所碩士論文，2007。

16. 鄭怡卿，《臺灣閩客諺語中的女性研究》，中央大學中文系碩士論文，2008。

17. 林昭惠，《玉珍漢書部〈最新病子歌〉研究》，國立臺灣師範大學國文學系在職進修班碩士論文，2008。

18. 張瑞光，《臺灣信仰習俗中的語言文化研究》，國立臺灣師範大學臺灣文化及語言文學研究所碩士論文，2008。

19. 鐘珮煖，《傳統孕產民俗及文學作品之研究》，國立花蓮教育大學民間文學研究所博士論文，2008。

20. 黃硯鋼，《臺灣客家諺語之教化功能研究》，臺北市立教育大學中國語文學系研究所碩士論文，2009。

21. 張晶雅，《臺灣民間音樂的多元樣貌——以百家春、桃花過渡、病子歌為例》，國立臺北藝術大學音樂學系碩士在職專班碩士論文，2010。

22. 王榮峰，《台灣閩南俗語中的生命禮俗》，中興大學台灣文學所碩士論文，2010。

23. 郭玟君，《近五十年來台灣閩南婦女產後月內飲食調養之研究》，國立高雄餐旅學院台灣飲食文化產業研究所碩士論文，2010。

24. 劉敏貞，《台灣客家女性諺語中的文化意涵研究》，國立臺北教育大學台灣文化研究所碩士論文，2010。

25. 楊寶蓮，《臺灣客語勸世文之研究——以〈娘親渡子〉為例》，臺北市立教育大學中國語文學系博士論文，2011。

26. 黃明秀，《台灣生育禮俗與信仰之研究》，國立臺北教育大學台灣文化研究所碩士論文，2012。

27. 廖純瑜《台灣客家飲食文學的研究》，國立中央大學客家語文研究所碩士論文，2012。

三、期刊及單篇論文

1. 黃得時，〈臺灣歌謠之形態〉，《文獻專刊》第三卷第一期，1952。

2. 曹甲乙〈古時的分娩習俗〉，《台灣風物》19 卷 3 期，1969。

3. 曹甲乙〈雜談七字歌仔〉,《台灣風物》33 卷 3 期,1983。

4. 陳健銘〈閩台歌冊縱橫談〉,《民俗曲藝》52 期,1988。

5. 周純一〈「台灣歌仔」的說唱形式應用〉,《民俗曲藝》71 期,1989。

6. 周榮杰,〈台灣諺語之社會觀的探討〉,《台南文化》29 期,1990 年 6 月,頁 17～48。

7. 王順隆〈談台閩「歌仔冊」的出版概況〉,《台灣風物》43 卷,3 期,1993。

8. 王順隆〈閩台「歌仔冊」書目・曲目〉,《台灣文獻》45 卷 3 期,1994。

9. 王順隆〈「歌仔冊書目」補遺〉,1996。

10. 林明德〈臺灣的飲食文化〉,《台灣風物》44 卷 1 期,1994。

11. 徐福全〈從諺語看台灣的傳統飲食文化〉,《第四屆中國飲食文化學術研討會論文集》,1995。

12. 羅煥光〈傳統客家生育禮俗〉,《史博館學報》,第 4 期,1997。

13. 胡紅波,〈台灣的月令聯章歌曲〉,《台灣民間文學學術研討會論文集・清華大學》,1998。

14. 胡紅波〈臺灣的月令格聯章歌曲〉,《台灣民間文學學術研討會論文集》,清華大學中國文學系承辦,1998。

15. 彭永鑫〈坐月子做些什麼?〉,《嬰兒與母親》258 期,臺北市:家庭出版社,1998。

16. 方耀乾〈台灣古早女性的生活畫像——以台灣民間歌謠為論述場域(台語)〉,《台南女子技術學院學報》,第 18 期,1999。

17. 吳宜樺・郭素珍〈本省婦女坐月子期間依傳統習俗執行飲食規範之探討〉,《護理新象》第 9 卷第 1 期,1999。

18. 何素花,〈台灣諺語對婦女的規範〉,《台灣風物》五十一卷三期,2001 年 9 月,頁 141～164。

19. 曾品滄,〈從歌仔冊「最新十二碗菜歌」看台灣早期飲食〉,《臺灣風物》52 卷 3 期,2002,頁 9～18。

20. 宋錦秀,〈傳統妊娠文化中的婦女〉,《兩性平等教育季刊)》第十八期,2002,頁 67～73。

21. 翁玲玲，〈產婦、不潔與神明——作月子儀式中不潔觀的象徵意涵〉，《兩性平等教育季刊）》第十八期，2002，頁 59～66。

22. 楊昭景‧邱文彬，〈生存、覺知與存在：客家飲食內涵與發展〉，《餐旅暨家政學刊》第二卷第一期，2005，頁 71～81。

23. 鐘珮煖，〈田螺吐囝為囝死——閩南孕產文學內容探析〉，2006。

24. 許雅芬，〈台灣閩南諺語中早期社會的婦女形象〉，《花蓮教育大學民間文學研究所集刊》，2006。

25. 林裕學，〈析論台灣閩南諺語中女性的婚姻地位〉，《中國語文》589 期，2006。

26. 高于雯，〈傳統女性懷孕後的幾個面向——以最新病子歌為例〉，《第一屆台灣羅馬字青年學者學術研討會》，2008。

27. 許蓓苓，〈台灣謠諺所反映的生產觀念〉，《台北市孔孟月刊》第三十八卷第十二期，2008。

28. 陳玉箴，〈食物消費中的國家、階級與文化展演：日治與戰後初期的「臺灣菜〉，《臺灣史研究》15 卷 3 期，2008，頁 139～186。

29. 徐福全，〈從諺語看台灣的生命禮俗〉，《大同大學通識教育年報》第 5 期，2008、6，頁 11～23。

30. 林淑慧，〈台灣方志所載禮儀與飲食文化的詮釋〉，《彰化師大國文學誌》第 18 期，2009、6，頁 67～101。

31. 莊永明，〈臺語歌謠史略—兼談日治時代流行歌〉，2010。

32. 陳貴凰‧黃穗華，〈呷飽、呷好、呷巧、呷健康——臺灣辦桌菜單品項演變之研究〉，《餐旅暨觀光》第八卷第二期，2011，頁 97～126。

33. 胡紅波，〈病子歌的淵源流變與文化意涵〉，《2012 客家當代文學》，2012。

34. 王鵬龍，〈思食病子歌與民俗變遷之探討〉，《古典文獻與民俗藝術集刊》第三期，國立台北大學，2014。

四、網站

1. 竹碧華，〈楊秀卿的唸歌及勸世歌〉，國立臺灣文學館「臺灣歌仔冊」，http://www.nmtl.gov.tw/

2. 臺灣諺語首頁，http://cls.hs.yzu.edu.tw/LM/langu/adage.htm

3. 臺灣大學數位典藏資源中心，http://www.darc.ntu.edu.tw/newdarc/darc/index.html

4. 臺灣客家音樂網，http://music.ihakka.net/web/04_admire_index.aspx

5. 中國百科網，http://www.chinabaike.com/article/39/food/2007/20071017592624.html

6. 客家菜的小故事，http://www.reality.com.tw/case/26/index_a.htm

7. 歌仔冊網頁連結目錄，http://tw.myblog.yahoo.com/jw!CE2YeJqWCRK_f9vlILBYlg--/article?mid=520&...

8. 閩南語俗曲唱本「歌仔冊」全文資料庫，http://hanji.sinica.edu.tw/?tdb=kua-a-chheh

9. 閩南語歌仔冊全文瀏覽，http://southernmin.sinica.edu.tw/minnanbooksong/bin/minnanbooksong_all_list.asp

10. 客家傳統音樂網，http://taiwan.ihakka.net/music_037.htm

11. 民俗思想起，http://163.23.253.211/93-94/93%E5%B9%B4/21/acrobatic/car_drum_team.html

12. 客家戲曲學院，http://hakkafans.myweb.hinet.net/new_page_8.htm

13. 客家音樂鳥瞰地圖，http://club.ntu.edu.tw/~hakka/haksong/main.htm

14. 國立臺灣大學圖書館歌仔冊唸唱知識網，http://liamkua.lib.ntu.edu.tw/songs.html

15. 國立臺灣大學圖書館館藏目錄，http://tulips.ntu.edu.tw/search~S5*cht/?searchtype=X&searcharg=%E8%8A%B1%E8%83%8E%E7%97%85%E5%AD%90%E6%AD%8C&searchscope=5&SUBMIT=%E6%9F%A5%E8%A9%A2&SORT=DZ&sortdropdown=-&searchlimits=&searchorigarg=X%7Bu54C8%7D%7Bu5229%7D16.

16. 國家圖書館期刊文獻知識網，http://readopac.ncl.edu.tw/nclJournal/

17. 臺灣閩南語常用詞辭典，http://twblg.dict.edu.tw/holodict_new/index.html

18. 臺灣客家語常用詞辭典，http://hakka.dict.edu.tw/hakkadict/index.htm

19. 臺灣博碩士論文加值系統，http://ndltd.ncl.edu.tw/cgi-bin/gs32/gsweb.cgi/login?o=dwebmge&cache=1339947852333

20. 國家圖書館全球資訊網，http://www.ncl.edu.tw/mp.asp?mp=3

附錄一 「正月○來桃花開」形式的 〈病子歌〉

一、開文書局版〈改良思食病子歌〉，上海：開文書局，時代不明

正月桃花開	娘今病子無人知	君今問娘愛食物
愛食山東香水梨	愛食山東香水梨	
二月春草青	娘今病子面青青	君今問娘愛食物
愛食生蠔來打生	愛食生蠔來打生	
三月人播田	娘今病子心艱難	君今問娘愛食物
愛食老酒一大瓶	愛食老酒一大瓶	
四月日頭長	娘今病子面黃黃	君今問娘愛食物
愛食白蜜酸楊梅	愛食白蜜酸楊梅	
五月人把船	娘今病子心悶悶	君今問娘愛食物
愛食海澄雙羔潤	愛食海澄雙羔潤	
六月六毒天	娘今病子心希希	君今問娘愛食物
愛食烏葉紅荔支	愛食烏葉紅荔支	
七月人普施	娘今病子心無意	君今問娘愛食物
愛食漳州鹽酸甜	愛食漳州鹽酸甜	
八月是中秋	娘今病子面憂憂	君今問娘愛食物
愛食浦南文旦柚	愛食浦南文旦柚	
九月九降風	娘今病子心忙忙	君今問娘愛食物

愛食鴨母焜烏參　　　愛食鴨母焜烏參

十月人收冬　　　　　娘今病子腹空空　　　君今問娘愛食物

愛食老酒沉圭公　　　愛食老酒沉圭公

十一月是冬天　　　　娘今抱子依床邊

君今問娘愛食物　　　愛食羊肉煮炙其　　　愛食羊肉煮炙其〔註1〕

十二月年頭邊　　　　娘今抱子倚門邊

君今問娘愛食物　　　愛食青衣〔註2〕來過年　　愛食青衣來過年

二、片岡巖 Ａ 版〈病囝歌〉，《臺灣風俗誌》，臺北：眾文 1921，頁 279

正月順來桃花開，娘仔今病子無人知，哥仔今問娘愛食物？要食唐山香水梨。

二月順來田草青，娘仔今病子面青青，哥仔今問娘愛食物？要食枝尾檨仔青。

三月順來人播田，娘仔今病子心艱難，哥仔今問娘愛食物？要食老酒一大瓶。

四月順來日頭長，娘仔今病子面黃黃，哥仔今問娘愛食物？要食唐山烏樹梅。

五月順來人爬船，娘仔今病子心悶悶，哥仔今問娘愛食物？要食海頂〔註3〕雙糕軟〔註4〕。

六月順來碌磑天，娘仔今病子倚床邊，哥仔今問娘愛食物？要食王萊〔註5〕炒豬肝。

七月順來人普渡，娘仔今病子無奈何，哥仔今問娘愛食物？要食枝尾酸楊桃。

八月順來是中秋，娘仔今病子面憂憂，哥仔今問娘愛食物？要食蕭壠〔註6〕文旦柚。

九月順來厚葡萄，娘仔今病子心焦燥，哥仔今問娘愛食物？要食老酒朕鴨母。

十月順來人收冬，娘核〔註7〕兒落土腹內空，哥仔今問娘愛食物？要食二瓶老

〔註1〕炙其，就是中藥耆耆（黃耆）。

〔註2〕青衣，一種魚類，又名鸚哥魚。

〔註3〕海頂：即海澄，舊名月港，嘉靖44年奏設海澄縣治，是明穆宗隆慶初年開放海禁的地點。

〔註4〕海頂雙糕軟：就是海澄雙糕潤，產于福建漳州龍海海澄，是傳統的名牌糕點之一，已有170多年的歷史，用白糖、糯米粉、豬油加冬瓜、栗子肉、油蔥精製而成。特點是：糕如樹膠，氣味芳香，甘甜適口，質純不粘。

〔註5〕王萊（ông-lâi），即鳳梨。

〔註6〕佳里舊稱「蕭壠」，「蕭壠」是平埔原住民西拉雅族「蕭壠社」社名。

〔註7〕「核」應是「孩」之誤。

酒朕雞公。

十一月順來是冬天，娘仔今抱子倚門邊，哥仔今問娘愛食物？要食羊肉炒薑絲。

十二月順來是年邊，娘仔今抱子靠床堆，哥仔今問娘穿什麼？要穿綾羅要過年。

三、東方孝義版〈病子歌〉《臺灣習俗》，台北市：同人研究會，1942；1974 台北市：古亭書屋發行影印本，頁147～152

正月巡來桃花開，娘仔今病子無人知，君仔今問娘欲食物？要食唐山香水梨。

二月巡來田草青，娘仔今病子面青青，君仔今問娘欲食物？要食枝尾樣仔青。

三月巡來人播田，娘仔今病子心艱難，君仔今問娘欲食物？要食老酒一大瓶。

四月巡來日頭長，娘仔今病子面黃黃，君仔今問娘欲食物？要食唐山烏樹梅。

五月巡來人肥船，娘仔今病子心悶悶，君仔今問娘欲食物？要食海澄雙糕閏。

六月巡來磏磚天，娘仔今病子倚床邊，君仔今問娘欲食物？要食王萊炒豬肝。

七月巡來人普度，娘仔今病子無奈何，君仔今問娘欲食物？要食枝尾酸楊桃。

八月巡來是中秋，娘仔今病子面憂憂，君仔今問娘欲食物？要食蕭壠文旦柚。

九月巡來厚葡萄，娘仔今病子心焦燥，君仔今問娘欲食物？要食老酒朕鴨母。

十月巡來人收冬，娘孩兒落土腹內空，君仔今問娘欲食物？要食二瓶老酒朕雞公。

十一月巡來是冬天，娘仔今抱子倚門邊，君仔今問娘欲食物？要食羊肉炒薑絲。

十二月巡來是年邊，娘仔今抱子靠床堆，君仔今問娘穿什麼？要穿綾羅要過年。

四、吳瀛濤A版〈病子歌〉手稿，台南市：國立臺灣文學館典藏

正月算來桃花開，娘仔病子無人知，君仔問娘愛食物，愛食山東香水梨。

二月算來田草青，娘仔病子面青青，君仔問娘愛食物，愛食枝尾樣仔青。

三月算來人播田，娘仔病子心艱難，君仔問娘愛食物，愛食老酒一大瓶。

四月算來日頭長，娘仔病子面黃黃，君仔問娘愛食物，愛食唐山烏樹梅。

五月算來人扒船，娘仔病子心悶悶，君仔問娘愛食物，愛食海頂鬆糕潤。

六月算來磏磚天，娘仔病子倚床邊，君仔問娘愛食物，愛食鳳梨炒豬肺。

七月算來人普渡，娘仔病子無奈何，君仔問娘愛食物，愛食枝尾酸楊桃。

八月算來是中秋，娘仔病子面憂憂，君仔問娘愛食物，愛食蕭壠文旦柚。

九月算來厚葡萄，娘仔病子心焦燥，君仔問娘愛食物，愛食老酒燉鴨母。

十月算來人收冬，孩兒落土腹內空，君仔問娘愛食物，愛食老酒燉雞公。

十一月算來是冬天，娘仔抱子倚門邊，君仔問娘愛食物，愛食羊肉炒薑絲。

十二月算來是年邊，娘仔看子靠床堆，君仔問娘穿甚麼，愛穿綾羅要過年。

五、陳瑞隆版〈病子歌〉，《台灣生育冠禮壽慶禮俗》，台南：世鋒，1998，頁8

正月算來桃花開，娘仔病子無人知，哥來問娘愛食麼，愛食山東香水梨。

二月算來田草青，娘仔病子面青青，哥來問娘愛食麼，愛食枝尾桃仔青。

三月算來人播田，娘仔病子心艱難，哥來問娘愛食麼，愛食紅肉的李鹹。

四月算來日頭長，娘仔病子面黃黃，哥來問娘愛食麼，愛食唐山烏樹梅。

五月算來顧船渡，娘仔病子目箍烏，哥來問娘愛食麼，愛食鹹菜煮豬肚。

六月算來磢磄天，娘仔病子倚床邊，哥來問娘愛食麼，愛食唐山紅荔枝。

七月算來人普施，娘仔病子心無意，哥來問娘愛食麼，愛食羊肉炒薑絲。

八月算來是中秋，娘仔病子面憂憂，哥來問娘愛食麼，愛食麻豆文旦柚。

九月算來九降風，娘仔病子心茫茫，哥來問娘愛食麼，愛食馬薯炒海參。

十月算來人收冬，孩兒落土腹肚鬆，哥來問娘愛食麼，愛食麻油炒雞公。

十一月算來是冬天，娘仔抱子笑微微，哥來問娘愛食麼，愛食吾子滿月圓。

十二月算來是年兜，娘仔看子白泡泡，哥來問娘愛食麼，愛食麻油甜土豆。

六、簡上仁 A 版〈病子歌〉，〈台灣音樂之旅：第四講 台灣早期女性的歌〉〔註8〕

（夫）正月算來囉桃花開　　（妻）娘今病子無人知

（夫）君今問娘囉欲食什麼　（妻）欲食山東香水梨

（夫）愛食我來去買　　　　（妻）你買給我食　　　（夫）哎唷俺某喂

（夫）二月算來囉田草青　　（妻）娘今病子面青青

（夫）君今問娘囉欲食什麼　（妻）欲食生蚵來打鮮

（夫）愛食我來去買　　　　（妻）你買給我食　　　（妻）哎唷老尪仔喂

〔註 8〕http://tw.myblog.yahoo.com/tmcsj-99/article?mid=79&next=73&l=f&fid=13 ，2013/5/24。

（夫）三月算來囉人播田　　（妻）娘今病子心艱難
（夫）君今問娘囉欲食什麼　（妻）欲食紅酒即大瓶
（夫）愛食我來去買　　　　（妻）你買給我食　　　（夫）哎唷三八喂

（夫）四月算來囉日頭長　　（妻）娘今病子面帶黃
（夫）君今問娘囉欲食什麼　（妻）欲食仙草滴白糖
（夫）愛食我來去買　　　　（妻）你買給我食　　　（妻）哎唷老猴仔
〔註9〕喂

（夫）五月算來囉扒龍船　　（妻）娘今病子心憂悶
（夫）君今問娘囉欲食什麼　（妻）欲食五香雙羔潤
（夫）愛食我來去買　　　　（妻）你買給我食　（夫妻）哎唷三八（斬頭）喂

七、鄭恆隆版〈病子歌〉,《台灣民間歌謠》,台北市：南海圖書,1989,頁36～38

（男唱）正月算來囉！桃仔花開,　（女唱）娘今病子無人知,
（男唱）君今問娘囉,要食什麼?　（女唱）要食山東香水梨,
（男唱）要食我來去買,　　　　（女唱）你買給我食,　（男唱）噯唷俺某喂。

（男唱）二月算來囉！田仔草青,　（女唱）娘今病子面青青
（男唱）君今問娘囉,要食什麼?　（女唱）要食生蚵來打生,
（男唱）要食我來去買,　　　　（女唱）你買給我食,　（男唱）噯唷俺某喂。

（男唱）三月算來囉！人仔播田,　（女唱）娘今病子心艱難,
（男唱）君今問娘囉,要食什麼?　（女唱）要食老酒即大瓶,
（男唱）要食我來去買,　　　　（女唱）你買給我食,　（男唱）噯唷俺某喂。

（男唱）四月算來囉！日仔頭開長,（女唱）娘今病子面帶黃,
（男唱）君今問娘囉,要食什麼?　（女唱）要食仙草滴白糖,
（男唱）要食我來去買,　　　　（女唱）你買給我食,　（男唱）噯唷俺某喂。

（男唱）五月算來囉！人仔扒船,　（女唱）娘今病子心憂悶,
（男唱）君今問娘囉,要食什麼?　（女唱）要食五香雙羔潤,
（男唱）要食我來去買,　　　　（女唱）你買給我食,　（男唱）噯唷俺某喂。

〔註9〕老猴仔（lāu-kâu-á）妻子怒稱或戲稱丈夫的用語。

（男唱）六月算來囉！六仔毒天，　　（女唱）娘今病子無張遲〔註10〕，
（男唱）君今問娘囉，要食什麼？　　（女唱）要食新出紅荔枝，
（男唱）要食我來去買，（女唱）你買給我食，（男唱）噯唷俺某喂。

（男唱）七月算來囉！是人普渡，　　（女唱）娘今病子心礙礙，
（男唱）君今問娘囉，要食什麼？　　（女唱）要食豬肺炒鳳梨，
（男唱）要食我來去買，（女唱）你買給我食，（男唱）噯唷俺某喂。

（男唱）八月算來囉！是仔中秋，　　（女唱）娘今病子面憂憂，
（男唱）君今問娘囉，要食什麼？　　（女唱）要食麻豆文旦柚，
（男唱）要食我來去買，（女唱）你買給我食，（男唱）噯唷俺某喂。

（男唱）九月算來囉！九仔葡萄，　　（女唱）娘今病子無奈何，
（男唱）君今問娘囉，要食什麼？　　（女唱）要食羊肉炒黑棗，
（男唱）要食我來去買，（女唱）你買給我食，（男唱）噯唷俺某喂。

（男唱）十月算來囉！人仔收冬，　　（女唱）娘今病子腹肉空，
（男唱）君今問娘囉，要食什麼？　　（女唱）要食麻油炒雞公
（男唱）要食我來去買，（女唱）你買給我食，（男唱）噯唷俺某喂。

八、簡上仁 B 版〈病子歌〉，《台灣福佬系民謠——老祖先的台灣歌》，台北：漢光文化，1998，頁 78

九、簡上仁 C 版〈病子歌〉，《福爾摩沙之美：臺灣的傳統音樂》，台北市：文建會，2001，頁 185

正月算來囉桃花開，娘今病子無人知，君今問娘囉要食什麼？要食山東香水梨
　　（男）要食我來去買（女）你買給我吃　哎唷俺某喂

二月算來囉田草青，娘今病子面青青，君今問娘囉要食什麼？要食枝尾桃仔青
　　（男）要食我來去買（女）你買給我吃　哎唷俺某喂

三月算來囉人播田，娘今病子心艱難，君今問娘囉要食什麼？要食老酒即大瓶
　　（男）要食我來去買（女）你買給我吃　哎唷俺某喂

四月算來囉日頭長，娘今病子面帶黃君今問娘囉要食什麼？要食仙草滴白糖

〔註10〕無張遲，《臺灣閩南語常用詞辭典》：無張持（bô-tiunn-tî），無細膩、無小心的意思。

（男）要食我來去買（女）你買給我吃　哎唷俺某喂

五月算來囉人扒船，娘今病子心憂悶君今問娘囉要食什麼？要食五香雙羔潤
　　（男）要食我來去買（女）你買給我吃　哎唷俺某喂

六月算來囉碌磚天，娘今病子倚床邊；君來問娘囉要食什麼？要食新出紅荔枝。
　　（男）要食我來去買（女）你買給我吃　哎唷俺某喂

七月算來囉秋風來，娘今病子心礙礙；君來問娘囉要食什麼？要食豬肺炒鳳梨。
　　（男）要食我來去買（女）你買給我吃　哎唷俺某喂

八月算來囉是中秋，娘今病子面憂憂；君來問娘囉要食什麼？要食麻豆文旦柚。
　　（男）要食我來去買（女）你買給我吃　哎唷俺某喂

九月算來囉九葡萄，娘今病子無奈何；君來問娘囉要食什麼？要食羊肉炒黑棗。
　　（男）要食我來去買（女）你買給我吃　哎唷俺某喂

十月算來囉人收冬，娘今病子腹內空；君來問娘囉要食什麼？要食麻油炒雞公。
　　（男）要食我來去買（女）你買給我吃　哎唷俺某喂

十、婁子匡版：《情歌三百》〈病子歌〉，臺北市：東方文化供應社，1953，頁8

正月算來桃花開，娘今病子無人知，君仔問娘要食麼？欲食山東芳水梨。
正月算來桃花開，姑娘有病沒人知，郎問妹愛吃什麼？要吃山東芳水梨。
二月算來田草青，娘今病子面青青，君仔問娘要食麼？要食生蚵來拍生。
二月算來田草青，姑娘病著面青青，郎問妹愛吃什麼？要吃生蚵做得生。
三月算來人播田，娘今病子心艱難，君仔問娘要食麼？要食刺瓜煮土蟶。
三月算來稻秧播，姑娘病了心難過，郎問妹愛吃什麼？要吃土蟶煮黃瓜。
四月算來日頭長，娘今病子面黃黃，君仔問娘要食麼？要食唐山黑樹梅。
四月算來日難捱，姑娘面孔黃帶黑，郎問妹愛吃什麼？要吃酸甜紫楊梅。
五月算來人扒船，娘今病子心頭悶，君仔問娘要食麼？要食海澄鬆糕潤。
五月算來划船行，姑娘病得心頭悶，郎問妹愛吃什麼？要吃海澄鬆糕潤。
六月算來碌磚天，娘今病子倚床邊，君仔問娘要食麼？要食烏葉紅荔枝。
六月算來是霉天，姑娘生病靠床邊，郎問妹愛吃什麼？要吃紅荔枝生烏葉片。
七月算來人普施，娘今病子心無意，君仔問娘要食麼？要食羊肉炒薑絲。
七月算來人普施，姑娘病得沒心思，郎問妹愛吃什麼？要吃羊肉炒薑絲。

八月算來是中秋，娘今病子面憂憂，君仔問娘要食麼？要食普南文旦柚。

八月算來是中秋，姑娘病著面露愁，郎問妹愛吃什麼？要吃普南文旦柚。

九月算來九降風，娘今病子心茫茫，君仔問娘要食麼？要食馬薯煮海參。

九月算來風陣陣，姑娘病著心不定，郎問妹愛吃什麼？要吃洋薯燒海參。

十月算來欲收冬，孩兒落土腹內空，君仔問娘要食麼？要食麻油炒雞公。

十月算來要過冬，孩兒生出腹內空，郎問妹愛吃什麼？要吃麻油炒雞茸。

十一月算來是冬天，娘今抱子倚床邊，君仔問娘要食麼？要食吾子滿月糍。

十一月來是冬天，姑娘抱子靠床邊，郎問妹愛吃什麼？要吃兒子滿月糍。

十二月算來是年邊，娘今抱子靠門墘，君仔問娘穿甚麼？要穿綾羅來紡絲，白衫滾綠墘。

十二月算來要過年，姑娘抱子站門沿，郎問妹呀你愛穿什麼？要穿白絲羅衫，滾綠邊。

十一、林鋒雄版〈藏調仔（病子歌）〉《找尋老歌仔調》，宜蘭縣政府文化局，2001，頁 103～104

正月算來是桃花開啊　耶吓啊，娘身啊哩來病子嘛驚人知啊，

君今問娘是吃啥麼物啊　耶吓啊？愛吃彼禮山東來香水梨啊

甘啊有啊影啊香啊水梨啊　愛吃山東香水啊梨

咿…咿啊囉啊　咿啊囉啊　咿啊囉咿啊

二月算來是人播田啊　耶吓啊，娘身啊哩來病子嘛辛艱難啊，

君今問娘你吃啥麼物啊　耶吓啊？愛吃彼禮老酒來一大瓶啊

甘啊有啊影啊一啊大瓶啊　愛吃老酒一大啊瓶

咿…咿啊囉啊　咿啊囉啊　咿啊囉咿啊

三月算來是田草青啊　耶吓啊，娘身啊哩來病子嘛面青青啊，

君今問娘你吃啥麼物啊　耶吓啊？愛吃彼禮珠螺是來打青啊

甘啊有啊影啊　來啊打青啊　愛吃珠螺來打啊青

咿…咿啊囉啊　咿啊囉啊　咿啊囉咿啊

四月算來是日頭長啊　耶吓啊，娘身啊哩來病子嘛面青黃啊，

君今問娘你吃啥麼物啊　耶吓啊？愛吃彼禮內山來酸樹梅啊

甘啊有啊影啊　酸啊樹梅啊　愛吃內山酸樹啊梅

咿…咿啊囉啊　咿啊囉啊　咿啊囉咿啊

五月算來是人划船啊　耶吓啊，娘身啊哩來病子嘛心鬱悶啊，
君今問娘你吃啥麼物啊　耶吓啊？愛吃彼禮新竹來雙糕潤啊
甘啊有啊影啊　雙啊糕潤啊　愛吃新竹雙糕啊潤
咿⋯咿啊囉啊　咿啊囉啊　咿啊囉咿啊
六月算來是磽磚時啊　耶吓啊，娘身啊哩來病子來心微微啊，
君今問娘你吃啥麼物啊　耶吓啊？愛吃彼禮黑葉來紅荔枝啊
甘啊有啊影啊　紅啊荔枝啊　愛吃黑葉紅荔啊枝
咿⋯咿啊囉啊　咿啊囉啊　咿啊囉咿啊

十二、賴秀綢版〈病子調〔註11〕〉

正月算來桃花開，娘身病子無人知，
親兄問娘吃什麼，要吃內山香水梨。
要吃我來去買，你買乎我吃，唉唷！厎某喂！

二月算來人播田，娘身病子心甘然，
親兄問娘吃什麼，要吃老酒這大盤。
要吃我來去買，你買乎我吃，唉唷！厎某喂！

三月算來田草青，娘身病子面青青，
親兄問娘吃什麼，要吃生蠔來打青。
要吃我來去買，你買乎我吃，唉唷！厎某喂！

四月算來日頭長，娘身病子面青黃，
親兄問娘吃什麼，要吃內山生樹梅。
要吃我來去買，你買乎我吃，唉唷！厎某喂！

五月算來人扒船，娘身病子心鬱悶，
親兄問娘吃什麼，愛吃海底双高閨。
要吃我來去買，你買乎我吃，唉唷！厎某喂！

六月算來六達時，娘身病子心微微，
親兄問娘吃什麼，要吃菜鴨滾姜絲。

〔註11〕賴秀綢，〈陳旺欉與林榮春歌仔調使用情況之比較〉，宜蘭地區民間藝術之發
　　　　展調查計畫——水文風土與民間藝術——以宜蘭河為例成果發表暨學術研
　　　　討會，2004。

要吃我來去買，你買乎我吃，唉唷！厄某喂！

七月算來人普渡，娘身病子面黑黑，
親兄問娘吃什麼，要吃海底丁鮵肚。
要吃我來去買，你買乎我吃，唉唷！厄某喂！

八月算來是中秋，娘身病子面憂憂，
親兄問娘吃什麼，要吃麻豆文旦柚。
要吃我來去買，你買乎我吃，唉唷！厄某喂！

九月算來九降風，娘身病子心茫茫，
親兄問娘吃什麼，要吃鴨母燉黑參。
要吃我來去買，你買乎我吃，唉唷！厄某喂！

十月算來人收冬，娘身生子腹內空，
親兄問娘吃什麼，要吃麻油炒雞公。
要吃我來去買，你買乎我吃，唉唷！厄某喂！

十一月算來是年邊，娘身抱子偎床邊，
親兄問娘吃什麼，要吃我子滿月圓。
要吃我來去買，你買乎我吃，唉唷！厄某喂！

十二月算來是過年，娘身抱子偎門邊，
親兄問娘穿麼，要穿綾羅甲網絲。
要穿我來去買，你買乎我穿，唉唷！厄某喂！

十三、莊永明版〈十二月花胎〉，《1930年代絕版臺語流行歌》，臺北市：北市文化局，2009

（女唱）人客啊 嘟喔　　　　　（男唱）過來
（女唱）正仔月啊算來是桃花開啊，（男唱）娘仔今來病子無人知啊，
（女唱）我咧今來問娘吃啥麼物啊？（男唱）愛呀吃山東香水梨啊
（女唱）吃啥麼潲啊　　　　　　（男唱）香水梨啊
（女唱）愛吃山東ㄟ香水梨啊咿…
咿啊囉啊　咿啊囉啊　咿啊囉咿啊
（女唱）二月啊算來是田草青啊，（男唱）娘仔今來病子嘛面青青啊，

（女唱）我咧問娘吃啥麼潲啊？　　（男唱）愛吃青蚵來打青啊

（女唱）吃啥麼物啊　　　　　　　（男唱）來打青啊

（女唱）愛吃青蚵來打青啊

咿…咿啊囉啊　咿啊囉啊　咿啊囉咿啊

（女唱）三月啊算來是人播田啊，　（男唱）娘仔今來病子嘛心艱難啊，

（女唱）我咧問娘吃啥麼物啊？　　（男唱）愛吃老酒來一大矸啊

（女唱）吃啥麼潲啊　　　　　　　（男唱）一大矸啊

（女唱）愛吃老酒來一大矸

咿…咿啊囉啊　咿啊囉啊　咿啊囉咿啊

（女唱）四月啊算來是日頭長啊，　（男唱）娘仔今來病子嘛面青黃啊，

（女唱）我咧問你吃啥麼物啊？　　（男唱）愛吃唐山來烏山莓啊

（女唱）吃啥麼潲啊　　　　　　　（男唱）烏山莓啊

（女唱）愛吃唐山來烏山莓啊

咿…咿啊囉啊　咿啊囉啊　咿啊囉咿啊

（女唱）五月啊算來是扒龍船啊，　（男唱）娘仔病子嘛鑼鼓亂紛紛啊，

（女唱）我咧問你吃啥麼物？　　　（男唱）愛吃海頂雙糕潤啊

（女唱）吃啥麼物啊　　　　　　　（男唱）雙糕潤啊

（女唱）愛吃海頂雙糕潤啊

咿…咿啊囉啊　咿啊囉啊　咿啊囉咿啊

快板（女唱）　來啊

（女唱）六月算來是磟碡時啊，　　（男唱）娘仔今來病子來無歡喜啊，

（女唱）我咧問你吃啥麼物啊？　　（男唱）愛吃烏葉紅荔枝啊

（女唱）吃啥麼潲啊　　　　　　　（男唱）紅荔枝啊

（女唱）愛吃烏葉个紅荔枝啊

咿…咿啊囉啊　咿啊囉啊　咿啊囉咿啊紅荔枝啊

（女唱）七月算來是人普渡啊，　　（男唱）娘仔今來病子來真艱苦啊，

（女唱）我咧問你吃啥麼物啊？　　（男唱）愛吃蓮子煨豬肚啊

（女唱）吃啥麼潲啊　　　　　　　（男唱）煨豬肚啊

（女唱）愛吃蓮子煨豬肚啊

咿…咿啊囉啊　咿啊囉啊　咿啊囉咿啊

（女唱）八月仔算來是中秋啊，　　（男唱）娘仔今來病子來面憂憂啊，

（女唱）我咧問你吃啥麼潲啊？　　（男唱）愛吃路邊文旦柚啊

（女唱）吃啥麼潲啊　　　　　　　（男唱）文旦柚啊

（女唱）愛吃路邊文旦柚啊

咿…咿啊囉啊　　咿啊囉啊　　咿啊囉咿啊

（女唱）九仔月算來厚葡萄啊，　　（男唱）娘仔今來病子心操惱啊，

（女唱）我咧問你吃啥麼物啊？　　（男唱）愛吃鴨母燖烏參啊

（女唱）吃啥麼物啊　　　　　　　（男唱）燖烏參啊

（女唱）愛吃鴨母燖烏參啊

咿…咿啊囉啊　　咿啊囉啊　　咿啊囉咿啊

（女唱）十仔月算來是人收冬啊，　（男唱）娘仔病子今來腹內空啊，

（女唱）我咧問你吃啥麼物啊？　　（男唱）愛吃老酒炒雞公啊

（女唱）吃啥麼潲啊　　　　　　　（男唱）炒雞公啊

（女唱）愛吃老酒啊炒雞公啊

咿…咿啊囉啊　　咿啊囉啊　　咿啊囉咿啊

（女唱）十一月算來是冬天啊，　　（男唱）娘仔今來抱子心頭甜啊，

（女唱）我咧問你吃啥麼物啊？　　（男唱）愛吃我子滿月圓啊

（女唱）吃啥麼潲啊　　　　　　　（男唱）滿月圓啊

（女唱）愛吃你子滿月圓啊

咿…咿啊囉啊　　咿啊囉啊　　咿啊囉咿啊

（女唱）十二月算來是年兜邊啊，　（男唱）娘仔抱子倚門邊啊，

（女唱）我咧問你穿啥麼物啊？　　（男唱）愛穿新衫來過年啊

（女唱）來過年啊　　　　　　　　（男唱）來過年啊

（女唱）愛穿新衫來過年啊

咿…咿啊囉啊　　咿啊囉啊　　咿啊囉咿啊

附錄二　「正月裡來新年時」形式的〈病子歌〉

一、苗栗邱秀基、竹北劉玉子對唱〈病子歌〉（小調），苗栗美樂國際唱片行，1963，收於「四季花」

（男）正啊月哪裡來正月時　　　（女）娘今病子呀無啊人知呦

（男）阿伯啊問娘食麼該　　　　（女）愛食豬腸來炒薑絲呀

（男）食啊麼該　　　　　　　　（女）炒啊薑絲

（合）愛食豬腸來炒薑啊絲呦哪啊哪唉呦炒啊薑絲呀

（男）二啊月哪裡來是啊春分　　（女）娘今病子啊亂紛紛哪

（男）阿伯啊問娘來食麼該　　　（女）愛食果子來煎鴨春哦

（男）食啊麼該　　　　　　　　（女）煎啊鴨春

（合）愛食果子來煎鴨啊春哦哪唉哪唉呦煎鴨春哪

（男）三啊月哪裡來三月三　　　（女）娘今病子來心頭淡哦

（男）阿伯啊問娘愛麼該　　　　（女）愛食酸澀虎頭柑哦

（男）食啊麼該　　　　　　　　（女）虎啊頭柑

（合）愛食酸澀來虎頭啊柑哦哪啊哪唉呦虎啊頭柑啊

（男）四啊月哪裡來該日啊又長　（女）娘今病子來亂茫茫啊

（男）阿伯啊問娘愛食麼該　　　（女）愛食楊梅來口裡酸囉

（男）食啊麼該　　　　　　　　（女）口啊裡酸

（合）愛食楊梅來口裡呀啊酸哦哪啊哪唉呦口啊裡酸哪

（男）五啊月哪裡來係端陽　　　　（女）娘今病子來面黃黃啊

（男）阿伯啊問娘愛食麼該　　　　（女）愛食基粽搵白糖哦

（男）食啊麼該　　　　　　　　　（女）搵啊白糖

（合）愛食基粽來搵白啊糖哦哪啊哪唉呦搵啊白糖啊

二、《湯玉蘭歌唱集》〈病子歌〉，苗栗美樂唱片公司，1969

正啊月裡來新年時　　　　　　娘啊今病子來無人知啊

阿哥啊問娘食麼介　　　　　　愛食豬腸炒薑絲呀

恁想食炒薑絲呀　　　　　　　愛食豬腸就炒薑啊絲啊哪唉唷炒薑絲呀

二啊月裡來係春分　　　　　　娘啊今病子就頭暈暈

阿哥啊問娘食麼介　　　　　　愛呀食果子煎鴨春ㄟ

食麼介煎鴨春哪　　　　　　　愛食果子來煎鴨呀春哪唉唷煎鴨春啊

三啊月裡來三日三　　　　　　娘今病子就心頭淡

阿哥啊問娘食麼介　　　　　　愛啊食酸澀來虎頭柑啊

恁枵鬼虎頭柑　　　　　　　　愛食酸澀就虎頭啊柑啊哪唉唷虎頭柑啊

四啊月裡來日啊子長　　　　　娘啊今病子來面皮黃ㄟ

阿哥啊問娘食麼介　　　　　　愛呀食楊梅就口裡啊酸

恁想食ㄉㄧㄚ口裡啊　　　　　酸愛食楊梅就口裡呀啊酸哪唉唷口裡酸啊

五啊月裡來係端陽　　　　　　娘啊今病子心茫茫

阿哥問娘食麼介　　　　　　　愛食庚粽就搵白糖啊

恁想食搵白糖　　　　　　　　愛食庚粽就搵白啊糖哪唉唷搵白糖啊

六啊月裡來就熱難當ㄉㄧㄡ　　娘啊今病子餓斷腸

阿哥問娘食麼介　　　　　　　愛啊食仙草來泡糖霜

食麼介泡糖霜　　　　　　　　愛食仙草來泡糖霜哪唉唷泡糖霜

七啊月裡來係立秋　　　　　　娘啊今病子來面皮趨啊

阿哥問娘食麼介　　　　　　　愛呀食竹筍煲鰗啊鰍

恁枵鬼煲鰗啊鰍啊　　　　　　愛食竹筍就煲鰗哪鰍啊哪唉唷煲啊鰗啊鰍啊

八啊月裡來月啊團圓ㄟ　　　　娘啊今病子還可啊憐

阿哥問娘食麼介　　　　　　　愛啊食豬肉就剁肉圓哪

想食剁肉圓	愛食豬肉就剁肉啊圓哪唉唷剁肉圓
九啊月裡來係重陽	娘啊今病子苦啊難當
阿哥問娘食麼介	愛啊食豬肝煮啊粉啊腸啊
恁想食煮粉腸啊	愛食豬肝來煮粉啊腸啊唉唷煮啊粉啊腸啊
十啊月裡來就小哪陽來春	娘啊今病子肚啊裡來空啊
阿哥問娘食麼介	愛啊食禾酒炒雞公
食麼介炒雞公啊	愛食禾酒就炒雞呀公啊哪唉唷炒啊雞啊公啊
十一月裡來又啊一來冬	手啊揇孩兒笑融融啊
阿哥問娘愛麼介	愛哥揹帶同衫裙
愛麼介同啊衫啊裙	愛哥揹帶就同衫啊裙啊哪唉唷同衫裙
十二月裡啊來又啊一年ㄌㄧㄛ	娘今揇子笑連連
阿哥問娘愛麼介	愛哥紅紙就來袋錢
愛麼介來袋錢	愛哥紅紙就來磧啊年啊哪唉唷來袋錢啊來磧年

三、楊兆禎《客家名謠九腔十八調的研究》〈病子歌〉，台北：育英，1974，頁54

四、楊兆禎《台灣客家戲民歌》〈病子歌〉，台北：百科文化，1982，頁43

（男）正月裏來新年時，	（女）娘今病子無人知，
（男）阿哥問娘食麼個，	（女）愛食豬腸炒薑絲。

二月裏來是春分，娘今病子頭昏昏，阿哥問娘食麼個，愛食羔子煎鴨春。

三月裏來三月三，娘今病子正難堪，阿哥問娘食麼個，愛食酸酸虎頭柑。

四月裏來日頭長，娘今病子心忙忙，阿哥問娘食麼個，愛食楊梅鳳梨干。

五月裏來是端陽，娘今病子面皮黃，阿哥問娘食麼個，愛食粽子混白糖。

六月裏來熱難當，娘今病子苦難當，阿哥問娘食麼個，愛食仙草泡冰糖。

七月裏來係立秋，娘今病子真無修，阿哥問娘食麼個，愛食竹筍煲胡鰍〔註1〕。

八月裏來月團圓，娘今病子真可憐，阿哥問娘食麼個，愛食月鴿剁肉圓。

九月裏來係重陽，娘今病子餓斷腸，阿哥問娘食麼個，愛食豬肝煮粉腸。

〔註1〕胡鰍（fù-qiú），就是泥鰍。

十月裏來係立冬，娘今生子肚裏空，阿哥問娘食麼個，愛食麻油炒雞公。

十一月來又一冬，手攬孩兒笑融融，阿哥問娘愛麼個，愛那皮襖好過冬。

十二月來又一年，手攬孩兒笑連連，阿哥問娘愛麼個，愛那新衫好過年。

五、《中國民謠選集》（台灣省）〈懷喜歌〉何秀琴唱，胡泉雄記譜，行政院新聞局出版，1982，頁 52～53

男：正月裏來新（ㄚ）年時（ㄛ）　　女：娘今懷喜（ㄚ）無（ㄚ）人知（ㄚ）

男：阿伯問你愛食麼個？（ㄛ）　　女：愛食豬腸炒薑絲（ㄚ）

愛食來去買炒薑絲（ㄚ）　　　　　愛食豬腸來炒薑（ㄚ）（ㄚ）絲（ㄛ）（ㄚ）

（ㄋㄚㄞ一ㄛ）　　　　　　　　　炒薑絲（ㄛ）（ㄛ）

二月裏來是春分，娘今懷喜頭昏昏，阿哥問娘愛食麼個，愛食羔子食鴨春。

三月裏來三月三，娘今懷喜正難堪，阿哥問娘愛食麼個，愛食酸酸虎頭柑。

四月裏來日頭長，娘今懷喜心忙忙，阿哥問娘愛食麼個，愛食楊梅鳳梨乾。

五月裏來是端陽，娘今懷喜面皮黃，阿哥問娘愛食麼個，愛食粽子混白糖。

六月裏來熱難當，娘今懷喜苦難當，阿哥問娘愛食麼個，愛食仙草泡冰糖。

七月裏來係立秋，娘今懷喜真無修，阿哥問娘愛食麼個，愛食竹笋煲胡鰍。

八月裏來月團圓，娘今懷喜真可憐，阿哥問娘愛食麼個，愛食月鴿〔註2〕剁肉圓。

九月裏來係重陽，娘今懷喜餓斷腸，阿哥問娘愛食麼個，愛食豬肝煲粉腸。

十月裏來係立冬，娘今生子肚裏空，阿哥問娘愛食麼個，愛食麻油炒雞公。

十一月來又一冬，手攬孩兒笑融融，阿哥問娘愛食麼個，愛那皮襖好過冬。

十二月來又一年，手攬孩兒笑連連，阿哥問娘愛食麼個，愛那新衫好過年。

六、賴碧霞《台灣客家山歌：一個民間藝人的自述》，臺北：百科文化，1983，頁 30～31。賴碧霞唱，羅微嬌記譜

七、舒蘭編《中國地方歌謠集成》第 16 冊台灣情歌（二），台北：渤海堂文化，1989，頁 190～196

（男）正月裡來新年時　　（女）娘今病子無人知

（男）阿哥問娘食麼介　　（女）愛食豬腸炒薑絲

〔註2〕月鴿（ngiet-gap`），鴿子。

（男）二月裡來是春分　　（女）娘今病子亂紛紛

（男）阿哥問娘食麼介　　（女）愛食糕子煎鴨春〔註3〕

（男）三月裡來三月三　　（女）娘今病子心頭淡

（男）阿哥問娘食麼介　　（女）愛食酸澀虎頭柑

（男）四月裡來日頭長　　（女）娘今病子心裡茫

（男）阿哥問娘食麼介　　（女）愛食楊梅口裡酸

（男）五月裡來是端陽　　（女）娘今病子面皮黃

（男）阿哥問娘食麼介　　（女）愛食基棕沾白糖

（男）六月裡來熱難當　　（女）娘今病子苦難當

（男）阿哥問娘食麼介　　（女）愛食仙草泡糖霜

（男）七月裡來是立秋　　（女）娘今病子真無修

（男）阿哥問娘食麼介　　（女）愛食竹筍煲泥鰍

（男）八月裡來月團圓　　（女）娘今病子真可憐

（男）阿哥問娘食麼介　　（女）愛食月鴿剁肉圓

（男）九月裡來是重陽　　（女）娘今病子餓斷腸

（男）阿哥問娘食麼介　　（女）愛食豬肝並粉腸

（男）十月裡來是立冬　　（女）娘今生子肚裡空

（男）阿哥問娘食麼介　　（女）愛食麻油炒雞公

（男）十一月裡來又一冬　　（女）手抱孩兒笑容容〔註4〕

（男）阿哥問娘愛麼介　　（女）愛你冬衫背帶裙

（男）十二月裡來又一年　　（女）手抱孩兒笑連連

（男）阿哥問娘愛麼介　　（女）愛你絲線來串錢

八、賴仁政《台北市傳統客家歌謠教本》〈病子歌〉，傅秋英記譜，北市府客委會，2003，頁70～71

（男）正丫月　裡來新ㄋ丫年時ㄛ　　（女）娘丫今病子冇人知ㄛ

（男）阿哥問娘愛食麼个唷　　（女）愛食豬腸炒薑絲

〔註3〕鴨春（áb- cún），鴨蛋。

〔註4〕笑容容，形容笑容滿面。客家山歌〈祝賀新年〉：「新年到來笑容容，祝賀伯姆並叔公，福如東海長流水，壽比南山萬年松。」。

（男）恁想食（女）炒薑絲

（合）想食豬腸來炒薑ㄚㄚ絲ㄛ　　ㄋㄚ哪哎唷　炒薑絲ㄛ

（男）二ㄚ月　裡來是ㄚ春分ㄋㄛ　　（女）娘ㄚ今病子頭昏昏ㄋㄛ

（男）阿哥問娘愛食麼个唷　　　　　（女）愛食果子煎鴨春
（男）恁想食　　　　　　　　　　　（女）煎鴨春

（合）想食果子來煎鴨ㄚㄚ春ㄋㄛ　　ㄋㄚ哪哎唷　煎鴨春ㄋㄛ

三月裡來三月三，娘今病子心頭淡；阿哥問娘食麼个，愛食酸澀虎頭柑。
四月裡來日頭長，娘今病子心頭茫；阿哥問娘食麼个，愛食楊梅口裡酸。
五月裡來是端陽，娘今病子面子黃；阿哥問娘食麼个，愛食鹹粽沾白糖。
六月裡來熱難當，娘今病子苦難當；阿哥問娘食麼个，愛食仙草泡糖霜。
七月裡來是立秋，娘今病子真有修；阿哥問娘食麼个，愛食竹筍煲鰗鰍〔註5〕。
八月裡來月團圓，娘今病子真可憐；阿哥問娘食麼个，愛食月鴿剁肉圓。
九月裡來是重陽，娘今病子餓斷腸；阿哥問娘食麼个，愛食豬肝並粉腸。
十月裡來是立冬，娘今病子肚裡空；阿哥問娘食麼个，愛食麻油炒雞公。
十一月裡來又一冬，手抱孩兒笑容容；阿哥問娘愛麼个，愛你冬衫背帶裙。
十二月裡來又一冬，手抱孩兒笑連連；阿哥問娘愛麼个，愛你絲線來串錢。

九、謝宇威《山與田》〈病子歌〉，金革唱片，詞／曲：改編自客家傳統歌謠，弦樂編曲：李哲藝，吉他編曲：董運昌，編曲：蔡旭峰，演唱人：謝宇威

正月裡來新年時　　娘今病子無人知喔
阿哥問娘食麼介　　要食豬腸來炒薑絲　　按想食　炒薑絲
要食豬腸來炒薑絲啊絲呦　　哪　唉　呦　炒薑絲呦
二月裡來是春分　　娘今病子來心頭煩喔
阿哥問娘食麼介　　要食果子來煎鴨春　　按想食　煎鴨春
要食果子來煎鴨春啊春呦　　哪　唉　呦　煎鴨春呦
三月裡來三月三　　娘今病子來亂紛紛喔

〔註 5〕鰗鰍（fuˇciuˊ），泥鰍。

阿哥問娘食麼介　　要食酸澀來虎頭柑　　按想食　虎頭柑

要食酸澀來虎頭柑啊柑呦　　哪　唉　呦　虎頭柑呦

十、《蕊翠新歌版》〈最新病子歌〉，臺北市光明社，1932

正月正月新，娘今病子涎直珍〔註6〕，君今問娘愛食物？愛食新炙腳車藤〔註7〕。

二月百花開，娘今病子心直威〔註8〕，君今問娘愛食物？愛食生蚵煞烟簑〔註9〕。

三月是清明，娘今病子心直爭〔註10〕，君今問娘愛食物？愛食冷冷雞蛋冰。

四月荔枝紅，娘今病子心忙忙，君今問娘愛食物？愛食王萊較清香。

五月人縛粽，娘今病子腹空空，君今問娘愛食物？愛食綠豆較輕鬆。

六月蓮花美，娘今病子目眙眙〔註11〕，君今問娘愛食物？愛食甘蔗隨匝剁。

七月人普渡，娘今病子嘴鋪鋪，君今問娘愛食物？食菜菜鴨煮毛孤〔註12〕。

八月是中秋，娘今病子面憂憂，君今問娘愛食物？愛食烏醋炒魚鰍。

九月日頭短，娘今病子袂穿鞋，君今問娘愛食物？愛食雞爛〔註13〕朕高麗。

十月十月臌，娘今病子心直弱，君今問娘愛食物？愛食豬肚朕〔註14〕補藥。

〔註6〕涎直「珍」，應是「津（tin）」的借音字，滴下。例：喙瀾津落來。Tshuì-nuā tin--lòh-lâi.（口水滴下來。）

〔註7〕腳車藤，福州傳統的小吃之一，就是國語所稱的「麻花」。

〔註8〕威，應做「搣（ui）」，以針狀物刺、戳。例：心肝像針搣。Sim-kuann tshiūnn tsiam ui.。

〔註9〕烟簑，即芫荽，俗稱香菜。

〔註10〕爭，應做「舂（tsing）」，搗的意思。例：舂米 tsing-bí。

〔註11〕眙眙朦朧欲睡之貌。

〔註12〕毛孤，就是俗稱的蘑菇。

〔註13〕雞爛，雞僆仔（ke-nuā-á），還未生過蛋的母雞。

〔註14〕朕，燖（tīm），將食物放入密閉的烹具裡蒸煮。例：燖補 tīm póo（燉煮補品）。

附錄三 「正月病子在心內」形式

一、吳瀛濤 B 版《台灣諺語》生育病子歌～2，台北：臺灣英文出版社，1975，頁 398

二、陳瑞隆《台灣生育、冠禮、壽慶禮俗》病子歌（二），台南：世鋒，1998，頁 9

正月病子在心內，若要講人驚人知，看著物件逐項愛，偷偷叫哥買入來。

二月病子人愛睏，三頓粥飯無愛吞，想食白糖泡藕粉，叫兄去買一角銀。

三月病子人嘴冷，腳手酸軟烏暗眩，酸澀買到厝內面，愛食樹梅鹹七珍〔註1〕。

四月病子人畏寒，趕緊綿裘提來蒙，專專愛唾白白涎，想食竹筍煮蟶干〔註2〕。

五月病子者悽慘，愛食仙楂甲油柑，姊妹相招來相探，叫咱鴨母煮烏參。

六月病子真見羞，不時眠床倒條條，愛食包仔甲水餃，三頓無食不知飫。

七月病到還塊病，不時不日想食甜，腹肚一日一日滿，勸哥不免請先生。

八月人還真艱苦，腳酸手軟四界模，心肝者糟要啥步，愛食馬薯炒香菇。

九月者和君實說，大概敢是落後月，趕緊買菜乎我配，今日愛食一鼎麋。

十月倒塊眠床內，人真艱苦報君知，去叫產婆來看覓，扣若明白通斷臍。

〔註1〕「鹹七珍」是指「蜜餞」的意思，一般閩南語常說的是「鹹酸甜」，所以「七珍」就是蜜餞。

〔註2〕蟶干，竹蟶（tik-than）的乾製品。竹蟶，貝類，蟶的一種。外型細長有如竹筒，所以稱為竹蟶。

三、涂順從 A 版《南瀛生命禮俗誌》病囝歌（二），台南：南縣文化局，2001，頁 38

正月病囝在心內，若是欲講驚人知，看著物件逐項愛，偷偷叫哥買入來。

二月病囝人愛睏，三頓粥飯無愛吞，想食白糖泡藕粉，叫兄去買一角銀。

三月病囝人嗽冷，跤手酸軟烏暗眩，酸澀買到厝內面，愛食樹梅鹹七珍。

四月病囝人畏寒，趕緊綿裘提來蒙，專專愛唾白白涎，想食竹筍煮鯉干。

五月病囝著悽慘，愛食仙楂佮油柑，姊妹相招來相探，叫咱鴨母煮烏參。

六月病囝真見笑，不時眠床倒條條，愛食包仔佮水餃，三頓無食毋知枵。

七月病到猶塊病，不時不日想食甜，腹肚一日一日滿，勸哥毋免請先生。

八月人猶真艱苦，跤酸手軟四界摸，心肝糟糟欲啥步，愛食馬薯炒香菇。

九月則共君實講，大概敢是落後月，趕緊買菜互我配，今日愛食一鼎糜。

十月倒塊眠床內，人真艱苦報君知，去叫產婆來看覓，互伊明白通斷臍。

附錄四 「正月花胎龍眼大」形式

一、吳瀛濤 C 版《台灣諺語》生育病子歌～3，台北：臺灣英文出版社，1975，頁 399

正月花胎龍眼大，父母有身大受磨，繪食要吐真坐掛〔註1〕，真真艱苦無快活。

二月花胎肚圓圓，一粒宛然若荔枝，田螺吐子為子死，生子生命塊水垺。

三月花胎人真善，父母懷胎艱苦年，腳酸手軟歸身變，倒落眠床咳咳喘。

四月花胎分腳手，肚尾親像生肉瘤，為著生子奧得求，三分腹肚不時憂。

五月花胎分鼻嘴，好物任食卻繪肥，腳盤宛然若匱水，腰骨親像塊要開。

六月花胎分男女，恐驚胎神會參滋，三分若是有世事，靜符緊食結身驅。

七月花胎會煞位，一日一日大肚歸，行著有時大心愧，一個腹肚圓錐錐。

八月花胎肚凸凸，早暗代志著知防，這號艱苦不敢講，失頭〔註2〕著叫罩來摸。

九月花胎會振動，為著病子不成人，花粉減抹歸斗籠，無食腹肚亦繪空。

十月花胎苦憐代，一個腹肚者大咳〔註3〕，想著要生流目屎，求會順序生出來。

二、涂順從 B 版：《南瀛生命禮俗誌》，台南：南縣文化局，2001，頁 34～35

正月懷胎龍眼大，父母有身大受磨，毌食要吐真坐掛，真真艱苦無快活。

二月懷胎肚圓圓，一粒宛然像荔枝，田螺吐囝為囝死，生囝生命佇水垺。

〔註1〕艱苦坐掛（kan-khóo-tsē-kuà），艱苦罪過，意思是非常痛苦難過。

〔註2〕失頭（sit-thâu），即穡頭，工作也。

〔註3〕者大咳，肚子「這麼大個」的意思。

三月懷胎人真孱，父母懷胎艱苦年，跤酸手軟歸身變，倒落眠床咳咳喘。
四月懷胎分跤手，肚尾親像生肉瘤，為著生囝抑著求，三分腹肚不時憂。
五月懷胎分鼻喙，好物任食卻燴肥，跤盤宛然若匯水，腰骨親像裡要開。
六月懷胎分男女，恐驚胎神會參差，三分若是有世事，淨符緊食結身軀。
七月懷胎會屜位，一日一日大肚歸，行著有時大心喟，一個腹肚圓錐錐。
八月懷胎肚凸凸，早暗代誌著知防，這款甘苦毋敢講，穡頭著叫湊來摸。
九月懷胎會振動，為著病囝毋成人，花粉減抹歸斗籠，無食腹肚也燴空。
十月懷胎苦憐代，一個腹肚即大咳，想著欲生流目屎，求會順序生出來。

附錄五 「正月懷胎〇〇〇」形式

一、陳火添〈十月懷胎〉《十月懷胎‧娘親度子勸世文》，新竹：竹林書局，1954

正月懷胎如露水，桃李開花正逢春，懷胎恰似浮萍草，未知何日得相逢。

二月懷胎真及時，手酸腳軟步難移，頭無梳來面懶洗，百物針脂拋了裡。

三月懷胎三月三，懷胎娘子心頭貪，三餐茶飯無想食，想食楊梅當時酸。

四月懷胎結楊梅，楊梅樹下結成胎，口中有想楊梅食，難得楊梅跌下來。

五月懷胎份（分）男女，懷胎娘子苦難裡，臾臾食娘身上血，七孔八竅結成人。

六月懷胎驚如山，懷胎娘子心艱難，三餐茶飯難進口，食飽恰似上刀山。

七月懷胎是立秋，八卜羅裙串串有，双手難搬下腰帶，双腳不敢踢上身。

八月懷胎重如山，懷胎正知幹艱難，房中掃地身難則，又驚損失孩兒身。

九月懷胎九九長，懷胎娘娘面皮黃，老人懷胎還靠得，少年懷胎苦難當。

十月懷胎月速滿，肚中孩兒碌碌番，口中咬得鐵釘斷，腳穿繡鞋踏得川（穿）。

孩兒落地叫三聲，婆婆隨時出來听，不使歡來不使喜，兩人性命一般般。

正月懷胎如露水，二月懷胎心亡亡（茫茫），

三月懷胎見人影，四月懷胎結成人，

五月懷胎份（分）男女，六月懷胎六經全，

七月懷胎份（分）七孔，八月懷胎重如山，

九月懷胎團團轉，十月懷胎離娘身，

懷胎舟看十月滿，是男是女得份（分）明，

知得養兒幹辛苦，男婦老幼愛記心，

臺灣民間歌謠〈病子歌〉的版本分析及其閩客文化比較

人生不知行孝順，枉費世上來做人，

忠孝兩事不記念，黃金堆棟也閑情。

二、謝樹新編，《中原文化叢書：〈客家歌謠〉》〈十月懷胎〉秀山客，苗栗：中原苗友雜誌社，1969，頁 39

正月懷胎需露水，桃李開花正逢春，兩人平平桃李樣，未知何日得來生。

二月懷胎不及時，懷胎娘子苦難裡，頭濃訛排難梳起，百般針線荒了裡。

三月懷胎三月三，懷胎娘子心頭淡，三餐茶飯唔想食，緊想楊梅口裡淡。

四月裡來結楊梅，楊梅樹下結成臺，心中都想楊梅食，唔得樹上跌下來。

五月懷胎分男女，分男分女變成人，係男係女心中想，未知何日得相逢。

六月懷胎三伏天〔註1〕，懷胎娘子真可憐，食飯恰似吞石子，食茶恰似上高山。

七月裡來七月秋，八卜羅褲卦金球，羅褲唔敢長安帶，一腳唔敢躍上腰。

八月懷始苦娘身，懷胎娘子羅漢身，堂裡掃地難轉側，驚怕物懷孩兒身。

九月懷胎菊花黃，懷胎娘子面皮黃，老個懷胎完靠得，後生懷胎苦難當。

十月裡來日當滿，懷胎娘子開便天，牙齒咬得硬鐵斷，腳著繡鞋都著穿。

孩兒落地叫三聲，婆婆攬出笑連連，孩兒攬在妹身上，心肝佢肉切莫聲。

三、謝一如、徐進堯《台灣客家三腳採茶戲與客家採茶大戲》十月懷胎歌，新竹縣文化局，2002，頁107～108，莊木桂唱

正月懷胎需露水，桃李開花正逢春，兩人平平桃李樣，未知何日得來生。

二月懷胎不及時，懷胎娘子苦難于，頭濃寄排難梳粧，幾多針指放了裡。

三月懷胎三月三，懷胎娘子心頭淡，三餐茶飯無想食，想時楊梅口裡含。

四月懷胎結楊梅，楊梅樹上結成胎，懷胎都想楊梅食，唔得楊梅跌下來。

五月懷胎分男女，七孔八竅變成人，係男係女心歡喜，唔知何日正出生。

六月懷胎六月天，懷胎娘子真可憐，三餐茶飯無想食，食飽恰事上高山。

七月懷胎七月秋，懷胎娘子真無修，衫褲衣裳都懶洗，食飽碗筷都懶收。

八月懷始在娘身，無生無養不知情，房中掃地都難折，驚怕弄歪孩兒身。

九月懷胎是重陽，懷胎娘子面皮黃，老人懷胎卡曉得，後生懷胎苦難當。

〔註1〕三伏天，時令名。自夏至後第三庚日起，每十日為一伏。有三伏，分別為初伏、中伏、末伏，共三十日，為一年之中最熱的時期。

十月懷胎肚中滿，肚中孩兒滾滾翻，牙齒咬得鐵釘斷，腳著繡鞋踢得穿。

十一月裡來又一冬，婆婆攬孫笑容容，雙手抱在娘身上，世代子孫接祖宗。

十二月裡來又一冬，手攬孩兒得團圓，生男毋知娘辛苦，生女正知娘艱難。

四、鍾萬梅主編《客家歌謠選集》懷胎歌行政院客委會，2008.12 頁 108

（女）正月懷胎*毋知道*，　　牽郎雙手肚上摸，

含羞細語問情哥，　　　　毋知有喜抑係無（噯喲　哪哎　喲）

（男）情妹今日問阿哥，　　害倕笑到背駝駝（boi- tŏ- tŏ）〔註2〕

結婚抑無一隻月〔註3〕，　　也毋知有抑無（噯喲　哪哎　喲）

（女）二月懷胎原分明，　　手酸腳軟苦難當，

三餐飯子毋想食，　　　十分想買酸菜嚐（噯喲　哪哎　喲）

（男）聽妹言語喜心腸，　　斷真有喜在身上

哪種酸菜較想食，　　　即刻買轉給你嚐（噯喲　哪哎　喲）

（女）三月懷胎是係真，　　交代阿哥聽分明，

雞公糯米要買便，　　　衫就要一色新（噯喲　哪哎　喲）

（男）娘子吩咐倕就行，　　雞健（gíe-lon）〔註4〕買轉滿禾埕

買便兩匹好織布，　　　米酒買著一大擔（噯喲　哪哎　喲）

〔註2〕背駝駝（boi- tŏ- tŏ），背向前彎曲拱起的樣子。

〔註3〕一隻月，一個月的意思。

〔註4〕雞健仔（gíe-lon-è），未生過蛋的小母雞。

附錄六 「懷胎正月正」形式

一、〈懷胎〉，日蓄唱片、林石生……等人演唱，1914

懷胎正月正，奴奴有了身，漂洋過海，送郎一枚針，……哪唉喲的喲

懷胎二個月，奴奴懶梳妝，鏡子照得臉皮黃，……哪唉喲的喲

懷胎三月三，奴奴苦難當，手酸腳軟行路難，……哪唉喲的喲

懷胎四月整，奴奴拜菩薩，保祐生個好兒郎，……哪唉喲的喲

懷胎五月五，奴奴口中苦，想起楊梅連〔註1〕，食得三四五……哪唉喲的喲

懷胎六個月，奴奴洗衣裳，肚大腳小行路苦，……哪唉喲的喲

懷胎七月七，奴奴算一算，算來算去，還得二月半，……哪唉喲的喲

二、〈十月懷胎歌〉陳清台、黃連添作，男女對唱：陳清台、戴玉蘭、宋瑞琴、蕭玉蓮、彭桂純，http://life.fhl.net/Literature/plebeian/p06/content13.htm

女：懷胎來正月正　妹妹就唔敢聲
　　思想啊　同哥呀　紅羅帳內眠喲哦　噯喲哪噯喲喲

男：懷胎來二月二　哥哥就心歡喜
　　同妹呀　結婚呀　結成好孩兒喲哦　噯喲哪噯喲喲

女：懷胎來三月三　妹妹就心頭驚
　　青春啊　年少呀　變作面皮青喲哦　噯喲哪噯喲喲

〔註1〕楊梅連，依國寶級藝人林榮春曾唱「要吃內山生樹梅」這句詞來看，似可推斷應是「楊梅健」，意指尚未十分成熟的生楊梅，味道較酸澀。

男：懷胎來四月長 哥哥就心歡歡

　　問妹啊 想食呀 黃梨口味香喲哦 噯喲哪噯喲喲

女：懷胎來五月五 妹妹就口中苦

　　思想啊 楊梅呀 來食三四五喲哦 噯喲哪噯喲喲

男：懷胎來六月六 妹妹就愛洗衣服

　　腳尖啊 腳細呀 肚大難移步喲哦 噯喲哪噯喲喲

女：懷胎來七月七 妹妹就真沒修

　　思想啊 果子呀 麻豆文旦柚喲哦 噯喲哪噯喲喲

男：懷胎來八月涼 哥哥就拜月亮

　　保佑啊 我妻呀 身體得平安喲哦 噯喲哪噯喲喲

女：懷胎來九月長 肚子就大隆凸

　　寸步啊 難移呀 妹妹苦難當喲哦 噯喲哪噯喲喲

男：懷胎來十月雙 我妻就肚子痛

　　生產啊 日子啊 時間都來臨喲哦 噯喲哪噯喲喲

附錄七 「正月的懷胎來」形式

一、片崗巖 B 版《臺灣風俗誌》〈僧侶歌〉，台北：眾文，1921，頁 281

正月的懷胎來，一滴甘露水。

二月的懷胎都心仔悶悶，南無阿彌陀阿阿佛。

三月的懷胎來，在照水影。

四月懷胎都結成人，南無阿彌陀於於佛。

五月懷胎分阿男阿女。

六月的懷胎分阿六臟，南無阿彌陀於於佛。

七月的懷胎分阿七仔孔。

八月的懷胎肚大曠曠，南無阿彌陀於於佛。

九月的懷胎腹肚轔轔轉。

十月懷胎都脫娘身，孩兒生落。

啊，啊，啊，啊！連天哮三聲，公婆就緊走來聽。

臍未斷，胞未落，娘身生命去了一大截。

公婆舉香來祈願，祈去合家保平安。

娘今抱子來食乳，乳今食了押胸前，南無阿彌陀佛。

一歲二歲都手裡抱，三歲四歲都土腳四過趖，五歲六歲都能去迌迌，

七歲八歲送伊去落學，九歲十歲知人事，

十一、十二、十三、十四讀冊考校成舉人，

十五、十六中進士，十七、十八娶新婦。南無阿彌陀佛。

二、洪惟仁,《台北的民間歌謠》〈十月懷胎〉,2004,頁 44～46

正月兮懷胎來,一滴甘露水,

二月兮懷胎都心啊悶悶,南無阿彌陀佛!

三月兮懷胎來,塊照水影。

四月懷胎都結成人,南無阿彌陀佛!

五月懷胎分啊男啊女,

六月兮懷胎分啊六臟,南無阿彌陀佛!

七月懷胎分啊七啊孔,

八月兮懷胎腹肚大曠曠,南無阿彌陀佛!

九月兮懷胎腹肚轔轔轉,

十月兮懷胎都脫娘身,孩兒生落。

啊!啊!啊!連天哮三聲,公婆就緊走來聽

臍未斷,衣未落,娘身生命去了一大捾。

公婆舉香來祈願,祈去闔家保平安。

娘今抱囝來食奶,奶今食了押胸前,

一歲二歲都手裡抱,三歲四歲都塗跤四界趖。

五歲六歲都會去迌迌,

七歲八歲送伊去落學。

九歲十歲知人事,

十一、十二、十三、十四讀冊考校成舉人,

十五、十六中進士,十七、十八娶新婦。

南無阿彌陀佛!